D1705879

Lucille Eichengreen

Von Asche zum Leben

Erinnerungen
Lucille Eichengreen

unter Mitarbeit von
Harriet Chamberlain

Vorwort und Übersetzung von Ursula Wamser

Dölling und Galitz Verlag

© Copyright 1992 Dölling und Galitz Verlag GmbH,
Ehrenbergstraße 62, 2000 Hamburg 50, Telefon 040/389 35 15-75
Übersetzung, Dokumentation und Fotoauswahl: Ursula Wamser
Mitarbeit an der Originalfassung: Dr. Harriet Chamberlain
Gestaltung: Wilfried Gandras
Lektorat und Herstellung: Jutta Buchwald
Satz: Dölling und Galitz Verlag GmbH
Druck und Bindung: Interpress
1. Auflage Herbst 1992
ISBN 3-926174-39-0

Inhalt

Für Dan, Barry und Martin

Das Pergament brennt –
die Buchstaben schweben aufwärts.
Talmud

Dank

Mein tiefer Dank gilt meiner Familie und meinen vielen Freunden, ohne deren Hilfe und Unterstützung dieses Buch nicht möglich gewesen wäre. Vor allem möchte ich Harriet Chamberlain danken, die mir selbstlos und mit unendlicher Geduld zuhörte und mit mir in allen Phasen des Schreibens und Umarbeitens meiner Erinnerungen zusammenarbeitete. Jack Chamberlain unterstützte uns durch sein Mitgefühl und Verständnis. Einen speziellen Dank schulde ich Lucjan Dobroszycki für seine historischen und editorischen Ratschläge. Harriet Renaud las und kommentierte viele meiner Entwürfe. Sheldon Rothblatt bot Einfühlungsvermögen und wertvolle Ideen an. Meine enge Freundin, die verstorbene Malka Heifetz Tussmann, hat mich früh maßgeblich im Schreiben meines Buches beeinflußt.

Ursula Wamser danke ich für ihr tiefes Verständnis und ihre umfassenden Bemühungen bei der Herausgabe des Buches, besonders für die Anfertigung einer sorgfältigen und einfühlsamen Übersetzung und Dokumentation der Texte.

Wilfried Weinke unterstützte mich mit großem Enthusiasmus und Interesse.

Ich bin dem Hamburger Dölling und Galitz Verlag dankbar, daß er dieses Buch mit Sorgfalt und unter Berücksichtigung meiner Wünsche produzierte.

Am meisten gilt mein unendlicher Dank meinem Mann Dan und meinen beiden Söhnen Barry und Martin für ihre Unterstützung, Ermutigung und Liebe.

Lucille Eichengreen

Vorwort

»Hallo - Who is speaking?« ... »Yes, I remember, I've got your letter weeks ago... Sagen Sie, wie alt sind Sie?«

Der erste deutsch gesprochene Satz Lucille Eichengreens ließ mich stockend antworten: »Mitte Dreißig«. War die Antwort gut? War ich in ihren Augen zu jung oder zu alt? Ich glaubte, Erleichterung auf der anderen Seite des Telefons zu hören, folgte doch unmittelbar die Einladung, sie in ihrem Haus in Berkeley zu besuchen.

Ich hatte noch etwa zwei Stunden Autofahrt durch das mir unbekannte Labyrinth von Highways, Brücken und Abzweigungen San Franciscos vor mir. Nervosität und Spannung angesichts der ersten persönlichen Begegnung stiegen in mir auf. Ich versuchte dagegen anzugehen, indem ich meine Gedanken auf die mir bekannten Bruchstücke aus dem Leben von Lucille Eichengreen, geborene Cecilie Landau, konzentrierte.

1986 war ich als Mitarbeiterin des Museums für Hamburgische Geschichte bei Recherchen für die Ausstellung »Ehemals in Hamburg zu Hause: Jüdisches Leben am Grindel. Bornplatz-Synagoge und Talmud-Tora-Schule« auf die Geschichte der kleinen Cecilie Landau gestoßen. Als älteste Tochter einer gutbürgerlichen jüdischen Familie aus Hamburg war sie im Oktober 1941 mit 16 Jahren ins Getto Lodz deportiert worden. Sie überlebte die Vernichtungspolitik der Nazis – als einzige der Familie.

Das Schicksal dieses jungen Mädchens bewegte mich sehr: Sorgfältig, doch historiographisch abstrakt hatten meine Museumskollegen und ich den Deportations- und Leidensweg Cecilie Landaus in der Ausstellung hervorgehoben. Mittels einer Skizze veranschaulichten wir den Weg aus ihrer Geburtsstadt Hamburg ins Getto Lodz, dann nach Auschwitz, von dort zurück nach Hamburg ins Konzentrationslager Neuengamme, schließlich ins KZ Bergen-Belsen, wo sie im April 1945 ihre Befreiung durch die brittische Armee erlebte. Bezugspunkt der Skizze war ein Foto, auf dem ein lachendes Mädchen, Cecilie Landau, im Kreis ihrer

Mitschülerinnen aus der Israelitischen Töchterschule in Hamburg zu sehen war.

An der Resonanz gemessen schien uns dieses Beispiel zum Thema Deportation jüdischer Menschen gelungen zu sein. Zahlreiche Nachfragen und Besuchergespräche bezogen sich auf das Schicksal Cecilie Landaus. In einer Vielzahl von Briefen und persönlichen Kontakten wurden uns weitere Informationen und Lebenserinnerungen ehemaliger jüdischer Bürger Hamburgs mitgeteilt. Die Ausstellung fand innerhalb Hamburgs wie auch im Yad Vashem, Jerusalem, große Anerkennung.

Das ermutigende Echo auf unsere historische Arbeit zeigte uns damals: Wir hatten nur einen kleinen Ausschnitt des ehemals lebendigen jüdischen Lebens in Hamburg vorgestellt; und: die Präsentation biographischer Beispiele war offenbar ein besonders geeigneter Weg, um über die notwendige Holocaust-Information hinaus Menschen für dieses Thema zu interessieren.

Im Anschluß an die Ausstellung realisierte Renate Zilligen für den Norddeutschen Rundfunk einen Film über das einstige jüdische Leben am Grindel, der 1987 unter dem Titel »Ein Ort, den ich verlassen mußte« im Fernsehen gezeigt wurde. Viele ehemalige jüdische Bürger Hamburgs berichteten über Kindheitserinnerungen und Emigration, unter ihnen auch Lucille Eichengreen. Erstmals sah und hörte ich die Frau, die ich bisher nur als Cecilie Landau kannte. Unter Tränen erinnerte sie sich an das Jahr 1941, als Gestapomänner kamen und die Nachricht vom Tod ihres Vaters überbrachten. Der Schlußsatz ihres Interviews lautete: »I wonder whether we have learned anything, whether Germany has learned anything, I would hope so, but I'm not sure.« Dieser Satz hatte sich mir eingeprägt.

Je mehr ich mich in der Folgezeit mit historischen Fakten und Biographien verfolgter jüdischer Menschen auseinandersetzte, desto deutlicher empfand ich: Schicksale wie das von Cecilie Landau können verständlich gemacht werden. Sie *müssen* erfragt und erzählt werden. Sie bergen zugleich die Chance, über das Einzelbeispiel hinaus andere unbekannte, nie erzählte Leben mitzudenken. In der Absicht, diese Sichtweise glaubhaft zu vermitteln und keine neue menschliche Enttäuschung aus dem Land zu repräsentieren, dem sie nicht mehr trauen konnte, stand ich Lucille Eichengreen im November 1990 in ihrem Haus in Berkeley gegenüber.

Wie viele Menschen aus Deutschland hatte sie nach ihrer Emigration Ende 1945 kennengelernt? Wie viele hatten sie erneut enttäuscht? Was erwartete sie von mir, einer jungen Deutschen, die aufgrund ihres Alters nicht im Verdacht stand, KZ-Aufseherin oder Nazifunktionärin gewesen zu sein?

Ich eröffnete ihr und ihrem Mann Dan, daß mich kein offizieller Auftrag einer Institution oder gar der Stadt Hamburg hierhergebracht hatte, sondern daß ich aus persönlichem Interesse gemeinsam mit einem Kollegen an der Fortsetzung des ihr bekannten Ausstellungsthemas arbeitete, daß wir als unabhängige Historiker die Herausgabe eines Buches zum Thema »Jüdisches Leben am Grindel« vorbereiteten. Ich machte ihr meine Überzeugung deutlich, daß ich, entgegen der in Deutschland verbreiteten Schlußstrich-Mentalität gegenüber den nationalsozialistischen Verbrechen, die kritische Auseinandersetzung mit Faschismus und Holocaust als dauerhafte Verpflichtung ansah.

Sie nahm das Gesagte zögernd und nachfragend auf und begann, von ihren Erlebnissen zu sprechen. Tiefe seelische Verletzungen, Ablehnung und nie vollzogene Versöhnung mit den Deutschen von damals; Skepsis und Mißtrauen gegenüber den Deutschen von heute durchzogen unser langes Gespräch. Die Art ihres Erzählens machte deutlich, daß ihre Vergangenheit lebendiger Teil ihres Lebens geblieben war. Ihre Fähigkeit, Erinnerungen an eine fröhliche Kindheit in einem liebevollen Elternhaus, die allmähliche gesellschaftliche Ausgrenzung in der Stadt ihrer Kindheit bis hin zu ihrem Überleben an Orten des Todes wie Lodz und Auschwitz direkt und schnörkellos zu beschreiben, zog meine Aufmerksamkeit und Anteilnahme in ihren Bann.

Lucille Eichengreen hat gelernt, undramatisch zu sprechen. Sie präsentiert lang zurückliegende Erinnerungen unmittelbar, in eindringlichen, präzisen Sätzen, emotional beherrscht und gedanklich durchgearbeitet. Sie ist einen sehr langen, psychisch und physisch harten Weg gegangen, um so sprechen und schreiben zu können, wie es die hier erstmals veröffentlichten Texte zeigen. Jede einzelne Geschichte ist auf die von der Autorin bestimmte Hauptperson und auf das Thema des jeweiligen Kapitels konzentriert. Es sind Geschichten über die ihr nahestehenden Menschen. Die kleine Auswahl privater Fotos und Dokumente kennzeichnet in ihrer Zuordnung die unterschiedlichen Stationen und Verluste im Leben Cecilie Landaus. Von ihrem Leben im Getto, in Konzentrations- und Arbeitslagern gibt es keine Fotos.

Lucille Eichengreen hat nach ihrer Emigration in ihrer neuen amerikanischen Heimat Menschen gefunden, die stark und offen waren, das Entsetzliche zu hören und zu glauben und mit ihr an einer Form der psychischen Bewältigung und des sprachlichen Ausdrucks zu arbeiten. Ermutigt durch ihre Freundin, die Schriftstellerin Malka Heifetz Tussmann, begann sie Mitte der siebziger Jahre Erinnerungen an ihre Kindheit und ihren Leidensweg aufzuschreiben; für sich, wie sie sagt. Jahre später traf Lucille Eichengreen in Harriet Chamberlain eine außerordentlich einfühlsame Frau, durch deren tiefes Verständnis und Interesse die neuerliche Arbeit an ihren Aufzeichungen begann.

Die Texte des Buches »Von Asche zum Leben« sind ursprünglich auf englisch erzählt und geschrieben worden. Auf Wunsch und in Abstimmung mit Lucille Eichengreen habe ich sie für die deutsche Ausgabe übersetzt.

Vor nunmehr zwei Jahren, dem Tag meiner ersten persönlichen Begegnung mit Lucille Eichengreen in Berkeley, hätte ich die mir noch fremde und auch ältere Frau gern in die Arme genommen. So, wenn ihre Erzählungen, die häufig spontan vom Deutschen ins Englische wechselten, mich tief berührten. Distanz und Befangenheit ließen es nicht zu.

Heute kann ich es. Wir können miteinander arbeiten, schreiben, Fotos ansehen und die Erinnerungen an die sinnlos ermordeten Eltern, Schwester und Freunde in Worte umwandeln. Wir können uns in die Arme nehmen, miteinander weinen und miteinander lachen – es spielt vielleicht keine Rolle mehr, daß ich eine Deutsche bin. Für diese Erfahrung bin ich ihr dankbar.

Ursula Wamser
Hamburg, im August 1992

12

Dieses Buch fußt auf persönlichen Erinnerungen. Die in ihm erwähnten Personen sind real; in einigen Fällen sind die Namen verändert worden. Ich habe mich bemüht, meine Erlebnisse so wahrheitsgetreu wie möglich aufzuschreiben.

Lucille Eichengreen
Berkeley, Californien 1992

Vorboten

Hamburg
1933 – 1938

Vater beugte sich über mein Bett und küßte mich auf die Wange.
»Es ist Zeit aufzustehen, Celia. Heute müssen wir packen und
nach Hause fahren.« »Endlich«, seufzte ich erleichtert.

Ich hatte unsere übliche Sommerreise zu Mutters großer
Familie nach Sambor in Polen vermißt. Statt dessen hatten wir
diesmal den ganzen Sommer in Bad Schwartau verbracht, damit
ich mich erholen und durch Bäder und medizinische Behandlung
meine schlimme Halsentzündung auskurieren konnte, mit der ich
fast den ganzen letzten Winter über im Bett gelegen hatte. Wir
waren Anfang Juni angekommen, und nun war es schon August.
Es waren drei lange Monate gewesen.

Bad Schwartau lag nicht weit von Lübeck entfernt und wurde
überwiegend von älteren Leuten besucht. Ich konnte es nicht
leiden. Karin, meine Schwester, hatte den ganzen Sommer durch
an meinem Bett gesessen, um mir Gesellschaft zu leisten, während
ich mich ausruhen mußte. Aber eine fröhliche Dreijährige, fünf
Jahre jünger als ich, war mir nicht genug Unterhaltung. Das einzig
Gute während meines Aufenthalts in Bad Schwartau war, daß
mich die Langeweile zum Lesen brachte, und ich las alles, was mir
in die Hände kam. Trotzdem war ich ungeduldig, endlich nach
Hause zu kommen, um meine Freundinnen zu sehen und wieder
in die Schule gehen zu können.

Ich saß strahlend im Bett. Die Vorhänge waren aufgezogen,
Sonne durchflutete den Raum, meine kleine Schwester Karin
plapperte. Vater sah glücklich aus. Er wußte, wie gern ich nach
Hause wollte.

»Wenn ich alle meine Sachen aufs Bett lege, würdest du sie dann mit Mutter für mich in den Koffer packen?« fragte ich ihn.

Vater nickte. Er schien sich darüber zu freuen. Am frühen Nachmittag standen alle Koffer gepackt in der Eingangshalle.

»Fertig«, sagte Vater. »Laßt uns ein letztes Mal auf einen Kaffee in den Garten gehen und Herrn Becker Lebewohl sagen, denn er war so freundlich, uns dieses Haus für den Sommer zu vermieten.«

Mutter nickte zustimmend. Sie stand in ihrem blauen Reisekostüm aus Leinen dicht neben Vater. Karin und ich kämmten uns schnell, wuschen unsere Hände und gingen dann nach unten in den Garten.

Herr Becker war Besitzer und Verwalter des gesamten Anwesens, des Gartens und der Stallungen. Er züchtete auch Pferde. Als er einmal mein großes Interesse an ihnen bemerkt hatte, erlaubte er mir gelegentlich, eine besonders zahme braune Stute zu reiten. Er war freundlich und sanft zu den Pferden und erklärte mir geduldig, wie ich den Sattel auflegen, die Zügel halten und die Steigbügel benutzen sollte. Herr Becker war ein kleiner, korpulenter, ungewöhnlich fröhlicher Mann mit einem roten Gesicht, blauen Augen und schütterem, blondem Haar. Er schien mich zu mögen und drückte seine Gefühle aus, indem er mir jedesmal in die Wange kniff. Ich haßte es, seine Finger auf meiner Haut zu fühlen, traute mich aber nicht, mich zu beklagen. Doch jetzt hatte ich nichts dagegen, zum letzten Zusammentreffen an den Kaffeetisch in Herrn Beckers Garten zu gehen. Konnte ich danach doch endlich nach Hause fahren. Der runde Tisch stand unter einer Weide. Er war mit einer rosa Tischdecke bedeckt, auf der ein geblümtes Porzellanservice stand. In der Mitte stand ein runder Kuchenteller mit Erdbeertörtchen. Die Sonne schien, ein warmer Wind wehte, und ich war glücklich. Morgen, dachte ich, werde ich zu Haus sein ...

Herr Becker hatte bereits am Tisch Platz genommen und wartete auf uns. Als wir näherkamen, erhob er sich und forderte uns auf, uns zu setzen. Er war ganz beflissen und lächelte, seine frische Gesichtsfarbe war noch röter als sonst; er war aufgeregt und sprudelte über vor guter Laune. Als er mich in die Wange kniff, zuckte ich zusammen und sah ihn an, als erblickte ich ihn zum ersten Mal. Sein Hals verschwand nahezu in seinem Kragen, sein Schlips schien ihn zu ersticken. Er trug eine zu enge Jacke und fühlte sich offensichtlich nicht wohl. Auf seiner Stirn standen Schweißperlen, die dünnen Haare waren in Unordnung, und seine Augen traten groß hervor. Außerdem roch er nach Bier. Alles in allem ein unschöner Anblick und Geruch für jeden Menschen, aber besonders für ein achtjähriges Mädchen. In diesem Moment spürte ich ihm gegenüber intensive Ablehnung, hätte es aber nie gewagt, so etwas laut zu sagen.

»Haben Sie herzlichen Dank für die Vermietung des Hauses und dafür, daß wir in den vergangenen drei Monaten ihre Gäste sein durften«, begann mein Vater das Gespräch.

Herr Becker war offensichtlich in redseliger Laune.

»So hoffe ich, Herr Landau, daß Sie und Ihre Familie gern hier waren und im nächsten Jahr wiederkommen werden.«

»Ja, wir werden es überlegen. Jetzt haben wir aber erstmal gepackt und werden in Kürze abreisen«, sagte Vater.

Herr Becker nickte nur. Es schien, als habe er noch etwas anderes auf dem Herzen.

»Herr Landau«, wandte er sich schließlich an meinen Vater, »haben Sie bemerkt, daß sich seit Hitlers Machtantritt Anfang des Jahres die Stimmung in Deutschland verbessert hat?«

Absolute Stille. Ich wußte, daß Herr Becker eine Frage gestellt hatte, aber Vater schien sie überhört zu haben und antwortete nicht. Trotzdem fuhr Herr Becker fort:

»Mit der Wirtschaft geht es wieder aufwärts, die Arbeitslosigkeit nimmt ab, unsere Sozialleistungen sind gewachsen und nicht zuletzt, Hitler wird sich besonders um die Juden kümmern!«

Wieder Stille. Nur unser Atmen war zu hören. Vater sah empört aus. Er stand auf und klammerte sich so fest an die Tischkante, daß seine Fingerknöchel weiß hervortraten.

»Herr Becker«, sagte Vater jetzt ganz beherrscht und kühl, »Ich bin ein Jude. Wir sind Juden.«

Vaters Empörung erschreckte mich. Doch ich verstand überhaupt nicht, worum es eigentlich ging.

Herr Becker suchte sprachlos und völlig verlegen nach Worten, sein Gesicht war jetzt dunkelrot angelaufen.

»Ja gut«, stotterte er, »Ich meinte nicht Sie, natürlich nicht, ich spreche von den anderen Juden – Sie sind nicht so wie die...«

Mein Vater gab ihm keine Gelegenheit fortzufahren. Er nahm Karin und mich bei der Hand und nickte Mutter zu. Vater beeilte sich, den Garten zu verlassen, sammelte schnell unser Gepäck zusammen, und nach kurzer Zeit wartete schon ein Taxi auf uns, um uns zum Bahnhof zu bringen.

Erst später, während wir im Zug saßen und nach Hause fuhren, hörte ich in einem Gespräch meiner Eltern ein Wort, das ich noch nie zuvor gehört hatte: Antisemitismus.

»Was bedeutet das Wort?« wollte ich wissen.

»Welches Wort?« fragte Vater nach.

»Antisemitismus.« wiederholte ich mühevoll.

Vaters Antwort war kurz, fast abrupt. »Nur dumme Menschen sind antisemitisch. Sie hassen Juden, ohne einen Grund zu haben.«

Ich verstand zwar immer noch nichts, aber Vater hatte sich wieder seiner Zeitung zugewandt, um zu signalisieren, daß er nicht weiter darüber reden mochte. Ich war verwirrt. Ich wußte, daß wir Juden waren, daß wir auf religiöse Traditionen achteten und daß ich eine private jüdische Schule besuchte. Es gab da sicherlich einen Zusammenhang, aber was hatte dieser Haß mit uns zu tun? ... Ich wollte weiter nachfragen. Ich rückte dichter an Vater heran und zupfte ihn am Ärmel. Schließlich reagierte er.

»Bitte lies dein Buch,« bat er mich, »du bist noch zu jung, um das alles zu verstehen, und ich habe dir schon alles erzählt, was du wissen mußt«. Nie zuvor hatte ich Vater so aufgeregt gesehen. Antisemitismus mußte offensichtlich etwas ganz Schlechtes sein. Aber warum? ... Und was bedeutete es, daß sich Hitler »um die Juden kümmern wollte«?

»Bitte sprich doch mit mir ...«, bettelte ich. Vater küßte mich auf den Kopf.

»Eines Tages«, sagte er, »wirst du alt genug sein, um es zu verstehen.«

Kurz darauf rückte Mutter näher und nahm mich in den Arm.

»Nun ist Karin eingeschlafen«, sagte sie leise, »ich will dir erzählen, woran ich mich bei Antisemitismus erinnere. Du weißt,

Cecilie mit ihren Eltern Sala und Benno Landau, 1929.

Cecilie (2.Reihe 2.v.l.) auf der Geburtstagsfeier der Schulfreundin Ruth Baer (2.Reihe 1.v.l.) am 2.7.1932.

daß ich in Sambor aufgewachsen bin, mit vier älteren Brüdern und drei Schwestern. Ich war etwa in deinem Alter, vielleicht ein bißchen jünger, als ich eines Tages unsere Nachbarn durch die offene Tür rufen hörte:

'Ein neuer Pogrom! Schnell, versteckt die jungen Mädchen!'«

»Was ist ein Pogrom?« fragte ich.

»Ja, weißt du, man spricht von einem Pogrom, wenn mehrere Leute zusammenkommen, um häßliche Dinge gegen Juden zu tun. Sie brechen ein, zünden Häuser an und verletzen unschuldige Menschen. Meine Brüder und Schwestern wußten, was Pogrom bedeutete. Sie erinnerten sich, daß so etwas früher schon passiert war. Aber ich war noch zu jung, um mich daran zu erinnern. Auf jeden Fall packte mich meine Mutter und befahl mir energisch, ganz ganz still zu sein und steckte mich in den großen Küchenofen. Dort mußte ich sehr lange warten, bis ich endlich wieder rausgelassen werden konnte, weil die Unruhestifter weg waren.«

»Wer waren die Unruhestifter ... die Leute, die das gemacht haben?« fragte ich.

»Es sind böse Menschen, oft sind es Soldaten, manchmal Kleinbauern, die Juden hassen und töten. Solchen Haß nennt man Antisemitismus.«

Ich dachte eine Weile über alles nach, um es zu verstehen.

»Es muß Sommer gewesen sein, wenn du im Ofen versteckt warst«, erwiderte ich dann mit der Weisheit einer Achtjährigen.

»Ja, Celia, da hast du recht. Ich selbst habe darüber nie nachgedacht.«

Das war jedoch alles, was Mutter darüber erzählen mochte. Mir fielen zunächst auch keine neuen Fragen ein, obwohl ich immer noch verwirrt war.

In den folgenden Wochen vergaß ich die Pogromgeschichte und das fremde Wort Antisemitismus. Ich war wieder ganz mit Schule, Lernen und mit gemeinsamen Spielen mit Freundinnen beschäftigt. Aber nach Ablauf des halben Schuljahres wurde ich wieder an Mutters Geschichte, an Herrn Becker und das Wort Antisemitismus erinnert.

Es war seltsam. Kinder, die wir seit Jahren kannten und mit denen wir immer gespielt hatten, schimpften uns plötzlich

»Dreckjuden«. Wir konnten solche Bemerkungen nun fast überall hören, im Park, in Geschäften und auf der Straße. Sogar fremde deutsche Kinder machten in Hörweite absichtlich Bemerkungen: »Dreckjuden«, »Juda verrecke« und »Kommunistische Juden«. Nichtjüdische Nachbarn erschienen in braunen SA- oder schwarzen SS-Uniformen, marschierten laut tönend mit schwarzen Stiefeln auf den Straßen herum, tranken viel, schrieen »Heil Hitler!« und brüllten Juden an. Jetzt gab es kaum noch ein nachbarschaftliches »Guten Morgen« oder »Gute Nacht« zu hören. War es das, was Herr Becker mit »Hitler wird sich um die Juden kümmern!« gemeint hatte?

Auch die Fahnen in unserer Straße, Hohe Weide, und auch in der Lindenallee, wo Vater sein Geschäft und sein Lager hatte, waren ausgetauscht worden. Aus fast allen Fenstern der Nachbarwohnungen wehten plötzlich Fahnen mit dem Hakenkreuz. Früher hatte es in unserer Umgebung viele schwarz-rot-goldene Fahnen und in den Arbeiterwohnvierteln die rote Fahne mit Hammer und Sichel gegeben. Aber jetzt nicht mehr. Jetzt sahen wir an bestimmten Tagen ein Meer von wehenden Hakenkreuzen. Als ich einmal nachfragte, warum die Fahnen ausgetauscht wurden, erhielt ich die Erklärung, daß dies die einzige von den Behörden erlaubte Fahne sei. Eine der alten Fahnen aufzuhängen, würde sicher bestraft werden.

In der Öffentlichkeit spürten wir immer stärker Feindseligkeit. In mir entwickelten sich allmählich diffuse, bleibende Angstgefühle. Denn auch in unserer unmittelbaren Umgebung, unter unseren Verwandten und Freunden, wurde die Stimmung düsterer und ernst. Und doch gab es für mich als Kind immer noch Tage, an denen mir das Leben unbeschwert und glücklich schien und ich die Beschimpfungen vergessen konnte, bis mir wieder Menschen auf der Straße begegneten, die »Jude« riefen und mich verhöhnten. Sogar mein täglicher Schulweg durch den Sternschanzenpark, die Rentzelstraße mit der Eisenbahnbrücke und ihren vielen Gleisen, am Zoologischen Garten vorbei, wo wir früher Schlittschuhlaufen konnten, bis in die Carolinenstraße mit ihren ärmlichen Mietwohnungen, schien mir immer länger und beschwerlicher zu werden.

Und selbst die Schule in der Carolinenstraße war für mich keine Zufluchtstätte mehr. Auch hier konnten wir den täglichen Hinweisen auf unsere ungewöhnliche Situation nicht länger ausweichen. Unsere Lehrer ermahnten uns beständig, in Bussen und Straßenbahnen ganz still zu sein, Gespräche mit den Kindern aus der Nachbarschaft zu vermeiden, daß wir auf jeden Fall Prügeleien aus dem Wege gehen und versuchen sollten, keine Aufmerksamkeit auf uns zu lenken. Diese unaufhörlichen Ermahnungen erweckten in mir die Vorstellung, daß wir eigentlich unsichtbar sein sollten. Doch warum? Weil wir Kinder waren? Oder weil wir Juden waren? Dies war uns nie klar, und unsere Fragen wurden nicht beantwortet. Schließlich fügten wir uns aber in diese neuen Regeln. Ich selbst konnte aber nicht aufhören, Fragen zu stellen. Warum riefen uns die Nachbarn Schimpfnamen nach? Warum spuckten sie vor uns aus? Warum überhaupt haßten sie uns? Warum mußte ich den weiten Weg zur jüdischen Schule machen, obwohl ganz in unserer Nähe doch auch eine Schule war?

»Ach, das ist alles nur vorübergehend«, pflegte Vater zu sagen, »wie die Pogrome in Rußland. Und deine Schule ist eine viel bessere als die Schulen in unserer Nähe, du wirst dich dort wohler fühlen.« Mich überzeugten seine Antworten allerdings nicht.

Im darauffolgenden Jahr, 1935, verschlechterten sich meine Zensuren. Ich schaffte es nur noch, Zweien oder eine Drei zu bekommen, konnte mich nicht konzentrieren und machte mir große Sorgen darüber, was man über mich sagen würde oder was Leute von mir dachten. Zuhause unterhielt man sich oft flüsternd, manchmal auf polnisch, wovon ich kein Wort verstand. Ich fragte, ob ich nicht Polnisch lernen könne, aber Vater war immer dagegen und meinte, daß Englisch und Französisch genug seien. Ich begann immer häufiger, anscheinend ohne Anlaß, zu weinen, manchmal brach ich schon bei kleinsten Bemerkungen in Tränen aus. Ich wußte genau, daß meine Eltern über meine schlechten Zensuren unglücklich waren. Sie ließen mir sogar Nachhilfestunden geben, doch auch dies half nur ein bißchen.

Das Problem lag wohl auch weniger in meinen Fähigkeiten als in meiner damaligen Gemütsverfassung begründet. Ich war von Ängsten, Sorgen und Verwirrung wie gefangen.

Im selben Jahr wurde meine kleine Schwester Karin einge-
schult. Auch sie kam in die Israelitische Töchterschule in der
Carolinenstraße 35. Zu dieser Schule kamen jeden Tag Kinder von
weit her, aus anderen Stadtteilen und Nachbarorten. Die Schule
lag in eher armer Nachbarschaft mit heruntergekommenen Häusern und Wohnungen, ganz überwiegend von Arbeiterfamilien
bewohnt. Sie boten uns unfreundliche Gesellschaft. Einige Bewohner, deren Fenster auf unseren Schulhof wiesen, riefen in den Pau-
sen oft heraus und beschimpften uns mit schrecklichen, obszönen
Worten, die alle immer mit »Jude« endeten.

Nach 1936 reisten wir regelmäßig nach Dänemark und nicht
mehr in die uns bisher bekannten deutschen Badeorte wie Duhnen oder Wyk auf Föhr. Obwohl ich noch ein Kind war, fielen mir
doch große Unterschiede zwischen Dänemark und Deutschland
auf. Die Dänen waren uns gegenüber viel freundlicher. Sie lachten
häufiger, hatten wundervolles, reichhaltiges Essen und vor allem
Eis. Nach Deutschland zurückzufahren, in die dunkle und unfreundliche Atmosphäre, war für mich immer wieder ein Schock,
aber schließlich gewöhnten wir uns an den Alltag – oder glaubten
zumindest, es zu tun.

Während unserer regelmäßigen Besuche bei Mutters Familie
in Polen hatte sich ein sehr liebes, vertrautes Verhältnis zwischen
meiner Großmutter, einer kleinen, weißhaarigen Frau, und mir
entwickelt. Obwohl ich ihre freundlichen, jiddisch gesprochenen
Worte kaum verstand, hing mein Herz mehr und mehr an ihr. Sie
führte einen gut besuchten Kaufmannsladen. Ich liebte es zuzuhören, wenn sie mit ihren Kunden sprach. Ich folgte Großmutter
überallhin wie ein kleines Hündchen. Wenn ich vorne neben dem
großen Glas mit den roten Bonbons stehenblieb, bemerkte es
Großmutter immer und gab mir zwei oder drei Bonbons, wobei
sie ihre Finger auf die Lippen legte, um anzudeuten, daß dies unser
Geheimnis sei. Sie wußte, daß Mutter Süßigkeiten zwischen den
Mahlzeiten nicht erlaubte. Hinter dem Laden hatte Großmutter
einen herrlichen, großen Garten. Hier wuchs Gemüse in langen
geraden Reihen. Unmittelbar an den Garten grenzten große
Felder mit rotem Mohn. Nur zu gern pflückte ich einen Stiel,
leerte die reifen Samen in meine Handfläche und aß sie.

Häufig bekam ich ganz zufällig mit, wenn sich Großmutter mit meinen Eltern unterhielt. Ich konnte zwar nicht jedes Wort verstehen, begriff aber, daß Großmutter uns darum beneidete, daß wir in Deutschland lebten, dem Land mit guten Schulen und den komfortableren Lebensbedingungen. Dies sei mit der Armut der polnischen Juden gar nicht vergleichbar, meinte sie.

»Aber was ist mit Antisemitimus?« wollte Vater wissen. Da war es wieder, dieses Wort. Aufmerksam lauschte ich auf Großmutters Antwort, in der Hoffnung, es endlich zu verstehen.

»Wir leben damit doch schon seit Jahren«, begann sie, »wir kennen doch nichts anderes. Ihr werdet euch auch noch daran gewöhnen und merken, daß es sich damit leben läßt.« Großmutter klang ganz sicher und überzeugend. Nur ich hatte immer noch Fragen.

»Warum ist Judenhaß in Polen üblich? Warum müssen wir uns in Deutschland daran gewöhnen?« fragte ich mit Großmutters Worten. Aber ich wurde mit dem Satz »Dies ist kein Thema für Kinder!« abgewiesen. Doch für mich war es ein Thema, das ich nicht loswurde. Antisemitismus war in unser Leben eingedrungen.

Im Herbst 1937 beschlossen die Verwalter unserer Eigentumswohnung im Haus Hohe Weide 25, daß Juden keine akzeptablen Nachbarn mehr seien. Bald darauf wurden wir gemeinsam mit allen anderen jüdischen Familien in diesem Haus gezwungen, unsere Wohnungen zu verlassen. Wir zogen in ein Haus, das einem Juden gehörte, Herrn Heilbut, in die Hoheluftchaussee. Zwar war unsere neue Wohnung fast genauso groß wie die frühere, die Umgebung war jedoch völlig anders. Es war weniger eine Wohn- als vielmehr eine Geschäftsgegend mit Läden, Kunden und lautem Verkehr. Für mich war unser erzwungener Wohnungswechsel ein neuer Beweis für die Macht des Judenhasses. Und es schien mir so, daß sogar meine Familie keine Möglichkeit wußte, sich dagegen zu wehren. Aber warum haßten uns die Deutschen so? Was hatten wir bloß getan? Die unheilvolle Ausbreitung von Antisemitismus wurde ebenso wie meine eigene Verwirrung und meine Angst die Grundlage der mich immer stärker beeinflussenden düsteren Gemütsverfassung.

Nach 1937 mußte sich unsere Schule mit vielen neuen Gesetzen und Vorschriften zurechtfinden. Die deutschen Behörden verlangten, daß Listen aller Schülerinnen mit Namen, Adressen der Eltern und ihrer Staatsangehörigkeit erstellt wurden. Jede von uns wurde namentlich aufgerufen. Dabei mußten wir aufstehen, um unserer Lehrerin die geforderte Antwort zu geben. Jetzt, als jede von uns laut ihre Adresse bekanntgab, wurde uns allen deutlich, daß wir aus sehr verschiedenen Stadtteilen kamen, aus ärmeren und sehr reichen. Und auch wir Kinder kannten doch schon gewisse Unterschiede, auf die uns entweder unsere Eltern aufmerksam gemacht hatten, oder die wir mehr instinktiv begriffen hatten. Grindelallee, Rutschbahn, Bornstraße waren als Wohngegenden bekannt, in denen wohlhabendere Juden wohnten, Leute aus dem Mittelstand, wie man sagte. Meine Eltern hatten mir diese Unterschiede zwar nie erklärt, aber ich mußte sie wohl gelegentlich durch Mitschülerinnen aufgeschnappt haben.

Am schwierigsten war die Frage nach der Staatsangehörigkeit zu verstehen. Ich hatte niemals vorher darüber nachgedacht. Ich wußte nur, daß meine Eltern seit 1921 in Deutschland lebten, daß wir Polen waren und noch gültige Pässe hatten. Als ich dann aufgerufen wurde, gab ich vorsichtig die geforderten Auskünfte: »Cecilie Landau, Hoheluftchaussee 25, Staatsangehörigkeit: polnisch.«

Meine Mitschülerinnen brachen urplötzlich laut in Lachen aus. Aber warum? Was war an »polnisch« spaßig? Ich verstand das alles nicht. Am nächsten Tag hörte ich dann sowohl von verschiedenen Lehrern als auch von Mitschülerinnen, daß polnische Juden schmutzig, ungebildet und ganz anders als deutsche Juden seien. War es denn so wichtig, wo jemand geboren war und wo er lebte? Spielte es eine Rolle, ob man reich oder arm war? Diese Erfahrung, von meinen Mitschülerinnen als Außenseiter verlacht zu werden, war schmerzlich und entwürdigend. Was hatte ich nur getan? Einige Mädchen sagten mir sogar, daß ihre Eltern nicht sicher seien, ob ich überhaupt noch eine geeignete Spielgefährtin für sie wäre. Ich war sehr bedrückt. Schmerz, Verletzungen und meine Verwirrung wurden immer stärker. Erst waren es die nichtjüdischen Nachbarn, dann Fremde auf der Straße und nun meine

Cecilie und Karin während der Sommerferien im Nordseebad Duhnen, Juli 1931.

Cecilie (sitzend, 2. v. rechts) mit ihren Eltern Sala (mittlereReihe rechts) und Benno (hintere Reihe, 2. v. links) im Ostseebad Haffkrug, 1929.

eigenen Klassenkameraden? Von nun an weinte ich noch häufiger, egal, ob ich allein war oder in Begleitung.

Eines Abends, nachdem Karin schon im Bett war, riefen mich meine Eltern in Vaters Arbeitszimmer. Mir war klar, daß etwas Besonderes anlag.

»Celia«, begann Vater, »hast du schon von den Kindertransporten nach England gehört?« »Oh ja, in der Schule«, antwortete ich. »Es gibt eine gute Chance, daß wir dich auch eintragen lassen können und du dann nach England dürftest«, sagte Vater ganz sachlich. Ich war total überrascht. Wollten sie mich loswerden? »Aber warum?« fragte ich. »Es gehen jetzt sehr viele Kinder nach England. Das Leben wäre dort viel leichter für dich.« Mir war das alles unverständlich, nur ein Gedanke nicht, meine Eltern verlassen zu müssen. Ich fühlte panische Angst. »Niemals! Ich werde niemals allein fortgehen!« »Auch nicht, wenn hunderte anderer Kinder mit dir gehen?« fragte Vater. »Die anderen Kinder sind mir egal. Ich will nicht allein fort!« Ich konnte vor Aufregung kaum noch sprechen. Mutter nahm mich schnell in den Arm. »Willst du vielleicht nicht doch noch einmal darüber nachdenken?« hakte Vater nach. »Nein! Niemals! – Warum willst du, daß ich fortgehe?« Ich rannte aus dem Zimmer und fiel schluchzend auf mein Bett. Mutter kam mir nach, um mich zu trösten und sagte schließlich: »Bitte, hör doch auf zu weinen. Wir werden dich nicht zwingen. Wir hielten es für eine gute Idee ...« Mutter küßte mich und ging dann wieder aus dem Zimmer. Die Gründe, warum es eine gute Idee war, blieben ungenannt. Ich hatte keine klare Vorstellung von dem, was mich in England erwartete. Ich dachte nur daran, von meiner Familie getrennt und vollkommen allein zu sein. Ich war vor Schreck wie gelähmt.

Stunden später, nachdem mich der Gedanke an den Transport die ganze Zeit über gequält und ich ihn hin- und hergewälzt hatte, bekam ich allmählich eine Vorstellung von seiner tatsächlichen Bedeutung. Konnte es etwa sein, daß es für Juden in Deutschland keine Hoffnung mehr gab? Jetzt schien es mir so, als ob meine Eltern mit einem Widerspruch lebten. Im Gegensatz zu unseren alltäglichen Erfahrungen, zu den Vorboten von Haß und Angst, die unser Leben einschränkten, gaben sie die Hoffnung dennoch nicht auf. »Die Verhältnisse können doch nicht so bleiben, wie sie sind. Alles wird besser werden!« sagten sie immer wieder. Meinen Eltern schien es unmöglich, daran zu glauben, daß sich ungebremster Haß noch weiter ausbreiten könnte. Für mich gab es aber nur einen Ausweg: Deutschland zu verlassen. Aber nicht allein!

1938 waren die Erinnerungen an die Jahre vor 1933 fast verblaßt. Ich konnte mich jetzt nicht mal mehr an ein Leben ohne Angst erinnern, ohne haßerfüllte Blicke auf der Straße und ohne die Beschimpfung »Jude«. Ich erinnerte mich nicht mehr an die sorgenlose, fröhliche Kinderzeit, an Streiche und Spaß. Das Leben schien immer schon eine Vorahnung geborgen zu haben. Nur manchmal gab es für uns Momente, in denen wir uns selbst vortäuschten, es existierten draußen keine Gefahren und kein Haß.

Wir versuchten, die traurigen Gesichter unserer Eltern zu übersehen und zu glauben, daß morgen alles wieder gut sein könne. Aber die Sorgen blieben. Obwohl wir uns zu Hause sicher fühlten, wurde die Welt außerhalb immer bedrohlicher. Meine Mitschülerin Ruth Moses, die auf der anderen Seite der Stadt wohnte, war auf dem Heimweg von sechs Hitlerjungen brutal geschlagen worden. War dies wegen des Antisemitismus geschehen? Würde auch mir das passieren, weil ich jüdisch war? Oder weil ich eine jüdische Schule besuchte? Ich betete, daß auch wir nach Palästina auswandern konnten, so wie die Familien Baer und Popper. Nachts konnte ich nicht mehr schlafen, Angst hielt mich gefangen. Dabei wußte ich gar nicht genau, wovor ich mich fürchtete. Vor der Dunkelheit? Vor dem Geschrei? Vor den Nachbarkindern oder ihren Eltern? Ich dachte zurück an Bad Schwartau und den runden Tisch im Garten unter der Weide, an die warme Sonne, das rosa Tischtuch, die Erdbeertörtchen und an Herrn Beckers Lebewohl: »Hitler wird sich um die Juden kümmern!« Vor fünf Jahren war Antisemitismus nur ein Wort für mich gewesen, jetzt war es eine Macht, die unser Leben bestimmte. War es richtig gewesen, als Vater damals sagte, daß nur dumme Menschen antisemitisch seien? Und was machte es schon aus, daß sie dumm waren? Meine Angst war geblieben, aber nicht allein vor den Deutschen in meiner Umgebung. Es gab da noch etwas anderes. Etwas bislang Unausgesprochenes und Unklares. Etwas, das noch kommen würde.

Wolken

Die Sonne schien nicht mehr-
Unbedeutend,
Klein,
Jung und unerfahren
Beendete ich mein sorgloses Spiel.

Grelle Farben schmerzten meine Augen,
Der Himmel färbte sich grau,
Blieb dumpf und bedrohlich.
Gerüchte umgaben mich,
Und meine Welt stand Kopf.
Plötzlich war ich ein verstoßenes Kind.
Warum?

Unfähig zu verstehen, lächelte ich,
Wenn Angst mir die Kehle zuschnürte.
Angst – wovor? fragte ich.
Eine Antwort wußte ich nicht.

Benno

Mein Vater war etwa 1,80 m groß. Er hatte leuchtend blaue Augen, dunkles Haar und einen gepflegten kurzen Schnurrbart, der mich immer kitzelte, wenn er mich küßte. Er war charmant, dynamisch, lachte viel und gern. Er war ein intelligenter Mann, großzügig und liebevoll. So wie er können andere Väter nicht sein, dachte ich.

Außer von seiner großen Familie wurde er auch von vielen anderen bewundert. Er war innerhalb der jüdischen Gemeinde ein respektierter Mann, Leute kamen zu ihm, um seinen Rat zu hören oder manchmal auch, ihn um Geld zu bitten. Seine Klugheit, Willenskraft und sein Mitgefühl ließen ihn viele Kameraden und Freunde finden. Er hatte die besondere Fähigkeit, sie alle so zu akzeptieren, wie sie waren. Dabei war die Grundlage seiner Lebensphilosophie, in jeder Situation ehrlich und aufrichtig zu sein und als Bürger die Gesetze einzuhalten. Ich war mir absolut sicher, daß er jedes Hindernis beseitigen und alle Probleme lösen könne. Er fand für mich immer die richtigen Worte, um meine kleine Welt wieder in Ordnung zu bringen.

Vater war ein erfolgreicher Geschäftsmann, dabei blieb er zurückhaltend und bescheiden. Er achtete darauf, daß unser Zuhause komfortabel und immer freundlich war. Unsere Wohnung in der Hohen Weide 25 war groß, geräumig und sonnig. Sie war mit Tischen und Stühlen aus Mahagoniholz eingerichtet. Lena, unser Hausmädchen, polierte sie auf Hochglanz. Als ich ganz klein war, verschwand ich oft mit meiner Puppe unter dem großen Eßtisch und spielte auf den Querlatten der Tischbeine, gut versteckt unter den Fransen der langen geblümten Tischdecke.

Vaters Arbeit als Im- und Exportkaufmann für Weine ermöglichte uns Sommerurlaube in Polen, Dänemark und an anderen entfernten Orten. Wir lebten nicht in Luxus, aber unser Eisschrank war immer mit Lebensmitteln gefüllt, und in unseren Schränken gab es genügend Wäsche und Kleidung. Alle Extras wie Musikunterricht, Tennis, Schlittschuhlaufen oder Reiten waren selbstverständlich. Es war niemals nötig, und es kam mir auch gar nicht in den Sinn, darüber nachzudenken, ob diese Ausgaben zu viel seien und die Familie daran hinderten, das Geld für wichtigere Anschaffungen auszugeben.

Vater und Mutter waren liebevoll miteinander. Oft beobachtete ich, wie sie sich Blicke zuwarfen und sich ohne Worte verständigten. Ich sah Mutters Lächeln und Vaters Küsse, die mir anders vorkamen als die, die er mir auf Wange oder Kopf gab. Sie hatten auch ihre ganz persönlichen Späße und Unterhaltungen. Wenn wir es nicht verstehen sollten, sprachen meine Eltern polnisch. Meine fünf Jahre jüngere Schwester Karin, die immer noch wie ein Baby behandelt wurde, und ich ärgerten uns immer über die Störung durch diese fremde Sprache.

Mutter war ruhig und wesentlich zurückhaltender als Vater, aber sie war fürsorglich, warmherzig und liebevoll. Sie war nur etwa 1,50m groß und ein wenig mollig. Sie hatte einen hellen Teint, dunkelbraune Augen und seidig glänzendes, schwarzes Haar. Sie war den ganzen Tag zu Hause, kochte und ging täglich frische Lebensmittel einkaufen.

Gelegentlich fuhr sie auch in die Stadt zu Robinsohn oder Tietz und brachte meist wunderschöne Wolle oder Stoffe für Kleider und Mäntel für sich und uns mit. Sie wußte immer genau, wie wir auszusehen hatten: hier einen Gürtel, dort große Knöpfe, manchmal einen weißen Kragen und Manschetten. Eine Schneiderin hatte dann Mutters Anweisungen und Stil genau zu folgen. Weil ich gelegentlich murrte und mir einen mehr erwachsenen Stil wünschte, lobte Vater stets ihren Geschmack und ihre Auswahl, und genau dies, seine Anerkennung, war für mich das Wichtigste.

Vaters Herrenzimmer war mit Bücherschränken ausgestattet, in denen Unmengen von Büchern standen, die in allen Regenbogenfarben schillerten. Es waren Bücher, deren Inhalt ich nicht verstand und die zum Teil in unbekannten Sprachen geschrieben waren. Das Herrenzimmer war heilig. Es war der Ort, an dem regelmäßig Vaters abendliche Besucher zusammenkamen, um über religiöse und politische Fragen zu diskutieren. Die meisten Besucher sind für mich namenlos geblieben, obwohl sie freundlich zu mir waren. Ausnahmen waren Rabbi Paul Holzer, der sich immer Zeit nahm, mit mir zu sprechen, und Martin Buber, der mich auf den Arm nahm und an sich drückte. Ich durfte immer Guten Tag sagen, das Herrenzimmer aber nicht betreten. So stand ich draußen und spähte durch die halboffene Tür, während sich der Raum mit Zigarettenrauch füllte und ich unsere Besucher mit gedämpften, ernsten Stimmen reden hörte. Wiederholt hörte ich sie über Deutschland, Hitler, Antisemitismus, Zionismus und Palästina reden. Ich hatte schon einiges über Antisemitismus gelernt, weniger durch Gespräche als durch Erlebnisse, und ich konnte leicht einen Zusammenhang zwischen den Diskussionen im Herrenzimmer und den zunehmenden Beschränkungen in unserer jüdischen Gemeinschaft herstellen. Aber ich wußte, daß Vater ja da war und mich immer beschützen würde. So fühlte ich mich sogar noch während Mutters kurzem Krankenhausaufenthalt im Sommer 1938 sicher. Ich vertraute darauf, daß Vater auf alles achtete. Aber mir sollten nur noch zwei Monate ahnungslosen Vertrauens bleiben.

Das schrille Läuten an der Haustür weckte uns um 5 Uhr morgens. Karin und ich sprangen aus unseren Betten. Barfuß, nur in langen rosafarbenen Nachthemden standen wir frierend im Flur, während Vater die Tür öffnete. Mutter stand hinter ihm, ihren blauen Hausmantel fest um ihren Körper klammernd.

»Herr Landau?« fragte eine Stimme.

Karin und ich spähten den Flur hinunter und sahen zwei Polizisten. Ihre grünen Uniformen flößten uns Angst ein, und wir standen zitternd eng beieinander. Wir konnten ihre Unterhaltung nicht verstehen, aber aus den kleinen Wortfetzen hörten und begriffen wir, daß wir zur Polizeiwache gehen sollten. Es ging um abgelaufene Pässe und darum, daß wir polnische Juden waren.

Ich sah Mutter mit Vater flüstern. Ihr Gesicht war aschfahl. Wir gingen ein Stückchen näher und hörten, daß Vater den

Polizisten erklärte, Mutter sei gerade erst nach einer Operation aus dem Krankenhaus entlassen worden. Nach einigem Hin und Her erlaubten sie, daß Mutter mit uns zu Hause bleiben durfte, Vater mußte ihnen folgen.

Es war der 27. Oktober 1938, und fortan sollte nichts in unserer kleinen Welt mehr so bleiben, wie es einst war. Vater mußte fortgehen. Jetzt war nicht einmal mehr unser Zuhause sicher. Mir schien das, was passierte, keinen Sinn zu haben. Ich beobachtete, wie Vater sich anzog, Mutter küßte und in unser Zimmer kam. Er umarmte uns schweigend, wandte sich schnell ab und verließ die Wohnung mit den beiden Polizisten. Mutter nahm Karin und mich mit in ihr großes Ehebett. Viel zu ängstlich, um irgendetwas zu sagen, weinten wir leise vor uns hin und schmiegten uns zitternd aneinander. Wir begriffen nicht, was dies alles bedeutete.

Am Nachmittag desselben Tages hörten wir von Freunden per Telefon, daß viele polnische Juden unten in der Stadt festgehalten wurden und nach Polen deportiert werden sollten. Weitere Informationen hatten sie nicht. Weder Gründe noch zeitliche Fristen waren bekanntgegeben worden. Sie rieten Mutter, für Vater Kleidung einzupacken, sie ihm jedoch auf keinen Fall selbst zu bringen, da man sie möglicherweise auch festhalten könnte.

Ich hörte sie fragen: »Wie soll ich denn sonst den Koffer zu Benno bringen?« Ich verstand, daß sich der nächste Teil der Unterhaltung auf mich beziehen mußte, denn Mutter sagte: »Aber sie ist gerade erst vierzehn.« Sie legte den Hörer auf und sah mich traurig und unsicher an. Ich wartete nicht ab, bis sie mich fragte.

»Ich möchte gehen. Bitte laß mich. Ich verspreche dir, den Koffer zu Vater zu bringen, und komme so schnell wie möglich nach Hause.«

Ich spürte ihren inneren Widerstand, ihre ängstlichen Zweifel und ihre Unentschlossenheit. Alle meine Ängste, die ich normalerweise hatte, wenn ich allein unterwegs sein mußte, waren plötzlich von dem überwältigenden Wunsch verdrängt, Vater zu helfen und ihn wiederzusehen. »Bitte, bitte!« bettelte ich, »du kannst mir vertrauen, ich schaffe es schon, laß mich doch gehen …«

Ich folgte ihr nach unten in den Flur, wo sie einen Koffer fand und erschöpft mit dem Packen begann. »Ich schaffe es, Mutter«, wiederholte ich. »Ich weiß, daß ich es kann.«.Ihr rannen Tränen über die Wangen. Schließlich sah sie es ein und nickte zustimmend.

Schätzungsweise wurden mehr als siebenhundert verhaftete Männer, Frauen und Kinder in einem zur »Sammelstelle« erklärten Innenhof in der Hamburger Neustadt festgehalten. Von hier sollten die Eingesperrten von den Deutschen per Bahn nach Polen abgeschoben werden. Mutter schrieb die Adresse auf und sagte:

»Sei vorsichtig, nimm die U-Bahn bis in die Innenstadt und sprich mit niemandem auf dem Weg.«

Ich schleppte und schob den Koffer in die U-Bahn, dann wieder heraus und weiter die Straße entlang, bis ich schließlich das offene Tor vom »Sammelplatz« erreichte. Der Hof war mit Frauen, Kindern und Männern überfüllt, die alle durcheinander redeten, Vermutungen anstellten und voller Unsicherheit waren. Ich aber hielt nach Vater Ausschau, blieb immer wieder stehen und fragte jeden, der bereit war, mir zuzuhören:

»Können Sie mir sagen, wo ich Benno Landau finden kann?« Sie schüttelten nur ihre Köpfe. Ich stand neben meinem jetzt verschrammten und staubigen Koffer, müde, verloren, ratlos. Was sollte ich tun? Plötzlich fühlte ich eine Hand auf meiner Schulter und drehte mich um. Da stand Vater vor mir, noch immer lächelnd, noch immer groß und kräftig. Er umarmte mich und sagte:

»Ich liebe dich, Celia. Was für ein mutiges Mädchen du bist, mir so einen schweren Koffer zu bringen.«

Mit Mühe hielt ich die Tränen zurück. Dann begann er, mich abrupt von sich wegzuschieben.

»Bitte, jetzt mußt du sofort gehen!« Er wirkte angespannt und bestand darauf. »Ich will nicht, daß du hier bleibst!«

»Aber wenn ich gehen kann, warum kommst du dann nicht mit mir?« fragte ich ihn. »Sieh, das Tor ist offen. Viele Leute gehen. Warum kannst du nicht mit mir kommen, Vater?«

»Es wäre nicht richtig, das zu tun«, antwortete er. Für ein paar Sekunden schien er über seine Antwort nachzudenken, vielleicht wurde ihm in dieser Situation die Ironie der eigenen Korrektheit und seines Ehrgefühls bewußt. Dann fuhr er fort:

»Bitte, beeil dich jetzt, geh und vergiß nicht, auf Mutter aufzupassen!«

Ich ging zum Tor und drehte mich für einen letzten Blick noch einmal um. Vater winkte kurz und verschwand dann in der Menge. Ich eilte nach Hause, denn ich wußte, daß sich Mutter Sorgen machte und wartete. Außerdem hatte ich Angst und wollte schnell nach Hause, um nicht unterwegs zur Zielscheibe für Haß, Beschimpfungen und Spott seitens deutscher Kinder und Erwachsener zu werden. Ich fühlte mich trauriger denn je zuvor und war doch gleichzeitig stolz, den Koffer abgeliefert zu haben.

Etwa vier Tage später erhielten wir einen Brief von Vater. Er schrieb uns, daß sich die Gesamtzahl der aus Deutschland nach Polen abgeschobenen Juden auf ca. 15.000 belief. Sie kamen sowohl aus Hamburg als auch aus anderen Orten. Er hielt sich in Zbaszyn, in Polen, in der Nähe der deutschen Grenze bei einer dort ansässigen jüdischen Familie auf und hoffte, von den deutschen Behörden die Erlaubnis zur Rückkehr zu bekommen. Wochen vergingen, ehe wir einen zweiten Brief erhielten. Vater schrieb jetzt, daß er keinen Sinn mehr darin sah, in der Nähe von Zbaszyn zu bleiben. Er hatte beschlossen, mit dem Zug nach Sambor zu Mutters Familie zu fahren. Danach schrieb er uns regelmäßig und versprach immer, eine Wiedereinreise-Erlaubnis zu erlangen und nach Hause zu kommen. Er bat uns, nicht ungeduldig zu sein. In der Zwischenzeit trug er uns auf, den gesamten Haushalt aufzulösen und alles an seinen Bruder Herschel nach Palästina zu schicken. Vater wollte versuchen, für uns alle von der britischen Regierung Einreisevisa für Palästina zu erhalten.

Das Einpacken des gesamten Haushalts war keine leichte Aufgabe. Wir folgten Vaters Wünschen und beauftragten eine Hamburger Spedition. Aber die deutsche Regierung hatte Gesetze erlassen, um jede Ausfuhr von neuen Waren, Gold oder Geld zu verhindern. So mußten wir unter den wachsamen Augen zweier Zollinspektoren unsere Sachen packen: Möbel, Geschirr, Wäsche und persönliche Kleidungsstücke, sogar mein kastanienfarbenes Fahrrad. Schließlich wurden zwei Lifts, große Holzkisten, verschlossen und von der Spedition Springer in den Hafen gebracht, um sie nach Palästina zu verschiffen. In der Zwi-schenzeit warteten wir auf die Einreisevisa nach Palästina und auf Vaters Rückkehr. Aber die Visa kamen nicht, und auch Vater kam nicht zurück.

Doch dann kam dieser Morgen – ein Morgen, der so aussah wie jeder andere. Karin und ich waren auf dem Weg zur Schule. In den Straßen war es ruhig. Vielleicht zu ruhig. Irgendetwas stimmte nicht. Aber was? In der Nähe der Rentzelstraße trafen wir zwei Klassenkameraden. Sie weinten. Erst nach einer Weile konnten sie uns erzählen, warum. So erfuhren wir, daß während der Nacht Deutsche jüdische Geschäfte geplündert hatten, daß sie Synagogen angezündet und entweiht hatten, nicht nur in Hamburg, sondern in ganz Deutschland. Es war der 10. November 1938.

Wir blieben stehen und redeten. Schließlich entschieden wir uns, daß die Schule heute geschlossen sein müsse und gingen in die entgegengesetzte Richtung zum Bornplatz. Wir konnten schon von weitem Rauch riechen, in unmittelbarer Nähe der großen Synagoge sahen wir größere Gruppen von Männern, einige in SA-Uniformen, einige in Zivilkleidung. Wir trauten uns jedoch nicht noch dichter an sie heran. Wir gingen an kleinen Läden vorbei und sahen Glasscherben und Waren auf der Straße liegen. Und Deutsche, die dabeistanden und lachten. Um keine Aufmerksamkeit auf uns zu ziehen, trennten wir uns, und jede ging in einer anderen Richtung nach Hause.

Als wir wieder zu Hause waren, wußte Mutter schon, was geschehen war. Ein Freund hatte sie angerufen und ihr von den schrecklichen Verwüstungen erzählt. Mutter hatte auch die Gründe für diese Zerstörungen erfahren. Es hatte in Frankreich als Folge einer Schießerei durch einen siebzehnjährigen jüdischen Jungen namens Grynszpan angefangen. So wie mein Vater waren auch seine Eltern am 29. Oktober 1938 nach Polen abgeschoben worden. Durch die Trennung von ihnen fühlte er sich verletzt und verzweifelt. Als Vergeltung für das Unrecht an seiner Familie hatte er in Paris einen deutschen Beamten, Ernst vom Rath, erschossen. Nun waren die Deutschen versessen auf Rache.

In ganz Deutschland hatte die Gestapo damit begonnen, jüdische Männer zu verhaften und in Gefängnisse zu stecken.

Aus den Gefängnissen wurden sie in Konzentrationslager nahe Berlin gebracht. Die jüdischen Männer wurden geschlagen und mißhandelt. Wenn sie nach sechs oder acht Wochen entlassen wurden, hatten sie sich verändert, waren zu ängstlichen, ver-

Benno Landau im Ostseebad Grömitz, 1921.

Sala und Benno Landau, Hamburg 1922.

schlossenen Individuen geworden, die nur noch darüber nach-
dachten, wie sie mit ihren Familien Deutschland verlassen könnten. Einige hatten Erfolg.

Die Verwüstungen aber, die später als »Kristallnacht« be-
kanntwurden, hinterließen unauslöschliche Spuren in allen jüdischen Kindern. Ein unvergeßlicher Schrecken. Die Schule nahm
einige Tage später die Arbeit wieder auf, aber die Stimmung war
zerrissen und unruhig. Fast täglich verkündeten Schulkameraden
oder Lehrer, daß sie nach Palästina, Südamerika oder in die USA
auswanderten.

Mutter schrieb an ihren älteren Bruder Adolf in San Francisco,
der Polen verlassen hatte, als Mutter erst drei Jahre alt war. Sie bat
ihn, uns Affidavits für die USA zu schicken. Sie wartete hoffnungsvoll auf seine Antwort in der sicheren Annahme, daß uns
Onkel Adolf unterstützen und die Dokumente schicken würde,
damit auch wir in Amerika einen sicheren Hafen finden könnten.
Seine Antwort war eine kurze, ablehnende Notiz. Er erklärte, daß
er die Verantwortung für vier Leute nicht übernehmen könne.
Mutter war böse und enttäuscht. Dies entsprach nicht dem, was
man von einem Bruder erhoffte und erwarten konnte.

Jetzt waren schon acht Monate vergangen, seit Vater nach
Polen ausgewiesen worden war. Wir lebten von Tag zu Tag,
unsicher, ständig auf Ausreisepapiere wartend und dafür betend,
daß Vater nach Hause kommen möge. Endlich, im Mai 1939,
klingelte um Mitternacht unser Telefon:

»Ich komme nach Hause. Ich habe eine Genehmigung zur
Wiedereinreise. Kommt zum Hauptbahnhof.«

Er konnte nicht genau sagen, wann er ankommen würde, so
daß wir in den nächsten drei Tagen jeden Zug abpaßten, der am
Hauptbahnhof aus Polen ankam. Der große Mann mit dem
grauen Hut – nein, das war nicht Vater. Der große Mann mit dem
schwarzen Koffer – wieder Enttäuschung. Wir waren schon kurz
davor, aufzugeben. Am dritten Tag aber sprang Vater aus einem
der ankommenden Züge. Er schien größer und schmaler, als ich
ihn in Erinnerung hatte, aber immer noch lächelnd und in diesem
Moment glücklich. Er umarmte uns alle drei gleichzeitig. Wir
redeten alle drauflos, uns umarmend, küssend, lachend und wei-

nend. Seine Gegenwart ließ uns alles vergessen. Nach einer Weile wurde Vater ernster und streng.

»Wir müssen uns unbedingt Papiere besorgen, um Deutschland verlassen zu können, wir müssen versuchen, Einreise-Visa für Palästina oder die USA zu bekommen. Es ist jetzt dringlich geworden. Wir dürfen keine Zeit verlieren.«

»Wann werden wir abreisen?« fragte ich unsicher. »Bald, sehr bald«, antwortete er.

Aber dies erwies sich als komplizierter, als Vater gedacht hatte. Obwohl er ununterbrochen Briefe schrieb, telefonierte und sich an Freunde und Verwandte wandte, lagen weder die Affidavits aus USA noch die versprochenen Einreisevisa für Palästina in unserem Briefkasten. Die Antworten ähnelten sich immer: »Seid geduldig. Macht euch keine Sorgen. Die Papiere sind unterwegs.«

Nur, die Wochen vergingen und nichts kam.

Vaters Aufenthaltserlaubnis für Deutschland, die nur für einen Monat gültig war, war fast abgelaufen. Irgendwie schaffte er, sie von den deutschen Behörden mit dem Versprechen, das Land sehr bald zu verlassen, verlängert zu bekommen. Eine weitere Verlängerung erhielt er im Juli. Ein drittes Mal, oder, wie die Deutschen betonten, zum letzten Mal, im August.

In der Zwischenzeit hatten wir von den örtlichen Behörden erfahren, daß wir unsere Wohnung binnen vierundzwanzig Stunden zu verlassen hatten. Diesmal mußten wir in möblierte Zimmer von Häusern ziehen, die als »Judenhäuser« deklariert waren. Wir nahmen unsere kleine Habe und zogen wie Zigeuner von einem Zimmer in das nächste: Werderstraße 5, Werderstraße 7, Brahmsallee 15. Diese Zimmer waren klein und beengt, spärlich möbliert mit alten, abgenutzten Betten, einem Schrank und einem Tisch. Küche und Toilette teilten wir uns mit zehn bis zwölf anderen Bewohnern. Wir mußten sogar dankbar sein, diese Plätze gefunden zu haben. Wir nahmen diese Umzüge als eine Selbstverständlichkeit hin, ohne darüber nachzudenken, es in Frage zu stellen oder uns darüber zu beklagen. Es war ja nur vorübergehend! Einreisepapiere waren unterwegs, und wir würden bald abreisen.

Der Spätsommer war heiß, aber Juden war es nicht mehr erlaubt, an den Strand oder ins Freibad zu gehen. Statt dessen saßen wir zu Hause und warteten auf den Postboten. Aber nichts kam. Dann, am 1. September 1939, verkündeten Lautsprecher in ganz Hamburg stolz und schrill tönend: »Deutschland hat Polen besetzt. Wir befinden uns ab heute im Krieg, wir werden bald siegreich sein«. Hierauf folgte die deutsche Nationalhymne »Deutschland, Deutschland über alles«.

Nur eine Stunde war seit der Lautsprecherdurchsage im Radio vergangen, als es an der Tür klingelte und sich zwei Männer den Weg zu unserer Wohnung bahnten. Trotz der Hitze trugen sie lange, schwarze Ledermäntel, Stiefel und Hüte.

»Benjamin Landau? Gestapo.«

Wir hatten schon von der Gestapo gehört, aber dies war unsere erste persönliche Begegnung. Wir wußten vom Hörensagen, daß sie unbarmherzig und brutal war. Die Gestapo war jederzeit zu allem in der Lage und war nur sich selbst gegenüber verantwortlich. Sie hatten weder durch ihre Uniform noch durch ihr Verhalten irgendeine Ähnlichkeit mit den örtlichen Polizisten, die im Oktober des letzten Jahres gekommen waren, um Vater zu verhaften. Sie sprachen in kurzem, schneidendem Kommandoton, ließen für weitere Fragen oder Antworten keinen Raum.

»Sie werden als feindlicher Ausländer interniert. Sie müssen mitkommen!«

Die beiden Männer gingen im Flur auf und ab, während Vater seinen Paß holte. Dann ging er zu Mutter, um sie zu küssen, aber die Deutschen zogen ihn grob fort.

»Dafür ist keine Zeit. Nun kommen Sie!«

Karin und ich begannen zu weinen. Vater sah uns einen kurzen Augenblick mit Tränen in den Augen an, und zum ersten Mal schien selbst er eingeschüchtert. Die beiden Gestapomänner packten ihn grob am Arm und schoben ihn zur Tür hinaus. Vater war fort. Karin und ich standen noch immer regungslos da, verlassen und verloren in unserer Angst. Mutter schluchzte hemmungslos.

Vater wurde in Fuhlsbüttel eingesperrt, ungefähr zehn Kilometer vom Zentrum Hamburgs entfernt. Nur einmal, im Jahre 1940, und nur, um Mutters unaufhörliche Bittbriefe und wiederholten Gänge zur Gestapo endlich loszuwerden, erlaubte uns einer der Beamten, ihn unten im Hamburger Stadthaus zu sehen.

Vater sah in seiner gestreiften Gefängniskleidung dünn und grau aus. Wir sahen uns nur schweigend an und versuchten, tapfer zu lächeln. Nur zwei Schritte trennten uns voneinander, aber man hatte uns verboten, uns anzufassen. Mutter versprach immer wieder inständig, daß sie nicht aufgegeben habe, für ihn Ausreisepapiere zu bekommen. »Bitte, gib nicht auf«, flehte sie ihn an. »Ich werde einen Weg finden.«

Nach unserem Besuch im Stadthaus kamen nur noch unregelmäßig Briefe von Vater. Manchmal vergingen sogar mehr als vier Monate, bevor wir ein Wort von ihm bekamen. Seine Mitteilung war immer dieselbe: »Mir geht es gut. Ich liebe euch sehr. Benno.« Jedesmal, wenn er schrieb, hatten seine Briefe andere Poststempel. Zuerst war es Fuhlsbüttel, dann Oranienburg und schließlich Dachau.

Der Winter 1940 war sehr hart und kalt mit langen Frostperioden. Selbst die Sonne täuschte uns und spendete keine Wärme. Wir hatten keine Feuerung mehr und verbrachten die Abende in Decken eingehüllt, auf Sirenen horchend, wenn es Luftalarm für Hamburg gab. Lebensmittel waren nun rationiert, und für Juden gab es besonders kleine Mengen. Unsere Lebensmittelkarten waren mit einem großen »J« gestempelt. Mit ihnen durften wir nur in besonderen Läden einkaufen, die zu wenig Personal hatten, immer überfüllt waren und nur sehr begrenzte Mengen Waren anbieten konnten. Einmal pro Woche mußten wir uns in langen Schlangen anstellen und stundenlang warten, um die magere Ration einkaufen zu können. Sattwerden konnten wir von diesen Rationen jedoch nicht mehr.

Wir hatten nur noch sehr wenig Bargeld. Es gab zwar noch Geld auf unseren Konten, über das wir jedoch nicht mehr frei verfügen durften. Die monatlich von der Hamburger Finanzbehörde zugebilligte Summe reichte nie aus, um Mutter, Karin und mich ausreichend zu ernähren und zu kleiden. Obwohl ich tagsüber immer noch die Schule in der Carolinenstraße besuchte, gelang es mir eines Tages, von dem Textilgeschäft Jung & Ferley am Neuen Wall eine Arbeit zu bekommen, bei der ich nachts und am Wochenende zu Hause Kleidungsstücke nähen konnte. Ich arbeitete sogar am Sabbat. Dies spielte für uns keine Rolle mehr.

Wir waren auf das bißchen Geld, das ich dazuverdienen konnte, verzweifelt angewiesen. Leider konnte ich diese Arbeit nicht lange machen. Die von mir genähten Kleidungsstücke waren nicht gut genug, und so wurde ich nach ein paar Wochen wieder entlassen.

Unser Leben war ein Alptraum. Je größer die militärischen Erfolge Deutschlands waren, desto aggressiver und feindlicher behandelten die Deutschen uns. Ich war noch keine sechzehn Jahre alt und lebte nicht nur in ständiger Angst vor der SS und der Gestapo, sondern auch vor der Hitlerjugend. Diese Jungen und Mädchen waren in meinem Alter. Sie trugen weiße Hemden und braune Hosen oder braune Röcke. Man hatte ihnen beigebracht, uns zu hassen und zu erniedrigen. Sie folgten ihren Führern blind und fühlten sich ermuntert, jüdische Kinder ohne Grund zu schlagen, anzuspucken und uns Spottnamen nachzurufen. Wir konnten dagegen nichts tun... konnten nirgends Schutz oder Sicherheit finden. Wir waren ihren Launen vollkommen ausgeliefert.

Einst fröhlich, ausgelassen und glücklich, waren wir mittlerweile still, ernst und verschlossen. Wir lebten in ständiger Angst; wenn wir auf der Straße waren, blickten wir uns unsicher um. Juden war es jetzt nicht mehr erlaubt, nach Sonnenuntergang auf der Straße zu sein. Gefaßt zu werden, bedeutete Schläge, Gefängnis oder gar Schlimmeres.

Wie an vielen Nachmittagen vorher, saßen Mutter und ich auch an diesem Tag Anfang Dezember 1940 im Warteraum der Jüdischen Gemeinde in der Beneckestraße. Wir warteten sehnsüchtig auf den Bescheid, daß die nötige Summe von 400 Dollar von einer jüdischen Gemeinde-Stiftung aufgebracht worden sei, um Vaters Entlassung aus dem KZ Dachau und die Emigration zu ermöglichen. Der Raum war voller niedergeschlagener, trauriger Menschen, in nervösem Flüstern waren immer wieder die gleichen Worte zu hören: Einreisevisa ... Freilassung ... Shanghai ... Papiere für Palästina ... Argentinien ... Brasilien und sogar Honduras ... Jeder versuchte wegzukommen.

Eine unbekannte Frau, die neben uns saß, wandte sich plötzlich aufgeregt zu uns und sagte:

»Haben Sie gehört, daß Jakob Leinfeld freigelassen wurde? Er ist gerade erst aus einem Konzentrationslager entlassen und unter der Bedingung nach Hause gekommen, morgen schon nach Italien abzureisen. Wirklich – aus dem Konzentrationslager entlassen!« wiederholte sie kopfschüttelnd.

Als Mutter den Namen hörte, sprang sie auf, griff nach meiner Hand und sagte:

»Schnell, wir müssen nach Hause.«

Ich blickte sie fragend an, aber sie sah dermaßen entschlossen aus, daß ich mich nicht traute, nach dem Warum zu fragen. Sobald wir zu Hause angekommen waren, eilte sie zum Telefon.

»Hallo, Jakob? Hier spricht Sala. Stimmt es, daß du auswanderst? Kann ich dich sehen? Bitte! Du mußt mir unbedingt von Benno erzählen!« bat sie. Mutter bettelte inständig mit tränenerstickter Stimme.

»Du hast ihn gestern gesehen, und ich habe seit Wochen nichts mehr von Benno gehört.«

»Heute abend? Ja, wir werden kommen.«

Mutter wandte sich an mich:

»Celia, es ist wahr, Jakob Leinfeld ist aus dem Konzentrationslager entlassen worden. Bis gestern noch hat er mit Vater auf der gleichen Pritsche geschlafen. Ich bin sicher, daß du dich an ihn erinnerst. Vater und er sind sich vor Jahren bei verschiedenen gesellschaftlichen Anlässen begegnet. Er war manches Mal bei uns zu Gast. Aber sie sind erst jetzt in der Haft enge Freunde geworden. Er wird schon morgen nach Italien abreisen, aber wir dürfen ihn noch heute abend besuchen.«

Ich wußte, daß Mutter Jakob nicht fragen würde, wie es zu seiner Entlassung und Auswanderungsmöglichkeit gekommen war. Es schien eine unausgesprochene Vereinbarung zu geben, dieses Wissen nicht mit anderen zu teilen – keine Fragen – keine Antworten. Trotzdem schien Mutter ganz aufgeregt, und in ihrer sonst traurigen Stimme lag ein hoffnungsvoller Klang.

So verließen wir an diesem Abend unsere Wohnung, um den etwa dreißigminütigen Fußweg bis zu Jakobs Wohnung zu machen. Die Dämmerung warf lange Schatten auf den Fußweg. Die Luft war kalt und schneidend, wir gingen schnell und schweigend. Ich war voller Ängste und mich fror bei dem Gedanken an die alte Frau, die vor einigen Tagen im Freien gefunden worden war. Man

Sala Landau mit ihren beiden Töchtern Cecilie (links) und Karin,
Hamburg 1939.

Steuerkarte der ehemaligen Deutsch-Israelitischen Gemeinde zu
Hamburg mit dem Todesdatum Benjamin Landaus. Hinter der
Eintragung »München« verbirgt sich der Ort des gewaltsamen
Todes: das Konzentrationslager Dachau.

hatte sie brutal zusammengeschlagen und sterbend liegengelassen. An ihrem Mantel war ein schmutziger, bekritzelter Zettel befestigt:

»Ausgehen bei Nacht – tot bei Tag.«

Ich versuchte, diese Gedanken aus meinem Kopf zu verdrängen und mich statt dessen auf Vaters Freund Jakob zu besinnen. Ich erinnerte mich an einen großen, kräftigen, freundlichen Mann mit blond gelocktem Haar und strahlend blauen Augen. Er muß etwa zehn Jahre jünger als Vater gewesen sein, immer witzig, fröhlich, das Leben genießend. Vor Ausbruch des Krieges war er als Eigentümer eines der größten Frucht-Importgeschäfte in Hamburg wohlhabend und erfolgreich gewesen. Aber die Deutschen hatten auch sein Geschäft arisiert. Mir fiel ein, daß er unser Haus immer mit den Worten betreten hatte:

»Hier bin ich, laßt uns ein Fest feiern!«

Als wir endlich das Etagenhaus in der Isestraße erreicht hatten, war es fast dunkel. Wir fuhren mit dem Fahrstuhl in den dritten Stock, suchten nach seinem Namensschild an der Tür und klingelten. Meine einzige Hoffnung in diesem Moment war, daß wir nicht lange bleiben würden. Die Tür wurde geöffnet. Vor uns stand ein dünner, ausgemergelter Mann mit tiefen, teilnahmslosen Augen und grau-gelber Haut. Sein kahlgeschorener Kopf glänzte unter dem grellen Schein der Lampe. Auf seinen Lippen, die Spuren von vielen Schlägen trugen, lag ein trauriges Lächeln. Seine oberen Schneidezähne fehlten. Er streckte seine Arme aus und hielt Mutters Hände fest in seinen.

»Jakob?« sagte Mutter halb fragend.

»Wer sonst? Kommt rein. Aber Ihr dürft nicht lange bleiben. Benno geht es gut, er arbeitet. Sobald ich in Italien bin, werde ich versuchen, Einreisepapiere für ihn zu bekommen.«

Diese Worte kamen schnell hervor. Er klang gehetzt und atemlos, so als hätte er diese Sätze schon geübt. Er forderte uns nicht auf, Platz zu nehmen. Mutter schien enttäuscht. Ich aber war erleichtert. Ich machte mir wegen der Ausgangssperre Sorgen, war unruhig und bedacht, möglichst schnell wieder zu gehen.

»Aber Jakob«, fragte Mutter weiter, »hast du in den Spiegel gesehen?«

»Mach dir keine Sorgen«, unterbrach Jakob sie, »ich bin in Ordnung. Mir geht es gut, und ich werde die Einreisepapiere bekommen.« Er versuchte uns zu beruhigen, aber es war schon unbegreiflich genug, daß dieser Mann sich selbst helfen konnte, geschweige denn irgendeinem anderen.

»Aber erzähl mir doch über Benno ...«

»Ich habe dir nicht mehr zu sagen. Ich weiß nicht mehr, und selbst wenn, würde es dir nicht helfen.«

»Was meinst du damit, es würde mir nicht helfen? Wann werde ich Benno wiedersehen? Bitte, erzähl doch mehr. Ich bin krank vor Sorgen!«

»Ich weiß es nicht. Ich bin jetzt müde, sehr müde. Es ist besser für euch, jetzt zu gehen ...«

»Nur das, Jakob? Nichts weiter?«

Mutters zitternd ausgestreckte Hände blieben leer in der Luft hängen. Ihre Schultern sanken ein, sie sah niedergeschlagen aus, ihr Blick war leer und weit weg. Als sie Jakob erneut anblickte, schüttelte er nur den Kopf. Er hatte Tränen in den Augen, umarmte Mutter schweigend und gab mir die Hand. Wir wünschten ihm eine gute Reise und verließen seine Wohnung.

Draußen war es vollkommen dunkel geworden. Mond und Sterne waren hinter schwarzen Wolken verschwunden. Die Kriegsverdunkelung erlaubte keine einzige brennende Straßenlaterne oder ein nichtverhängtes Fenster. Die Straßen waren verlassen und still. Ich war außer mir vor Angst. Mutter und ich hielten uns fest an den Händen und tasteten uns vorsichtig durch die stockdunkle Nacht nach Hause. Dabei beteten wir lautlos und lauschten nach allen Seiten in der Hoffnung, niemandem zu begegnen. Plötzlich hörten wir ein Klicken, den Tritt von Stiefeln und eine Stimme, die schrie:«HALT!« Sie mußten hinter uns sein, ihren Opfern dicht auf den Fersen.

Wir begannen zu laufen. In unserer ängstlichen Hast und Panik verloren Mutter und ich einander. Für einen entsetzlichen Augenblick lang wurde mir bewußt, daß ich ganz allein war und um mein Leben rannte. Taschenlampen wurden angeknipst, um Opfer zu finden – Mutter und mich. Ich lief schnell und schneller. Mein Fuß verfehlte dabei einen Bordstein und gab unter dem stechenden Schmerz meines verdrehten Knöchels nach. Ich fiel und blieb flach auf dem Bauch im nassen Rinnstein liegen, ein fauliger Geruch bedeckte mein Gesicht. Ich hatte Angst auch nur zu atmen, meine Augen blieben fest geschlossenen, ich hätte laut aufschreien mögen. Aber eine innere Stimme hämmerte mir ein: »Beweg dich nicht! Sei still!« Ich hörte sie immer näher kommen. Dann waren sie da – neben mir – laufend, immer noch laufend. Ein schrecklicher Schmerz peinigte meinen Arm, als Stiefel mit Wucht auf meine regungslose Hand traten. Laut gingen sie an mir vorüber und eilten weiter.

Durch halbgeöffnete Augen sah ich die immer noch suchenden Lichtkegel schwächer und schwächer werden, bis sie ganz von der Dunkelheit verschluckt wurden. Obwohl auch das Geräusch der Stiefel bald nicht mehr zu hören war, blieb ich in Nässe und Schmutz liegen, unfähig, mich zu bewegen. Aus geringer Entfernung hörte ich Mutter verzweifelt meinen Namen flüstern.

Mein gebrochener Knöchel, der einige Tage später geschient wurde, und die gequetschten Finger heilten allmählich, aber dafür begannen mich Alpträume zu quälen, die ständig wiederkamen. Nacht für Nacht, Woche für Woche, Monat für Monat ...

Der 1. Februar 1941 war mein 16. Geburtstag. Er verlief ohne Fest, ohne Kuchen, er fand nicht einmal Erwähnung. Als ich in dieser Nacht im Bett lag, spürte ich Schmerzen und hörte das Grummeln in meinem leeren Bauch. Unglücklich und einsam weinte ich mich in den Schlaf.

Drei Wochen später, am 21. Februar 1941, fünf Uhr nachmittags, hörte ich ein scharfes, ungeduldiges Klingeln an der Haustür. Zwei Männer mit brutalen Gesichtern, bar jeden Lächelns, standen vor mir. Natürlich wußte ich sofort, wer sie waren, noch bevor sie das furchtbare Wort »Gestapo« ausgesprochen und sich in die Wohnung gedrängt hatten.

»Wo ist Frau Landau?«

Ich zeigte in Richtung Küche und folgte ihnen.

»Frau Landau?« Mutter nickte.

Der Größere von beiden warf eine kleine, hölzerne Zigarrenkiste achtlos auf den Tisch. Ihr Deckel war mit einem Gummiband zugehalten. Mutter und ich starrten verständnislos auf das Kästchen.

»Asche«, sagte die Stimme ungeduldig, »Benjamin Landau ist tot. Er starb am 31. Januar in Dachau.«

Irgendetwas auf dem Küchenherd brannte an. Dieser Geruch breitete sich aus, während wir bewegungslos dastanden und unsere Augen auf die Zigarrenkiste hefteten. Mutters Gesicht war bleich; sie sah alt und zerbrechlich aus. Sie brach in Weinen und verzweifeltes Klagen aus. Karin kam in die Küche gelaufen, begriff überhaupt nicht, was geschehen war, bis Mutter laut schrie:

»Sie haben euren Vater ermordet! Gott, wo bist du? Wie konntest du das zulassen? Warum hast du uns verlassen? ... Ich glaubte an deine Güte ...«

Zwei Tage später fand die Beerdigung statt. Der Februarwind blies eisige Böen über unsere tränenüberströmten Gesichter, während wir in das offene Grab starrten, ein gähnend schwarzes Loch in steinigem, gefrorenen Boden. Rabbi Carlebach hielt die Totenrede für Benno Landau: » ... ein wunderbarer, großherziger Mann, dessen Leben im Alter von achtundvierzig Jahren ausgelöscht wurde ...« Sprach er wirklich über meinen Vater? Ich sah nur den unfertigen Sarg aus Kiefernholz und in ihm das kleine Zigarrenkästchen, mit einem Gummiband verschlossen und mit Asche gefüllt ... aber wessen Asche ...? Meines Vaters Asche ...? Die Stimme des Rabbi war für mich weit entfernt; ich wollte seine Worte nicht hören. Ich schloß meine Augen und dachte an die Vergangenheit zurück, an meinen Vater, an den Benno Landau, wie ich ihn kannte und liebte. Gleichzeitig hörte ich die schabenden Geräusche von Metall und Erde beim Herablassen des Sarges, dann das dumpfe Krachen von Erde, die auf den Deckel des Kiefernsarges fiel. Danach begann die Stimme des Rabbi laut und klar das Gebet für die Toten zu rezitieren. Zwischen unbeherrschbarem Schluchzen sprach ich ihm nach ... yit-ga-dal ve-yit-kaa-dash she-mei ra-ba ...

Sala

Anfang September 1941 hatten die deutschen Behörden angeordnet, daß alle Jüdinnen und Juden in der Öffentlichkeit einen großen gelben Stern außen sichtbar auf der linken Seite ihrer Kleidung tragen mußten. Sogar Kinder ab sieben Jahren mußten auf diese Weise gekennzeichnet werden. Von jetzt an waren wir noch leichter als Opfer für Schläge, Verhöhnung und jede Art von Schikanen auf der Straße zu erkennen.

Das Einschreiben der Gestapo Hamburg, adressiert an Sara Landau, erreichte uns am frühen Nachmittag des 21. Oktober 1941. Mutter begann vorzulesen:

»Ihre Evakuierung aus Groß-Hamburg wird hiermit befohlen. Von diesem Befehl werden auch Ihre Angehörigen
1. Cecilia Landau, geboren am 1.2.1925
2. Karin Landau, geboren am 13.6.1930
betroffen. Der Abtransport wird umgehend durchgeführt. Mit dem heutigen Tage unterliegen Sie und die angeführten Angehörigen für die Dauer des Transportes besonderen Ausnahmebestimmungen.

Ihr und das Vermögen Ihrer oben genannten Angehörigen gilt als beschlagnahmt. Sie haben sich unter Vorlage Ihrer Kennkarte, Paß, Arbeitsbuch, Quittungskarten der Invaliden- oder Reichsversicherung und der Lebensmittelkarten ...«

Wir hatten gerüchteweise gehört, daß ungefähr 1200 von uns nach Litzmannstadt evakuiert werden sollten. Aber niemand schien überhaupt zu wissen, warum. Doch es spielte auch keine Rolle mehr, wir hatten keine Wahl. Wir packten zusammen, was wir nur mitnehmen durften, den Rest verschenkten wir an Freunde und jüdische Nachbarn. Kaum jemand wollte annehmen, was wir zurücklassen mußten; sie wußten, daß auch sie eines Tages an der Reihe sein würden. Unsere Freunde, Familie Fromm, begleitete uns in die Moorweidenstraße, bis zum Gebäude der »Provinzialloge für Niedersachsen«. Wir umarmten uns zum Abschied. Viele Stunden unruhigen, ängstlichen Wartens folgten. Erst im Dunklen, spät abends, wurden wir aus diesem Gebäude wie eine Viehherde wieder herausgetrieben und in große Eisenbahnwaggons verfrachtet. Danach hörten wir, wie die Waggons von außen verriegelt wurden.

Die Waggons waren überfüllt, stickig und heiß, die Menschen in ihnen waren nervös und gereizt. Kinder weinten, Erwachsene waren ungeduldig, mit Ausnahme unserer Mutter. Obwohl meine kleine Schwester Karin in ihren Armen wimmerte, schien sie selbst ruhig zu sein, ich hatte sogar den Eindruck, daß ihr die Umsiedlung nach Polen selbst unter diesen widrigen Umständen gar nicht unlieb war. Denn trotz allem war Polen ihre Heimat, das Land, in dem sie geboren war, sie erinnerte sich an Polen vor dem Krieg. Vielleicht bedeutete ihr die Rückkehr in die vertraute Umgebung eine Art Trost. Seit Vaters Tod wirkte Mutter zurückgezogen und apathisch. Jetzt aber, in Erwartung einer Veränderung in ihrem Leben, schien sie wieder stärker in der Gegenwart zu leben.

Uns gegenüber saß ein älteres Ehepaar. Sie hielten sich während der ganzen Reise bei der Hand, still und schweigsam, scheinbar hatten sie sich mit der Situation abgefunden. Sie waren beide klein und etwas korpulent. Der Mann hatte einen kahlen Kopf, auf dem in der stickig heißen Luft Schweißperlen glänzten. Sie hatte welliges, schon leicht verblichenes rotes Haar, in dem sich erste graue Strähnen zeigten. Sie lächelte uns häufig an und schenkte Karin und mir kleine Süßigkeiten. Nach vielen Stunden, etwa eineinhalb Tagen Fahrtzeit, ließen uns plötzlich Bremsengeräusche aufmerksam werden, bald kam der Zug völlig zum Stehen; die Türen wurden geöffnet, und wir blinzelten in die grelle Mittagssonne.

»Raus, beeilt euch. Dies ist das Ende eurer Reise. Das Gepäck kommt später.«

Deutsche Wachen in Uniformmänteln stießen und schlugen uns, während wir uns beeilten, an ihnen vorbei aus den Waggons zu kommen. Draußen vor dem Zug mußten wir warten und sahen erstmals eine Gruppe von ungefähr dreißig Männern in schwarzen Uniformen, schwarzen Mützen mit einem orangefarbenen Band. Wie wir trugen sie gelbe Sterne auf ihren Jacken. »Jüdische Gettopolizei«, flüsterte einer. Sie befahlen uns, uns in Reihen aufzustellen und zu gehen. Wir stolperten und klagten, doch es gab weder Wagen noch Autos für die Älteren oder die Kinder.

Neben Mutter ging ein Mann in Uniform der Gettopolizei. Sie begann, mit ihm polnisch zu sprechen. Obwohl ich es nicht verstand, begriff ich, daß Mutter ihm eine Menge Fragen stellte. Sie klang erleichtert und schien das Grauenvolle unserer neuen Situation nicht zu erfassen. Ich dagegen sah nur die verfallenen Häuser, die Hütten und den Schmutz um uns herum. Die schäbig gekleideten Männer und Frauen des Gettos blickten uns mit dumpfen Augen an, Augen, in denen kein Lächeln mehr war. Die alten Kopfsteinpflasterstraßen waren dringend reparaturbedürftig, die Fußwege waren ungepflastert, in den offenen Abwasserkanälen schwammen übelriechende Abfälle. Uns kamen vier Männer und Frauen entgegen, die, gleich menschlichen Lasttieren, eine lange Metalltonne auf Rädern hinter sich herzogen. In stinkende Lumpen gekleidet, verbreiteten sie auf ihrem Weg einen unerträglichen Geruch. Erst später erfuhr ich, daß man für die Entleerung der Latrinen die doppelte Brotration erhielt.

Nach ungefähr zwei Stunden mußte unsere sich dahinschleppende Marschkolonne in der Mlinarska-Straße stehenbleiben. Das Gebäude, vor dem wir haltmachten, lag hinter einem Hof und sah einem Schulgebäude ähnlich. Die Gettopolizei erklärte uns, daß wir vorübergehend in Klassenräumen untergebracht würden, bis man dauerhafte Wohnungen für uns gefunden hätte. Unsere tägliche Essensration würde aus einer Suppe und einem Stück Brot bestehen. Wir hätten auf Decken auf dem Fußboden zu schlafen und uns mit den eigenen Mänteln zuzudecken. Es gab keine Waschräume, lediglich Latrinen unten im Hinterhof.

Neben uns lag auf dem harten Fußboden das ältere Paar, das wir im Zug getroffen hatten. Sie hießen Julie und Julius. Mutter hatte sich ihr Bett zwischen Karin und mir gemacht und schlief sehr unruhig. Jetzt folgten lange Wochen mit dunklen Nächten, in denen ich oft im Schlaf laut aufschrie. Julie legte dann ihren Arm um mich, um mich zu trösten. Ihre Wärme und Liebe waren etwas ganz Besonderes. Immer wieder erzählte sie mir von ihrem Sohn Dan, der 1939 mit dem Schiff Orinoco aus Deutschland geflohen war. Es war das letzte Schiff gewesen, das noch nach Kuba fuhr. Dort hatte er einige Zeit gearbeitet, bis seine Quotennummer dran war, durch die er in die USA weiterreisen konnte. 1941 war er so nach New York gekommen. Julie malte sich aus, daß sie und Julius ihn dort treffen und gemeinsam den Broadway hinuntergehen würden. Ich nickte mit dem Kopf und glaubte daran, daß es eines Tages so kommen müßte.

Mutter war in ständiger Sorge darüber, daß Karin und ich nicht genug zu essen hatten. So war es tatsächlich. Obwohl wir in Hamburg schon nicht mehr genügend Lebensmittel bekommen hatten, waren die Rationen hier noch wesentlich kleiner als unsere immer leeren Mägen gewohnt waren. Am Anfang tauschte Mutter ein paar Deutsche Mark gegen Brot und ein wenig Margarine, aber unser Geld war nur allzubald ausgegeben. Danach begann sie, unsere Kleidungsstücke zu sortieren, um irgend etwas zu finden, das wir gegen Essen eintauschen konnten. Sehr bald besaßen wir nur noch die notwendigsten Dinge.

Nach sechs Wochen wurden wir in verschiedene Wohnungen über das ganze Getto verteilt. Fünf bis acht Personen mußten sich einen Raum teilen. Julie und Julius wurden mit fünf anderen Personen in der Zgierska-Straße einquartiert, während wir in die Pawia-Straße zogen.

Das Zimmer war eiskalt, doch es gab keine Kohle, um den leeren, schwarzen Eisenofen zu heizen. Wir trugen ein Kleidungsstück über dem anderen, um uns warmzuhalten, aber es half uns wenig, es nützte nur den Nistkolonien typhusbringender Läuse. Wir hatten ständig Hunger, aber die mageren Gettorationen reichten nicht annähernd aus, um unsere knurrenden Mägen zu beruhigen. Meine Mutter, meine kleine Schwester Karin und ich teilten uns den Raum in der Pawia mit zwei älteren Paaren, den Perlmanns und den Heilbronns aus Berlin. In unserem Zimmer gab es drei Holzpritschen, eine pro Familie. Meine Schwester und ich schliefen auf jeder Seite neben Mutter. Karin war erst elf Jahre alt, fünf Jahre jünger als ich. In den langen dunklen Nächten hatte sie schreckliche Angst und wimmerte die meiste Zeit hindurch. Sie erschrak jedesmal zu Tode, wenn die Wanzen, die sich tagsüber in der schmutzigen Zimmerdecke versteckt hielten, nachts auf uns herabfielen, eine nach der anderen, mit plumpsenden, knisternden Geräuschen. Sie hinterließen blutige Spuren auf unseren Kissen und Decken, die einen scheußlichen Gestank verbreiteten.

Als »Toilette« diente uns ein Eimer in einer Ecke des Zimmers. Kein Vorhang verbarg unsere zusammengekauerten Körper, wir urinierten voller Scham und dem Gefühl von Entwürdigung. Morgens mußte der volle Eimer die Treppen runtergetragen und im Hof entleert werden. Wir hatten beschlossen, uns abzuwechseln, aber Herr Perlmann sorgte dafür, daß meine kleine Schwester und ich am häufigsten dran waren.

»Schließlich seid ihr jung und stark und müßt den Älteren helfen!«

Er wußte, daß wir keinen Widerspruch wagten.

Die Winterabende waren traurig und still. Wir schmiegten uns eng aneinander, um uns zu trösten und zu wärmen. Eisiger Wind tobte draußen und blies durch die Ritzen unseres kleinen Fensters. In der frostigen Luft verbreitete unser Atem Ströme von Dunst. Sogar auf dem großen Topf mit frischem Wasser, den wir von der Pumpe heraufholten, lag eine dicke Eisschicht. In manchen Nächten stand ich von meinem Lager auf und sah auf die gefrorene Scheibe mit den Eisblumen. Ich zeichnete sie mit dem Finger nach, während ich mir Gedichte und Geschichten ausdachte, einige voller Wünsche und Träume, andere voller häßlicher und böser Worte.

Der Klang marschierender Stiefel deutscher Wachposten, ihr harter, unnachgiebiger Rhythmus auf dem Pflaster draußen, war uns Mahnung und Gegenwart. Wir lebten unter ständiger Bewachung. Ein hoher Stacheldrahtzaun trennte die polnische Seite vom jüdischen Getto. Rot-weiß gestreifte Wachhäuser der Deutschen waren in regelmäßigen Abständen postiert und standen unmittelbar hinter dem Stacheldrahtzaun auf der polnischen Seite. Drüben verkaufte eine Bäckerei immer noch Brot. Jeden

Morgen sah ich Polen, die warme Brote nach Hause trugen, während unsere Körper dünner und dünner wurden. Häufig rief ich mir das Aroma und den Geruch in Erinnerung und sehnte mich nach einem Wunder, nur ein Stückchen solchen Brotes zu bekommen. Seit unserer Ankunft im Getto waren erst vier Monate vergangen. Doch viele von denen, die mit uns hier angekommen waren, waren bereits an Typhus und Hunger gestorben.

Schon bald nach unserer Ankunft war Mutters zeitweiliges Interesse am Leben wieder verschwunden. Ihre Gesundheit begann zu versagen. Sie wurde schwächlich und teilnahmslos. Ihre Füße schwollen an, und ihr Gesicht sah aufgedunsen aus. Sie schien häufig geistesabwesend zu sein, sah uns lächelnd an, als wäre sie an einem glücklicheren Ort. Ich machte mir Sorgen. In den langen Nächten überfiel mich für flüchtige Momente die Erkenntnis, daß sie dies alles nicht überleben könne. Morgens verdrängte ich solche Gedanken wieder, sogar vor mir selbst. Aber im Dezember lag Mutters geschwollener, schwerer Körper lang ausgestreckt auf der Holzpritsche. Ihr Gesicht war ganz entstellt, ihre Augen eingesunken und stumpf. Ihr Atem kam in langsamen, pfeifenden Zügen. Sie lag Tag für Tag nur da und starrte die Decke an, wie in Trance. Sie sprach nicht mehr. Der 5. Januar 1942 war ihr fünfzigster Geburtstag, aber wir feierten ihn nicht. Ihr Gesicht war gerötet und fiebrig, sie nahm uns und ihre Umgebung nicht mehr wahr. Sie verlangte auch kaum nach Essen. Nur ein einziges Mal erklärte sie sich bereit, einen Doktor holen zu lassen.

»Es ist der Hunger. Sie wird verhungern, ich kann nichts mehr für sie tun«, sagte er achselzuckend. »Es tut mir leid.«

Ich betrachtete sie und erinnerte mich an die guten Jahre unseres Lebens. Waren nicht erst fünf Jahre vergangen? Sie schienen mir unglaublich lange her. Ich hatte sie immer laut »Mutter« genannt, doch stillschweigend war sie für mich Sala gewesen. Sogar als kleines Mädchen liebte ich schon den Klang ihres Namens und flüsterte ihn immer wieder. Sala war eine schöne, dunkelhaarige Frau gewesen, mit glänzend braunen Augen, einem leisen Lächeln und freundlichen Worten. Sie war ruhig und zurückhaltend, doch warmherzig und liebevoll schenkte sie all ihre Aufmerksamkeit und Fürsorge ihrem Ehemann und uns

Kindern. Ich mochte ihren ansteckenden Humor, der oft in schallendes Gelächter von uns beiden mündete. Wenn ich weinte, nahm sie mich in die Arme, und ich vergrub mein Gesicht in ihrem dicken schwarzen, wohlriechenden Haar, das ihr bis über die Schultern reichte.

Oft hatte sie mir von ihrer Kindheit in Polen erzählt. Als jüngstes von sieben Geschwistern war sie von allen aus der liebevollen Familie sehr verwöhnt worden. Mit solcherlei Erinnerungen dachte ich an meine Mutter bis zu dem Jahr, als Vater von der Gestapo 1939 verhaftet wurde.

An die Stelle der freundlich stillen und geduldigen Frau war jetzt ein Wesen von früher verborgener Strenge, Ausdauer und unbeirrbarer Bestimmtheit getreten.

Woche für Woche war sie immer allein und furchtlos zum Hauptquartier der Gestapo Hamburg gegangen und hatte die Gestapobeamten hartnäckig darum gebeten, Vater aus dem Gefängnis zu entlassen. Obwohl sie mit dieser Bitte erfolglos geblieben war, hatte sie dennoch für uns eine einmalige Besuchsgenehmigung erlangt.

»Mach dir keine Sorgen, ich werde dich hier herausholen«, hatte Mutter ihn zu ermutigen versucht. Er konnte nur mit Tränen in den Augen stumm nicken. Ihre Augen jedoch strahlten Bestimmtheit aus. Sie hatte nur noch ein Ziel: Vater aus dem Gefängnis zu holen. Sie war gleichermaßen fest davon überzeugt, daß ihr Wunsch, 400 Dollar Auswanderungshilfe vom jüdischen Auswanderungs-Komitee zu bekommen, in Erfüllung gehen und sie damit Vaters Freiheit erreichen könnte. Tag für Tag, Woche für Woche wandte sie sich an verschiedene Konsulate, deren Einreisebestimmungen weniger schwierig und streng waren, wie z.B. in Shanghai, Südamerika und Australien. Ihre unermüdlichen Versuche endeten jäh Anfang Februar 1941, als zwei Gestapomänner unsere Küche betraten und eine hölzerne Zigarrenkiste mit Asche achtlos auf den Tisch warfen.

Und jetzt? Jetzt verbrachte Sala ihre Tage und Nächte fast schon ohne Lebenszeichen auf einer schmalen kalten Pritsche.

Ich hatte seit einigen Wochen endlich im Getto eine Arbeit gefunden. Eines Tages machte mir mein Arbeitskollege Julek ein

Geschenk: einen Gutschein für eine Tüte voll Kartoffelschalen, den ich bei der Getto-Suppenküche in der Lutomierska-Straße einlösen konnte. Ich war überglücklich und beschloß, sie am selben Tag nach der Arbeit abzuholen.

Vor dem Kücheneingang hatte sich bereits eine Warteschlange gebildet, die sich nahezu über die ganze Länge des Häuserblocks hinzog. Ich wartete ängstlich und ungeduldig, während der Schnee in meine Schuhe sickerte. Ich betete, daß noch nicht alle Kartoffelschalen vergeben sein würden, wenn ich endlich dran wäre. Ich hatte Glück. Nach drei Stunden Wartezeit wurde ich belohnt und erhielt meinen begehrten Schatz, eingewickelt in altes Papier. Als ich wieder draußen war, spürte ich nassen, dicklichen Saft durch die durchgeweichte Tüte über meine Hände und meinen Mantel laufen. Der strenge, unangenehme Geruch erinnerte mich an Abfall. Ich mußte würgen. Doch meine gefrorenen Finger packten die Kostbarkeit, und ich stapfte durch den Schnee nach Hause, mit eisigen, tauben Füßen.

Ich ging die dunklen Treppen langsam herauf und betrat unseren kleinen, dunklen Raum. Es war vollkommen still. Niemand nahm Notiz von mir. Ich nahm einen Eimer und ging die Treppen wieder hinunter zur Wasserpumpe. Der eiserne Pumpengriff war kalt und steif, er ließ sich nur sehr mühsam bewegen. Jeder Eimer Wasser war eine große Anstrengung. Ich schüttete Eimer über Eimer sauberen Wassers über die Schalen, ich drückte sie hinunter, goß das schmutzige Wasser wieder ab und schüttete erneut frisches Wasser in den Eimer. Doch auch nach unzähligen Wassergüssen fühlten sich die Schalen noch schmutzig und sandig an. Schließlich war ich aber so erschöpft, daß ich keine Kraft mehr hatte, noch mehr Wasser zu pumpen.

Wieder oben, fand ich in einer Ecke unseres Zimmers einen alten Fleischwolf, der schon dagewesen war, als wir das Zimmer bezogen hatten. Es mußte Jahre hergewesen sein, daß mit ihm Fleisch zerkleinert worden war. Aber für Kartoffelschalen war er immer noch gut genug. Aus einem kleinen Rest Mehl und Salz gelang es mir, kleine Puffer zu formen. Unsere Mitbewohner saßen still auf ihren Pritschen, ihre Augen waren voller Neid auf die Kartoffelschalen geheftet. Aber es war nicht genug, um zu

Sala Landau, Hamburg 1939.

503	Krause geb. Levy	Henriette S.	7.12.85 Friedrichstadt	–	dto.	D.R.
504	Krebs	Arthur I.	20.6.93 Gleiwitz	Lagerist	Schmuckstr.6 bei May	I.D.R.
505	Kristjanpoller	Arnold Moritz I.	26.7.16 Danzig	Transporteur	Grindelberg 7a III bei Port	D.R.
506	Kron	Gustav I.	23.4.78 Wolfhagen	Lehrer	Eppendorfer- baum 34	D.R.
507	Kron geb. Blumenkrohn	Selma S.	6.4.90 Spangenberg	–	dto.	D.R.
508	Kühnast	Elsa S.	9.8.01 Hamburg	–	Amandastr.45	I.D.R.
509	Kuppermann	Gerda S.	22.6.22 Hamburg	Lehrschwester	Beneckestr.6	D.R.
510	Kuppermann	Henriette S.	16.8.90 Wola	–	Isestr.79	D.R.
511	Kuppermann	Nelly S.	8.10.20 Hamburg	–	dto.	D.R.
512	Labowsky	Gretchen Eva S.	10.2.81 Hamburg	Lehrerin	Curschmannstr.11	D.R.
513	Landau	Karin S.	30.6.30 Hamburg	–	Brahmsallee 15 b.Berend	P.
514	Landau	Cäcilia S.	1.1.25 Hamburg	–	dto.	P.
515	Landau gb. Baumwollpauer	Sara	5.1.92 Sambor	Heimarbeiterin	dto.	P.
516	Lange gb. Rieder	Frieda S.	16.4.97 Mannheim	Zahntechnikerin	Mundsburger- damm 28 III.	D.R.
517	Laski	Cäsar I.	2.11.71 Hamburg	–	Isestr.79	D.R.
518	Laski gb. Kallmes	Mathilde S.	16.11.88 Wandsbek	–	Woldsenweg 13 p.bei Cohen	D.R.
519	Lazarus	Edith Rect. S.	1.10.37		Alt.,Gr.Berg- str.108 I.	D.R.
520	Lazarus eh.	Fanny S.	20.10.10		dto.	D.R.

Auszug aus der ersten Hamburger Deportationsliste. Am 25.10.1941 wurden mehr als 1000 jüdische Menschen Hamburgs mit Zügen nach Polen in das Getto Lodz deportiert.

teilen. Ich fühlte mich schuldig, erinnerte mich aber auch daran, daß sie auch nicht den Brotlaib mit uns geteilt hatten, den sie im Tausch gegen eine goldene Uhr bekommen hatten. An diesem Abend verbreitete unser kleiner Ofen genügend Wärme, um die eiserne Pfanne zu erhitzen. Der Boden der Pfanne war mit ranzigem, braunem, leinsamenartigem Öl bedeckt, dem Rest der vorigen Wochenration. Langsam brieten die Puffer zu brauner Farbe, während der Rauch an die Decke stieg. Der verqualmte Raum roch nun säuerlich und schlecht. Doch auf unseren Tellern sahen die Puffer dennoch herrlich aus. Karin lächelte sogar, als wir die sandige, geschmacklose dicke Masse kauten. Plötzlich richtete sich Mutter auf, fasziniert von den braunen Puffern. Ihre Augen glänzten, sie folgten jeder meiner Bewegungen. Ich reichte ihr einen Teller mit einer Gabel. Sie versuchte sogar zu essen.

Unsere Augen trafen sich. Wir sahen uns an. In diesem Moment spürte ich unsere tiefe Verbindung. Wir erinnerten uns an die sonnige, große Küche in unserem Zuhause in Hamburg. Es war Frühstückszeit. Ich war sieben Jahre alt, blaß und klein, noch ganz im Wachstum. Trotzdem verweigerte ich mein Frühstück aus Brötchen mit Butter und Marmelade, das Sala so liebevoll vorbereitet hatte. Böse und enttäuscht hatte sie damals gedroht:

»Eines Tages, Cecilie, wirst du über Kartoffelschalen glücklich sein!«

Wie hatte ich damals darüber gelacht – Kartoffelschalen! Man stelle sich vor, Kartoffelschalen!

So plötzlich, wie unsere gemeinsame Erinnerung gekommen war, so plötzlich war sie wieder fort. Sala liefen jetzt Tränen über die eingefallenen Wangen. Ich streichelte sie zärtlich und wischte mit meinen Fingern ihre Tränen fort.

Tage und Wochen krochen dahin, angefüllt mit Arbeit, Sorgen und Hunger. Doch eines Morgens überraschte uns der Frühling mit kleinen, sich windenden Bächen, die den schmelzenden Schnee durch unsere übervölkerten Straßen und Fußwege brachten.

Es war April 1942. Völlig unerwartet wurde von der jüdischen Gettoverwaltung eine Deportationsliste ausgehängt. Weil wir mit einem der ersten Transporte aus Deutschland gekommen waren und man uns für deutsche Juden hielt, waren auch wir auf den

Deportationslisten erfaßt worden, gemeinsam mit Julie und Julius und vielen anderen aus unserem Transport. So grauenvoll es auch war, wir hatten Angst davor, das Getto zu verlassen. Als Mutter registrierte, daß wir deportiert werden sollten, drängte sie mich, mit allen Mitteln zu versuchen, daß wir doch bleiben könnten. Ich lief hartnäckig von einem Gettobüro zum anderen, um anhand unserer Pässe unsere polnische Staatsangehörigkeit zu beweisen. Und schließlich erhielten wir die Erlaubnis, im Getto zu bleiben. Wir glaubten, damit Glück gehabt zu haben. Wußten wir doch, was uns hier erwartete. Das Unbekannte könnte viel schlimmer sein. Doch der größte Teil der deutschen Juden, unter ihnen Julie und Julius, wurden nicht verschont. In heller Aufregung lief ich über die hölzerne Brücke, die die einzelnen Gettobezirke voneinander trennte, um sie noch einmal zu sehen, bevor sie fortmußten. Der Abschied war für uns sehr schwer, denn wir waren inzwischen enge Freunde geworden. Julie und ich umarmten und küßten uns, wiederholt erinnerte sie mich daran, ihren Sohn zu treffen, falls ich vor ihnen New York erreichen sollte. Ich nickte und trennte mich von beiden voller Trauer. In diesem Augenblick war ich davon überzeugt, Julie und Julius wiederzutreffen. Es erreichte uns jedoch kein Wort von denjenigen, die aus dem Getto deportiert worden waren. Die versprochene Postkarte von Julie kam niemals an.

Eines Abends im Mai 1942 faßte mich Mutter bei der Hand und hielt sie lange fest.

»Cecilie, versprich mir bitte, daß du auf Karin aufpassen wirst, wenn ich nicht mehr da bin. Es ist doch sonst niemand mehr da.... Du mußt es jetzt tun...« Ihre Stimme wurde immer schwächer. Ihre schweren dunklen Augen glänzten.

Ich sah Sala an und nickte.

»Versprich es mir«, wiederholte sie, »ich möchte deine Stimme hören.«

»Ich verspreche es dir, ich werde auf Karin aufpassen ...«, sagte ich flüsternd, inbrünstig von ganzem Herzen.

Sala entspannte sich, ließ meine Hand los, schloß ihre Augen wieder und fiel erneut in ihr schmerzvolles schweres Atmen zurück. Es war dies das letzte Mal, daß sie uns bewußt erkannte.

Ich wußte, daß sie nicht mehr lange leben würde, trotzdem wagte ich nicht, daran zu denken. Natürlich war es unmöglich, an einem Ort wie diesem den Gedanken an Tod zu entfliehen. Mahnungen gab es überall. Den dürren, zerlumpten Fuhrmann, der die Toten im Getto einsammelte, sah man jeden Tag. Auf seinem wackligen, kleinen schwarzen Wagen sitzend, von einem alten, dünnen und schon klapprigen Pferd gezogen, fuhr er Straße für Straße ab.

Am 13. Juli 1942 hielt er vor unserer Tür. Ich war müde und teilnahmslos von der Arbeit gekommen und fand den schwarzen Wagen vor unserer Tür. Ich rannte, so schnell ich konnte, die Stufen hoch, zwei oder drei mit einmal nehmend, hoffend, betend und innerlich doch das Schlimmste wissend. Der Fahrer stand in der Mitte des Raumes, umgeben von unseren Mitbewohnern und Nachbarn. Karin stand in der Ecke, allein. Ich blickte in ihr trauriges Gesicht, dann ging ich schnell zu der Pritsche. Mutter war mit einem Laken bedeckt. Ich konnte ihr Gesicht nicht mehr sehen. Niemand sprach. Der Fuhrmann schob mich beiseite, wickelte das Laken um Mutters Körper und trug sie die Treppen hinunter in den kleinen, schwarzen Wagen. Ich stand wie festgenagelt auf dem Flur. Ich fühlte nichts, wollte nur schreien.

»Die armen Kinder«, flüsterten die Nachbarn von der anderen Seite des Flures.

Ich ging zu Karin und faßte sie bei der Hand. Ihre blauen Augen waren feucht, ihr Mund war fest verschlossen, ihr Gesicht aschfahl. Ich wollte mit ihr reden, fand aber keine Worte. Dann war der Raum plötzlich leer, und wir waren allein.

Karin und ich warteten auf eine Nachricht vom Friedhof, wann Mutters Beerdigung sein sollte, aber wir hörten nichts. So entschlossen wir uns nach einer Woche, am Sonntag, den zweistündigen Fußweg zum Friedhof in Marysin zu machen, um herauszufinden, was geschehen war. Wir gingen beide schweigend nebeneinander her, versunken in unserem Schmerz, in Leere und Hilflosigkeit. Angst, Hunger und Trauer forderten ihren Tribut.

Wir überquerten die hölzerne Brücke, um auf die andere Seite des Gettos zu gelangen. Unter der Brücke fuhren die polnischen Straßenbahnen hin und her, bewacht von deutschem Militär. In diesem Moment fesselte eine offene Pferdedroschke meinen Blick. In ihr saß eine fröhlich lachende Familie in ihrer Sonntagsklei- dung. Ein kleines Kind lag in einem rosa Kleidchen auf einem großen Spitzenkissen. Sie waren auf dem Weg in die Kirche, zu einer Taufe. Für uns gab es nur Beerdigungen...

Wir erreichten schließlich den Friedhof. Vor dem Verwal- tungsgebäude saß ein alter Mann auf einem zerbrochenen Stuhl. Er sah uns nur an und wußte sofort, warum wir gekommen waren.

»Wir haben mehr Leichen als Plätze, um sie zu beerdigen. Die Fußwege sind auch schon für Gräber genutzt worden. Ihr seid umsonst gekommen. Geht nach Hause, Kinder! Heute wird niemand die Toten begraben.«

Wir hörten dem gebeugten Mann zu. Während er sprach, fiel sein langer Bart von einer Seite zur anderen. Wir gingen jedoch trotz seiner Worte auf das Friedhofsgebäude zu. Als wir die große Halle betraten, schlug uns ein strenger, ekelerregender Geruch von Fäulnis und Tod entgegen. Berge von Leichen – so weit wir sehen konnten – waren zwischen je zwei hölzernen Brettern aufgeschichtet und mit groben Tauen zusammengebunden. An jedem grünlich faulenden Knöchel war ein Namensschild befestigt. Wir suchten zwischen den endlosen Reihen toter Körper von Männern, Frauen und Kindern, bis wir endlich den gefunden hat- ten, auf dem Mutters Name stand: »Sala Landau«. Ihre geschwol- lenen, grünlich nackten Füße ragten über das Holzbrett hinaus.

Ohne ein Wort gingen wir auf eine entfernt gelegene Mauer zu, an der zwei Schaufeln standen. Wir nahmen sie nach draußen mit, um ein kleines, unbenutztes Stückchen Erde zu suchen. Wir fanden eine ganz kleine Fläche und begannen, die trockene, steinige Erde aufzugraben. Es dauerte Stunden. In die Stille der Julisonne drang nur das Geräusch der Schaufeln beim Graben. Schließlich schien uns das Loch in der Erde groß genug zu sein. Karin faßte meine Hand, und wir gingen zusammen in die große Halle zurück. Wir schubsten und zerrten andere Körper beiseite, um Mutters Körper aus dem Stapel ziehen zu können, schwer und leichenkalt. Wir trugen sie nach draußen zu dem frisch gegrabenen Loch. Wir legten Mutter in das offene Grab, das gerade groß genug war, um ihren Körper zu umschließen. Einige schrecklich schmerzvolle Momente lang starrten wir auf die Bretter und auf die nackten Füße, immer noch unfähig, uns von der Toten zu trennen. Allmählich füllten wir das Grab vorsichtig mit Erde und Sand, bis nur noch ein kleiner Hügel sichtbar war. Mit einem Stock kratzten wir ihren Namen, ihr Geburts- und Todesdatum auf eine rechteckige, hölzerne Tafel, die wir in der Nähe gefunden hatten. Wir steckten die kleine Holztafel in die trockene Erde und blieben regungslos und erschöpft stehen, unsere Augen auf das Grab gesenkt. Wir hatten keine Tränen und kein Gebet mehr für unsere tote Mutter ...

Frostige Scheiben glitzern
Von Eisblumen bedeckt,
Im nächtlichen Schein.
Wir kauern in der Dunkelheit.
Unser feuchter Atem
Füllt den eiskalten Raum.
Eis bedeckt sogar
Das Wasser
Im Eimer.
Wir horchen
Auf die Schritte der Deutschen,
Die draußen
Unter unserem Fenster
Hin und her marschieren.
Frostige Scheiben glitzern
Von Eisblumen bedeckt,
Im nächtlichen Schein.

Karin

Wir lebten jetzt schon elf Monate lang im Getto Lodz in der Pawia.
Unsere Lebensbedingungen waren grauenvoll, sechs Personen
waren in einem Raum zusammengepfercht, es gab kein fließendes
Wasser, keine Toilette, bis auf drei Holzpritschen keinerlei Möbel.
Der Hungertod war zu einer Alltäglichkeit geworden. Meine
kleine Schwester Karin und ich hatten mit ansehen müssen, wie
unsere Mutter den langsamen Hungertod starb.

Wir hatten das Grab unserer Mutter mit unseren eigenen
Händen ausheben und sie auf dem Friedhof Marysin beerdigen
müssen. Nur achtzehn Monate war es her, daß wir eine Zigarren-
kiste mit Asche – die angeblichen sterblichen Überreste unseres in
Dachau ermordeten Vaters – auf dem Ohlsdorfer Friedhof in
Hamburg beerdigt hatten.

Karin schien den Tod Vaters ein wenig verwunden zu haben,
aber der Tod unserer Mutter im Juli 1942 hatte sie völlig verändert:
Sie sprach nicht mehr, noch lächelte sie. Wenn wir draußen waren,
klammerte sie sich fest an meine Hand, als ob sie vor einer neuen
Trennung Angst hätte. Mit der Beerdigung unserer Mutter war die
Tür zu der Karin, die mir vertraut war, für immer verschlossen
worden: das schlanke, blonde Mädchen mit blauen Augen, das
immer fröhlich war, voll sprudelnder Wörter und einem Über-
schwang an Lebenslust und Wißbegierde.

Ich war vier Jahre alt, als Mutter schwanger wurde. Ich
wünschte mir eine kleine Schwester. Unser altes Kindermädchen
Lena hatte mir versprochen, wenn ich jeden Abend ein Stückchen
Würfelzucker für den Storch auf die Fensterbank legte, würde ich

68

so ein Schwesterchen bekommen, wie ich es mir wünschte. Und so kam es auch. Sie war winzig und schrie fast nie. In ihren ersten beiden Lebensjahren hatte sie ihre ganz eigene Sprache, erreichte aber, daß wir verstanden, was sie wollte. Mit einem Jahr begann sie zu krabbeln und bald darauf schon zu laufen. Aber sie lief nicht nur, vielmehr stolzierte sie in ihrem Kleidchen mit weißem Kragen und weißen Manschetten, grauen Strümpfen und in weißen Schnürstiefeln umher. Sie lachte viel und entzückte jeden, der sie kennenlernte.

In ihren ersten Lebenswochen hatte sie im Elternschlafzimmer geschlafen, doch bald schon teilte ich mit ihr ein großes, sonniges Zimmer. Die Wände unseres Kinderzimmers waren mit einer rosa Blumentapete tapeziert, auf dem polierten Parkettboden lagen vor unseren Betten zwei weiche, weiße Läufer. Vor den Fenstern hingen gestärkte, weiße Rüschengardinen. Mutter und Vater hatten für Karin ein großes, weißes Bett gekauft, das gut zu meinem paßte. Auf unseren Betten lagen Daunendecken mit einem rosafarbenen Satinbezug. Damit sie nachts nicht hinausfallen konnte, waren an ihrem Bettchen Seitengitter angebracht. Für unsere Kleidungsstücke gab es einen großen Kleiderschrank mit hohem Spiegel, in dem alle Sachen ganz ordentlich aufeinandergestapelt lagen. Der übrige Raum war mit Spielzeug, unseren Teddybären und Puppenwagen angefüllt.

Es machte viel Spaß, mit Karin ein Zimmer zu bewohnen. Ich merkte, daß sie jede Bewegung von mir beobachtete. Als sie drei Jahre alt war, hänselte ich sie oft: Ich zog an ihren lockigen, blonden Haaren und lachte, wenn sie heulend zu Mutter lief. Wir spielten »Mutter und Kind«, indem wir unsere Puppen rund um einen ockerfarbenen Puppenwagen setzten, der auch groß genug für ein richtiges Baby war. Mit großen Buntstiften malten wir Bilder auf weiße Blätter, und oft sangen wir gemeinsam mit Mutter Kinderlieder. Als Karin alt genug war und in die Schule kam, merkten wir, daß sie eine hervorragende und begabte Schülerin war. Sie war bei ihren Lehrern beliebt und meistens von fröhlichen, lieben Freundinnen umgeben.

Aber dieses offene, sorgenlose und glückliche Kind voller Lebensfreude und Hoffnungen gab es nicht mehr. An seine Stelle war eine fremde, unerreichbare Karin getreten, verloren in stiller Einsamkeit. Seit Vaters und Mutters Tod war ich ihr einziger Halt. Mutters letzte Worte verfolgten mich Tag für Tag: »Versprich mir, daß du auf Karin aufpaßt, wenn ich nicht mehr da bin!…«

Ich fühlte mich verpflichtet, mein Versprechen einzuhalten. Aber es war viel schwerer, als ich es mir je vorgestellt hatte. Trotz meiner siebzehn Jahre war auch ich noch ein Kind und wußte kaum, was es bedeutete, für eine zwölfjährige Schwester verantwortlich zu sein. Im Getto kursierten Gerüchte, daß es in einigen Fabriken heimliche »Schulen« gab. Dort würde sie mit anderen Kindern zusammensein können und mittags eine Suppe bekommen. Das Wichtigste aber war, daß eine »Schule« ein Ort war, in dem man als Arbeiterin registriert wurde. Und dies war für die Deutschen das einzig Entscheidende. Menschen hatten für sie nur dann ein Recht auf Leben, wenn sie arbeitsfähig waren. Trotzdem war es riskant, denn die Deutschen hatten Schulen im Getto verboten. Die Möglichkeit, gefaßt zu werden, war groß, Bestrafung war sicher.

Ich beschloß, es dennoch herauszufinden und ging von einer Getto-Fabrik zur anderen. Es war aufreibend und sehr viel schwerer und komplizierter, als ich angenommen hatte. Aber im Getto war nichts einfach, und nichts war ohne Anstrengungen zu haben. Die meisten Fabrikleiter verleugneten die Existenz solcher »Schulen« zunächst. Wenn ich es dennoch schaffte, ihr Leugnen zu durchbrechen, und sie zugaben, daß es solche verborgenen Schulen gab, ergänzten sie mit vielen Entschuldigungen »Unsere Quote ist schon voll … Wir haben keine freien Plätze mehr … Versuch es bei einer anderen Fabrik … Vielleicht hast du ein Jahr später mehr Glück …«

Einer der Leiter fragte mich, was ich ihm dafür geben würde, wenn er für meine Schwester einen Platz finden würde. Als ich ihm erklärte, daß ich weder Geld noch irgendwelche Wertsachen hätte, die ich ihm geben könnte, lachte er nur und sagte, daß er dies auch nicht gemeint hätte. Ich war sprachlos. Urplötzlich, aber bitter und unausweichlich wurde mir klar, was er meinte. Man konnte sich einen Gefallen erkaufen, aber man mußte dafür bezahlen – so oder so – und das sogar unter uns.

Nach wochenlangen, intensiven Versuchen, dank der Mithilfe und Fürsprache unserer Nachbarn, dem Ehepaar Neumann, die zahlreiche, einflußreiche Leute kannten, gelang es mir schließlich, für Karin einen Platz in einer Fabrik zu finden. Es war ein kleiner Betrieb, der Damenhüte für Deutschland herstellte. Sie »beschäftigten« kleine Kinder, die sie in einem separaten Raum unter dem Vorwand, sie hier arbeiten zu lassen, untergebracht hatten. In Wirklichkeit unterrichteten sie Rechnen und Hebräisch. Doch Karin kehrte trotz dieser Ablenkung Abend für Abend traurig und deprimiert in unseren Raum zurück.

»Erzähl mir doch bitte etwas über deinen Tag in der Fabrik«, bat ich sie. »Wie viele Kinder seid ihr dort? Sind die Lehrer nett? Bekommst du jeden Mittag deine Suppe? Sprichst du mit den anderen Kindern deutsch oder lernst du polnisch?«

Doch meine Bitten halfen nichts.

Sie sprach kein Wort. Weder meine Gesprächsversuche noch meine Fragen kümmerten sie; sie verharrte in ihrer schweigsamen Trauer, verschlossen und allein. Woran mochte sie denken? Ihr Schmerz war nur zu gut zu verstehen. Aber warum sprach sie nicht darüber? Warum war es ihr nicht möglich, darüber zu reden – nicht einmal zu mir? Abends, nachdem sie ihre kleine, magere Ration gegessen hatte, ging sie ins Bett und weinte sich in den Schlaf. Ihr leises Schluchzen vergrößerte meine Schuldgefühle und meine eigene Traurigkeit.

Zwei Monate waren seit Mutters Tod vergangen. Doch was hatte ich erreicht? Ich war unfähig, auf Karin aufzupassen, fühlte mich selbst einsam und voller Schmerz. Aber die letzten Worte unserer Mutter waren mir ständige Mahnung, nicht nur an den eigenen Verlust, sondern auch an meine Verantwortung, der ich mich nicht gewachsen sah. Mutters bittende Augen und qualvollen letzten Worte verfolgten mich Tag und Nacht. »Versprich mir, auf Karin aufzupassen, wenn ich nicht mehr da bin!«

Anfang September 1942 wurden überall im Getto, an Türen, Mauern, Verwaltungs- und Bewachungsgebäuden neue Bekanntmachungen ausgehängt. Vor diesen Zetteln bildeten sich große Menschentrauben, neugierige und verstörte Leser, die schweigend stehenblieben, unfähig, die Bedeutung der Wörter zu erfassen:

Karin Landau, Hamburg 1939.

Cecilie und Karin, Hamburg 1932.

»Ab Sonnabend, den 5. September 1942 um 17 Uhr, ist im Getto bis auf Widerruf eine Allgemeine Gehsperre. ...

Alle Hauswächter sind verpflichtet darauf zu achten, dass keine fremden Personen in die für sie zuständigen Häuser gelangen, sondern sich nur die Einwohner des Hauses dortselbst aufhalten.

Diejenigen, die ohne Passierscheine auf der Strasse angetroffen werden, werden evakuiert. ... Jeder Hauseinwohner hat seine Arbeitskarte bei sich zu halten.«

Wir hatten uns schon immer auf das Areal des Gettos beschränken müssen, waren auch an die vielen Gesetze, die unser tägliches Leben reglementierten, gewöhnt. Doch diese absolute Eingrenzung auf unsere Wohnräume war für uns etwas Neues. Angst breitete sich aus. Die jüngste Bekanntmachung überschattete alles; etwas Schreckliches schien auf uns zuzukommen.

Ich fragte unsere Nachbarin Eta: »Was meinst du, was es bedeutet?«

»Wer weiß das schon, wer kann es vorhersagen? Ich weiß nur, daß ich das Baby vor ihnen verstecken werde, wenn sie kommen«, flüsterte sie.

»Warum? Was denkst du denn, werden Sie tun? Wo willst du die kleine Rachel verstecken?« Eta antwortete nicht.

»Und Karin? Was soll ich mit Karin machen?«

»Mach dir keine Sorgen, sie ist schon zwölf Jahre alt. Mit ihr wird alles gutgehen.«

Aber ich war nicht überzeugt davon. Mit innerer Anspannung und Nervosität saßen wir in unseren Räumen, wachsam und voller Besorgnis. Ich überlegte, ob ich mit Karin durch die Hinterhöfe in eine andere Straße laufen könnte, wenn die Deutschen kämen. Aber was dann? Wo sollten wir uns verstecken? Wie konnte man den Deutschen entkommen?

»Was denkst du, Karin?« forderte ich sie heraus. »Was sollen wir tun?«

Sie zuckte nur mit den Schultern und blieb weiterhin stumm. Ihr traurig angedeutetes Lächeln tat mir sehr weh. Sie war in eine andere Welt hinübergeglitten, und ich war unfähig, sie zu erreichen. Ich mußte allein entscheiden. In einem Anfall von Panik und Furcht überdachte ich die Möglichkeiten erneut und sah es schließlich als aussichtslos an, wegzulaufen. Die Deutschen waren überall. Wir mußten hierbleiben. Wir mußten abwarten, sehen, hoffen ... So blieben wir in unserem stickigen Raum sitzen, während draußen das schönste Sommerwetter herrschte, mit blauem Himmel und strahlendem Sonnenschein. Etas Mann, Julek, hatte sich tagsüber als unser Ausguck auf das Dach des Hauses begeben. Alles blieb ruhig, bis zum dritten Tag nach der Bekanntmachung. Als die deutschen Wachmannschaften mit Lastwagen und Hunden anrückten, rief Julek:

»Jetzt sind sie in der Pawia! Sie werden in wenigen Minuten vor unserem Haus sein!«

Wir warteten. Aus einem unerklärlichen Grund zogen wir trotz des warmen Tages unsere Mäntel an. Ich wußte, daß die Deutschen diejenigen von uns, die sie als brauchbare Arbeitspferde ansahen, am Leben lassen würden. Damit wurde mir auch bewußt, daß Karin älter aussehen mußte, als sie tatsächlich war. Wenn sie als gesunde Erwachsene durchgehen könnte, wäre sie weniger gefährdet als ein Kind.

»Heute darfst auch du schon Lippenstift und Rouge tragen, Karin!« erzählte ich ihr.

Zum ersten Mal seit vielen Wochen lag wieder ein Lächeln auf ihrem Gesicht. So schnell ich konnte, bemalte ich sie mit Puder, Rouge und Lippenstift. Diese Aufmerksamkeit und die Veränderung ihres Gesichtes schienen ihr gut zu gefallen. Als ich sie ansah, konnte ich kaum noch meine kleine Schwester Karin erkennen.

Dann knarrten Lautsprecher durch die Stille des Nachmittags: »Rauskommen! Alles raus! Im Hof aufstellen!«

Wir beeilten uns, hinunterzukommen, die Jungen, die Alten und die Kinder, alle, jeder, der in der Lage war, zu gehen. Allein aus unserem Haus waren wir etwa sechzig Menschen. Wir standen und warteten, während die Deutschen mit ihren lechzenden und bellenden Hunden alles absuchten, ob sich jemand trotz der Anordnung versteckt hielte. Wer sich versteckt hatte, war bald aufgespürt und wurde sofort auf die wartenden Lastwagen geschoben. Wir sahen die Brüder Smulewicz, Bronka Berminc und ihren alten Vater und Mlotek Fischer herauskommen, voller Angst, zitternd und verstört.

Während der gesamten Zeit wurden wir von sechs Deutschen bewacht. Einer von ihnen, der genau vor uns stand, benutzte sein Gewehr als Zeiger und begann seine Auswahl, indem er schnell an den Menschenreihen vorbeiging, die ahnungslos auf ihr Urteil warteten.

»Du, nach rechts, du, nach links, du, nach rechts!«

Es dauerte nur Minuten. Er schubste Karin aus der Reihe heraus und teilte sie der linken Seite zu. Ich bemerkte, daß jetzt fast die Hälfte unserer kleinen Gruppe auf der anderen Seite stand, überwiegend diejenigen, die sehr alt oder sehr jung waren.

»Die von der linken Seite auf den Lastwagen!«

Ich konnte Karin in der Menge, die jetzt zu den Lastwagen gedrängt wurde, nicht mehr sehen. Unsere Blicke trafen sich erst wieder, als sie auf der Ladefläche des Lastwagens stand. Ihre Augen waren angstvoll aufgerissen. Ich konnte sehen, wie sie am ganzen Körper zitterte. Kein Laut kam über ihre Lippen.

Als ich auf den Lastwagen zuging, wurde ich mit einem Gewehrlauf wieder zurückgestoßen. Nur wenige Meter trennten uns. Wir hatten beide unsere Hände nacheinander ausgestreckt, und doch waren wir im selben Augenblick schon endlos weit voneinander getrennt. Motoren wurden gestartet, die Lastwagen rollten an.

Ich wurde fast ohnmächtig. Karins Augen blieben ganz fest auf mich gerichtet, bis ich sie nicht mehr sehen konnte. Mein verzweifeltes Schluchzen und meine Tränen vermischten sich mit denen der anderen, die Brüder, Schwestern, Väter, Mütter, Ehemänner, Frauen und Kinder verloren hatten.

Unsere kleine Gruppe der Übriggebliebenen schleppte sich langsam nach oben. Nur Eta und Julek nicht. Sie rannten nach oben, zwei, drei Stufen auf einmal nehmend. Bevor wir anderen nachgekommen waren, durchschnitten schrille, laute Schreie die Luft. Wir liefen in ihr Zimmer. Die mittlere Schublade einer alten, hohen Komode, die ganz offensichtlich als Bett für die kleine Rachel hergerichtet worden war, war aufgerissen. Julek stand wie eine Statue neben seiner Frau, weiß und starr. Eta, immer noch schreiend, hielt das Baby im Arm, sein kleines Gesichtchen war durch Erstickung durchsichtig blau angelaufen.

Wir versuchten, sie zu beruhigen, sie und das Baby zu umarmen, doch ihr gequältes Schreien hörte nicht auf. Schließlich ließen wir sie mit ihrem Schmerz allein.

Die drei Rabinowicz-Schwestern, die nebenan wohnten, kamen an meine Tür, auch ihre Gesichter waren tränenüberströmt, ihr Schluchzen füllte den Raum. Sie hatten ihre Mutter und ihren Vater verloren.

»Und du bist jetzt doch auch ganz allein, komm doch zu uns«.

Ich nickte und nahm gleich meine wenigen Habseligkeiten, während sie meine Pritsche hinübertrugen. Ich war sehr dankbar, daß sie mich bei sich haben wollten.

Wie viele Männer, Frauen und Kinder waren aus dem Getto fortgebracht worden …? Wohin würde man sie bringen? Und warum …? Nahezu jeder hatte ein Mitglied der Familie verloren, in einigen Fällen waren ganze Familien verschwunden. Ich fragte bei der Getto-Polizei nach Karin, bekam aber keine Antwort. Niemand schien etwas zu wissen. Karin war fort. Hätten wir uns doch verstecken sollen? …? War ich schuld…? Gab es noch etwas anderes, was ich hätte tun sollen oder können…? Wo war sie jetzt?

In einem stillen Gespräch bat ich meine Mutter um Verzeihung, … bat ich Karin, nicht zu weinen, … versprach ihr, daß wir eines Tages wieder zusammensein würden … irgendwo... Es war unmöglich, sich auch nur vorzustellen, daß wir uns nie wiedersehen würden.

Deportation der Kinder aus dem Getto Lodz, September 1942.

Unsere Kinder

Ein Ort ohne Kinder:
Kein Kinderlachen,
Kein Augenzwinkern,
Keine Mädchentränen,
Keine hüpfenden Füße,
Keine bittenden Gesichter,
Keine Jungenstreiche,
Keine kleinen warmen Hände:
Es gibt keine Kinder mehr.
Die Deutschen rissen sie uns
aus den Armen,
brachten sie fort.
Auf Lastwagen –
Lastwagen nach Lastwagen
Voller Kinder,
weinender, verängstigter Kinder.
Wir sahen sie nie wieder.

Getto-Leben

Getto Lodz
Winter 1942 – 1943

Es war Montag. Seit zwei Wochen hatte ich keine Arbeit mehr, und wieder stand ich im Büro Ribna 8, wartete und hoffte, daß ich vielleicht mit etwas Glück eine andere Arbeit finden und mittags eine Suppe bekommen könnte. Es war ein ungewöhnlich kalter Novembertag. Obwohl der bauchige Eisenofen kaum noch wärmte, umfaßte ich das lange eiserne Ofenrohr, um auch noch das letzte bißchen Wärme aus dem schwarz glänzenden Metall zu holen. Vergeblich, er gab keine Hitze mehr her. Die tägliche Kohleration war längst verheizt.

Schon viele Monate, bevor wir unser Büro schließen mußten, hatte sich gerüchteweise verbreitet, daß Chaim Rumkowski, Leiter der jüdischen Gettoverwaltung, an unserem Projekt kein Interesse mehr habe und unser Büro schließen wolle. Wir hatten viel darüber spekuliert und uns Sorgen gemacht. Eines Tages war es dann soweit, unser Leiter, Ingenieur Adolf Goetz, konfrontierte uns mit der Neuigkeit.

»Ab Montag nächster Woche wird es unser Büro nicht mehr geben. Der Alte, Chaim Rumkowski, hat es beschlossen. Trotz all meines Bittens und Bettelns blieb er dabei. Er hat mir keine andere Wahl gelassen als euch sagen zu müssen, daß es ab Montag für keinen von uns Arbeit und Suppe mehr geben wird. So wird es sein ...«

Die Stimme versagte ihm. Wir blieben stumm und erfaßten nur langsam, was seine Nachricht bedeutete.

Erst vor zehn Monaten war es Adolf Goetz gelungen, Chaim Rumkowski davon zu überzeugen, daß das Getto unbedingt Verschönerungen und Verbesserungen brauchte. Er suchte eine

Gruppe von Architekten und Ingenieuren zusammen, um Pläne für neue Häuser, Parkanlagen, Schulen und Spielplätze zu entwerfen. Obgleich Goetz' Plan verdienstvoll war, blieb er doch eine absurde Vorstellung: Er schien ganz vergessen zu haben, daß uns die Deutschen an diesem Ort, dem Getto, eingesperrt hielten. Aber es gab immer noch Träumer unter uns. Und so erlebten wir zehn Monate lang eine verrückte Illusion von Normalität. Nun hatte Chaim Rumkowski, wie Goetz sagte, jedes Interesse daran verloren und die Schließung des Büros angeordnet.

Als uns Adolf Goetz diese Nachricht überbrachte, rannen Tränen über seine faltigen, lederartigen Wangen. Seine Haut überlappte hohe Wangenknochen. Er war gerade 1,50 m groß, aber auf seinen Schultern saß ein großer Kopf. Seine einfache Drahtgestellbrille konnte seine stets rot umrandeten, schielenden Augen nicht verbergen. Er sprach schnell, mit einem leichten Lispeln. Für mich, eine Siebzehnjährige, schien er uralt zu sein, dabei war er mit Sicherheit nicht älter als 65. Auch er war einst ein glücklicher Mann gewesen. Jetzt war er alt und gebrochen, sein Traum war durch bloße Worte zerstört worden.

Vor dem Krieg waren wir in Hamburg Nachbarn gewesen. Im Getto war er es, der mir zu meiner ersten Arbeit verholfen hatte. Ich durfte für ihn als Sekretärin oder Bürogehilfin arbeiten und war nur ihm verantwortlich. Er ließ von seinem zu meinem Schreibtisch kleine Flugzeuge aus Papier fliegen. In ihnen verbargen sich kurze, manchmal spaßige, manchmal auch traurige oder sentimentale Gedichte. Obwohl ich ziemlich viele Fehler machte, schimpfte er niemals mit mir. Er war freundlich, klug und liebenswert. Ich war ihm sehr dankbar.

Bevor mir Adolf Goetz zu einer Arbeit verholfen hatte, war ich wochenlang von einer Fabrik zur anderen gelaufen: einer Strohfabrik, in der große Schuhe für die deutschen Soldaten im russischen Schnee gefertigt wurden; einer Textilfabrik, in der Uniformen genäht wurden; sogar zu der Metallfabrik, in der verschiedene Teile für die Armee produziert wurden. Die Antworten waren überall dieselben: »Es tut uns leid, wir können dich nicht beschäftigen. Wir bekommen unsere Anweisungen von der Abteilung für Arbeit.« Diese Abteilung hatte ich schon mehrfach aufgesucht und den Direktor selbst, Leonard Luft, gesprochen. Aber auch er hatte für mich keine Arbeit. Nach meinem dritten Besuch beantwortete er meine Beharrlichkeit, indem er mich aus seinem Büro warf:

»Raus! Wage ja nicht, wiederzukommen!«

Jetzt dachte ich daran, daß ich diese entwürdigenden Anstrengungen erneut machen müßte. Doch als mir Adolf Goetz die Hand schüttelte, um sich zu verabschieden, flüsterte er:

»Wir haben noch eine Woche, bis wir das Büro schließen müssen. Warte noch ein paar Tage und gehe dann runter in den zweiten Stock. Dort werden sie vielleicht ein Angebot für dich haben oder dir helfen, irgendeine Arbeit zu finden.«

Wieder einmal war ich Adolf Goetz von Herzen dankbar.

»Und was werden Sie jetzt machen?« fragte ich ihn.

»Das weiß der Teufel, in meinem Alter spielt es keine Rolle.«

Eine Woche später wurde er tot in seinem Raum gefunden. Er sei verhungert, wurde gesagt. Aber viel wahrscheinlicher war doch, daß er alle Hoffnung in seinem Leben verloren hatte. Nur fünf Mitarbeiter machten den langen Fußweg zum Friedhof in Marysin, um bei seiner Beerdigung dabei zu sein. Ich gehörte zu ihnen und stand mit Tränen in den Augen an seinem Grab. Ich würde Adolf Goetz sehr vermissen.

Das kalte und unschöne Ofenrohr weckte mich aus meiner Träumerei. Aus meinen Augenwinkeln sah ich einen Mann mit Brille, hinter einem Schreibtisch sitzend, der mich anstarrte. Ich fragte mich, wie lange er mich beobachtet haben mochte. Sein prüfender Blick schien plötzlich in meine ganz private Welt einzudringen. Ich wollte weglaufen, blieb aber wie angewurzelt stehen. Er stand auf, ging auf mich zu und blieb vor dem Ofen stehen. Dann streckte er mir seine Hand entgegen.

»Ich bin Szaja Spiegel.«

»Ich freue mich, Sie zu sehen«, erwiderte ich in formellem Polnisch. »Ich heiße Cecilie Landau.«

Er sah mich einige Sekunden lang schweigend an.

»Ich habe gehört, daß du Arbeit suchst. Vielleicht kann ich dir behilflich sein. In etwa zwei Wochen werde ich ein neues Büro leiten und brauche Hilfen und Sekretärinnen.«

Ich konnte mein Glück kaum fassen. Hatte Adolf Goetz auch das für mich arrangiert?

»Wirklich? Sie machen keinen Spaß?«

»Nein, Ehrenwort, ich verspreche es.«

Er klang überzeugend. Ich sah ihn erneut an. Er war wohl Ende dreißig, schlank, von mittlerer Größe, mit glattem schwarzen Haar und dunkelbraunen Augen. Er trug eine dicke, schwarz eingefaßte Brille. Er sah ernst aus. Kein Lächeln kam über seine Lippen.

»Komm in zwei Wochen zu Raum 204. Ich werde auf dich warten.«

»Danke. Ich werde kommen. Ich bin auf die Arbeit sehr angewiesen!«

»Mach dir keine Sorgen«, sagte er bestätigend. »Die Arbeit gehört dir.«

Wir gaben uns die Hand. Unsere Augen trafen sich für wenige Sekunden und blickten suchend ineinander. Ich fühlte mich erneut unwohl, drehte mich abrupt um und verließ den Raum.

Zwei Wochen schienen eine endlos lange Zeit zu sein. Ich ertappte mich dabei, daß ich mir immer wieder über Szaja Spiegel und die Arbeit Gedanken machte. Warum hatte er gerade mich ausgewählt? Was dachte er über mich? Er war in einer schrecklich ernsten Weise attraktiv. Sein grauer Anzug hätte dringend gebügelt werden müssen, aber es gab im Getto keine Reinigung. Aus unerklärlichen Gründen wünschte ich mir, daß er mich mochte. Wegen der Arbeit? Ich zweifelte. Sicher, ich brauchte die Arbeit – und die tägliche Suppe, die ich dadurch bekam. Aber ich war ebenso seinetwegen verwirrt. Ich fragte mich, ob er eine Familie hatte, wo er lebte, welche Herkunft er hatte. Ich staunte über mich selbst. Wozu diese Neugierde? Wie war es möglich, daß er mich so beschäftigte? Als endlich der Tag gekommen war, kleidete ich mich sorgfältig und eilte dann zu seinem Büro, eher ängstlich als hoffnungsvoll bei der Vorstellung, vor Szaja Spiegel zu stehen.

Er lächelte. In seiner ernsten, nachdenklichen Art schien er sich zu freuen, mich zu sehen. Ich fühlte mich noch immer beklommen und unsicher. Er führte mich zu einem Schreibtisch, auf dem hochaufgetürmt Dokumente in deutscher Sprache lagen.

»Diese Kohlen-Zuteilungs-Formulare werden in großen Mengen aus dem Reich kommen. Sie sind für die Städte wie Berlin, Essen und Düsseldorf bestimmt. Wir müssen sie ausfüllen, vervollständigen und die Kohlenration auf der Grundlage eines Familienverbrauchs berechnen. Vervollständige und ordne sie, so gut du kannst, aber übersetze nur das, was absolut notwendig ist. Wenn wir damit fertig sind, werden sie nach Deutschland zurückgeschickt.«

Es klang alles gut organisiert und so typisch deutsch. Wichtig war, daß es mich ebenso wie einige hundert andere über Monate beschäftigen würde. Die Hauptsache aber blieb die mittägliche Suppe. Auch wenn sie keine Nährstoffe enthielt, war das wäßrige, heiße Mittagessen besser als nichts.

Einige Zeit lang sprach Szaja nur dann mit mir, wenn es mit der Arbeit zu tun hatte. Aber ich ertappte ihn oft dabei, wie er mich anstarrte. Normalerweise schien er tief in Gedanken versunken zu sein. Aber seine stillen Blicke verunsicherten mich auch weiterhin. War es wegen meiner Arbeit? Oder gab es einen anderen Grund? Ich war verwirrt. Ich hätte gerne mit ihm über Persönliches gesprochen, um ihn kennenzulernen, aber ich wußte nicht, wie ich es anfangen sollte. So blieb ich weiterhin neugierig, aber zurückhaltend. Ich begann mir einzureden, daß sein Anstarren mehr bedeutete als nur Interesse an meiner Arbeit.

Eines Tages, nachdem ich bereits drei Wochen für ihn gearbeitet hatte, kam er langsam an meinen Schreibtisch und fragte, ob er mich abends nach Hause bringen dürfe. Ich nickte. So hatte ich endlich eine Chance, ihm die Fragen zu stellen, die mich plagten.

»Ich möchte dir noch einmal danken, daß du mich eingestellt hast«, begann ich, als wir uns auf den Heimweg machten, »glaubst du, daß die deutschen Formulare auch weiterhin ins Getto kommen werden?«

Er sah mich überrascht an.

»Ich hoffe doch für eine lange Zeit«, antwortete er. »Wir brauchen die Arbeit dringend, um einige hundert Leute zu beschäftigen. Mach dir keine Sorgen. Für die nächste Zukunft wirst du deine Arbeit behalten.«

Es schien, daß er meine Gedanken erraten hatte.

»Welche Art von Arbeit hast du für Adolf Goetz gemacht?«
wollte Szaja wissen.

»Jede Art von Büroarbeit. Nichts Besonderes. Aber ich bekam
dadurch meine Mittagssuppe.«

»Und davor?«

»Davor hatte ich keine Arbeit. Aber was ist mit dir? Was hast
du vor dem Krieg gemacht?«

»Ich war Lehrer in einer jüdischen Schule, ich habe Jiddisch
unterrichtet. Nebenher habe ich Geschichten und Gedichte geschrieben. Einige meiner Geschichten sind in Polen in einem
Literatur-Journal veröffentlicht worden«, antwortete Szaja.

Ich hatte im Büro schon ein wenig über Szaja gehört, aber aus
Höflichkeit fragte ich ihn noch andere Dinge, bis ich mich endlich
traute, ihm die Frage zu stellen, die mich doch so brennend
interessierte.

»Warum hast du mich eingestellt?« fragte ich zaghaft. »Es gibt
doch so viele andere, die auf eine Arbeit warten.« Er sah nachdenklich aus.

»Als ich dich zum ersten Mal neben dem Ofen stehen sah,
schätzte ich dich siebzehn oder achtzehn Jahre alt. Du trugst ein
braunes Kostüm mit einer weißen Bluse, sahst ordentlich, sauber,
sehr zierlich aus, und dein Gesicht, ... es schien ganz blaß und oval.
Ich bemerkte, daß du einen Hauch von Lippenstift aufgetragen
hattest.« Dann schwieg er einen Moment lang und fuhr fort:
»Wahrscheinlich sind deine großen, grünen Augen der eigentliche
Grund, warum ich dich eingestellt habe. Du sahst so ängstlich und
traurig aus, so unerreichbar, fast wie in einer anderen Welt. Wenn
ich ein Gedicht schriebe, würde ich sagen ... 'dein Schweigen ist
wie eine Mauer, die ich nicht erklimmen kann.' Wie findest du
das?«

»Es klingt wirklich wie ein Gedicht ... nicht wie ein normaler
Satz«, antwortete ich vorsichtig.

Stechend kalte Windfetzen streiften meine Wangen, die jetzt
heiß und gerötet waren. Ich war froh, daß es dunkel war.

Es stimmte, was Szaja gesagt hatte. Ich lebte in meiner ganz
eigenen Welt und wollte in ihr allein sein. Alle, die ich geliebt hatte,
waren mir genommen worden. Dieser Schmerz war noch viel zu

tief, als daß ich neue Beziehungen hätte aufnehmen können. Und doch wünschte ich mir jemanden, der mich beachtete und sich um mich kümmerte. Seine beständigen Blicke schienen mir zu folgen. Ich freute mich über diese Aufmerksamkeit. Aber was mochte er wohl erwarten? Ein Mann, der doppelt so alt war wie ich? Ich hatte schon vor langer Zeit aufgehört, auf eine Zukunft – erst recht auf Liebe – zu hoffen. Und wer waren wir hier? Menschen, die nicht einmal in der Lage waren, ihr eigenes Schicksal zu bestimmen, nur für den Tag lebend – manchmal auch nur für eine Minute. Dies war absolut keine Zeit, in der man sich verlieben durfte. Trotzdem wünschte ich mir sehnlichst, daß er mich beachtete und für mich da war. Oder gab es noch mehr, was ich mir wünschte? Die übrigen Fragen, die ich ihm stellen wollte, hatte ich in meiner Verwirrung ganz vergessen, und auf dem Rest unseres zwanzigminütigen Weges schwiegen wir. Als wir vor meiner Haustür angekommen waren, gaben wir uns die Hand und sagten uns Gute Nacht.

Damit hatte unser kleines Ritual angefangen. Von jetzt an wartete er jeden Abend unten am Eingang des Gebäudes, um dann mit mir gemeinsam durch die stillen Straßen zu gehen. Eines Abends übertraf die Neugierde meine sonstige Zurückhaltung, und ich fand endlich den Mut, ihn nach seiner Familie zu fragen.

Er schwieg zunächst und zögerte eine ganze Weile, bevor er mir antwortete.

»Ich denke, daß ich dir erzählen sollte, daß ich vor dem Krieg geheiratet habe. Wir hatten ein Kind zusammen, die kleine Eva – aber sie ist im Getto gestorben. Nun lebe ich hier mit meinen Eltern.«

Ich war geschockt. Plötzlich hatte mich die Wirklichkeit wieder erfaßt. Ich sah einen verheirateten Mann!

»Und was ist mit deiner Frau?« fragte ich behutsam.

»Sie lebt auch im Getto, zusammen mit ihrem Vater. Unsere Liebe ist schon vor langer Zeit gestorben. Ich treffe sie nicht, unsere Trennung ist legal. Wir werden uns scheiden lassen.«

Eine Scheidung im Getto? Ich konnte mir lediglich vorstellen, daß allenfalls ein Mann wie Rumkowski so etwas tun konnte.

Ich war jetzt noch verwirrter als vorher. Es ängstigte mich irgendwie, mich mit einem verheirateten Mann zu treffen. Was hätte Mutter dazu gesagt? Ich wagte gar nicht, daran zu denken …

Eines Abends, im Februar, fragte er mich, ob ich nach der Arbeit bleiben würde.

»Erinnerst du dich daran, daß ich dir erzählt habe, daß ich Gedichte und Geschichten schreibe?« fragte er mich. »Ich würde dir heute abend gerne einige vorlesen, wenn du zuhören magst. Sie sind auf jiddisch geschrieben.«

Obwohl ich mich befangen und aufgeregt fühlte, war ich auch ein wenig stolz, daß er mich gebeten hatte, seinen Texten zuzuhören, und ich sagte zu.

So blieben wir an diesem Abend nach der Arbeit im Büro, und Szaja begann vorzulesen. Seine Charaktere waren beeindruckend lebendig; man konnte sich sogar die Tiere in seinen Erzählungen lebhaft vorstellen. Sie handelten alle von dem furchtbaren Leben im Getto – mit seiner Trauer, seinen seltenen schönen Momenten und dem grauenvollen Sterben. Während er vorlas, fegte Betczak, der Hausmeister, um uns herum den Fußboden und brummelte keuchend vor sich hin:

»Was für verrückte Leute, die zwölf Stunden arbeiten und dann noch in einem kalten Raum sitzen bleiben, sich in Mäntel, Hüte und Schals einwickeln und närrische Geschichten lesen.«

»Da hast du vollkommen recht«, antwortete ihm Szaja. Aber er lachte dabei nur, klopfte Betczak auf die Schulter und las weiter.

Unsere Treffen wurden zur Gewohnheit. Wir arbeiteten von acht Uhr morgens bis acht Uhr abends, Szaja las meist bis zehn Uhr, danach gingen wir Hand in Hand bis zu meiner Haustür.

Unsere zärtlichen, privaten Momente waren gestohlene Zeit, und häufig waren sie nicht einmal das. Wir umarmten uns, wir küßten uns, und wenn uns Nachbarn sahen, machten sie um uns einen Bogen. Sie sahen uns mißbilligend an; ihre harten Blicke verletzten mich. Die Schwestern Ida und Gerda Rabinowicz, mit denen ich in einem Raum wohnte, hatten mich bereits gewarnt:

»Die Leute reden schon über dich. Mit Szaja verschwendest du nur deine Zeit. Er ist immer noch verheiratet, und er ist viel zu alt für dich. Du solltest darüber nachdenken, was ein verheirateter Mann von einem jungen Mädchen will. Denk doch nach! Du solltest die Beziehung so schnell wie möglich abbrechen.«

Ich hörte ihnen zu, verteidigte mich nicht, erklärte nichts. Und doch hatte mich ihre strikte Reaktion schockiert. Aber es war für mich zu spät, irgend etwas zu ändern. Ich hatte endlich jemanden, der mir wichtig war, ich fühlte mich nicht mehr allein. Mittlerweile war ich fast abhängig davon, Szaja zu sehen und ihm nahe zu sein.

Am folgenden Abend gab er mir auf unserem Heimweg eine Papierrolle in die Hand.

»Ich wollte dir eigentlich Blumen schenken, aber hier im Getto gibt es keine Blumen. So müssen meine Worte dafür einstehen.«

Ich schaute in den Himmel. Hell strahlende Sterne blinkten von einem wolkenlosen, nachtschwarzen Himmel herab. Die eisige Luft machte mich atemlos. Wir küßten uns lange und sagten uns dann Gute Nacht. In meinem Zimmer angekommen, öffnete ich die kleine Papierrolle. Darin war ein handgeschriebenes Gedicht:

»Augen, deine Augen sind grün
Zwei kleine Quellen inmitten von Gras.
In ihren Schatten spielt das warme Abendgold
Wie über hohen Birken.
Augen, deine Augen sind grün,
Zwei kleine Quellen, von Wassertropfen sprudelnd.
Da finde ich mich selbst am Abend inmitten von Gras
Und schmale, grüne Quellen singen in meinem Haupt.
Es ist gut, in der Dunkelheit des Abends allein zu sein,
Kühlen Wein von deinen grünen Augen zu trinken.
Auch ich werde zu einer traurigen Birke,
Die sich zitternd über kleine Quellen neigt.«

Ich las das Gedicht immer wieder, fühlte mich dabei glücklich und traurig zugleich. Ich versuchte, Szaja am nächsten Tag dafür zu danken, doch ich konnte nicht die richtigen Worte finden. Er lächelte, ein trauriges, melancholisches Lächeln.

»Wenn ich dich glücklich gemacht habe, dann ist das meine Belohnung. Ich möchte, daß du immer glücklich bist. Es bedeutet mir sehr viel …«

Aber es gab so viele Dinge, die meinem Glück entgegenstanden. Mich beunruhigten die Gedanken an Szajas Frau, an sein Alter, den Krieg, das Getto und die Tatsache, daß er immer noch verheiratet war. Aber hauptsächlich wußte ich immer noch nicht, was ich ihm gegenüber empfand. Liebte ich ihn wirklich? Ich war mir nicht sicher. Ich wußte, daß ich seine Liebe und seine Aufmerksamkeit brauchte. Aber was bedeutete Liebe ohne ständige Ängste und Vorbehalte?

Woran zweifelte ich? Ich spürte, daß ich ihn nicht verlieren wollte. Ich wollte das Leben so fortsetzen, wie es war. Ja, ich war verliebt. Doch etwas nagte in mir.

Am nächsten Morgen blickte Szaja während der Arbeit auf meine naßgewordenen Schuhe. »Dir ist kalt und naß, deine Schuhe sind vollkommen durchnäßt! Warum hast du mir nicht gesagt, daß du keine heilen Schuhe oder Stiefel mehr hast?«

»Du weißt doch, daß das auch nichts geändert hätte«, antwortete ich ihm. »Man kann keine neuen Schuhe oder Stiefel kaufen.«

Mir gefiel aber, daß es ihm aufgefallen war und er sich darum kümmerte. Jetzt dachte auch ich an neue Schuhe. Aber wie konnte man das anstellen? Ich hatte nichts mehr, womit ich auf dem Schwarzen Markt handeln konnte, und für Schuhe hätte man ein sehr großes Stück Brot oder andere Lebensmittel eintauschen müssen.

Als ich an diesem Abend wieder in meinem Zimmer war, sah ich meine wenigen Habseligkeiten durch. Ich besaß noch einen kleinen Koffer aus Hamburg, Mutters alten Mantel und ein Paar Schuhe mit hohen Absätzen. Dann fielen meine Augen auf ihre große, hellbraune Hutschachtel. Würde sie genügend Leder hergeben, daß ich mir hieraus ein Paar Schuhe machen lassen könnte? Doch waren all diese Sachen meine ganze Erbschaft, die einzige gebliebene Verbindung mit meiner Vergangenheit. Würde es Mutter recht sein, daß ich ihre lederne Hutschachtel für Schuhe zerschneiden ließe? Ich war unsicher. Doch schließlich siegte meine Not über meine sentimentalen Gefühle, ich beschloß, die Schachtel mit zur Arbeit zu nehmen.

Szaja sah die runde Hutschachtel an. Er verstand sofort und war begeistert.

»Ein genialer Gedanke! Ich werde dich heute abend zum Schuhmacher bringen, und dann werden wir sehen, wie wir das fertigbringen.«

»Aber dies hat mir Mutter vererbt«, murmelte ich leise.

»Deine Mutter würde sicher wollen, daß du dir daraus Schuhe machen läßt, gerade in solchen Zeiten, wie wir sie haben – eine Hilfe, um zu überleben.«

Nach der Arbeit gingen wir zum Schuster. Er saß tief über seine Werkbank gebeugt. Doch als er die große Lederschachtel sah, blickte er von seiner Arbeit auf. Er war ganz versessen darauf, mir Stiefel zu nähen.

»Was werden sie kosten?« fragte ich besorgt.

»Oh, mach dir keine Gedanken. Ich werde dir nichts berechnen, wenn ich die übrigbleibenden Lederreste behalten darf, sie werden für ein weiteres Paar Schuhe reichen. Aber wir werden auch noch Futter brauchen.«

»Futter?«

»Wie wäre es mit einem Stückchen aus einer Decke?«

Am darauffolgenden Tag schon brachte ich ihm ein Stück aus einer Kamelhaardecke. Dann begann er, die Umrisse meiner Füsse auf Papier abzuzeichnen und versprach, die Schuhe binnen einer Woche für die Anprobe fertig zu haben. Zwei Wochen später waren die Stiefel fertiggestellt. Sie waren einfach großartig, wunderschön und warm. Der Winter schien in diesem Jahr nicht enden zu wollen, denn es schneite auch im März noch heftig. Ich aber hatte jetzt in den neuen Stiefeln trockene Füße, doch wenn ich sie ansah, mußte ich an Mutter denken und daran, wie sehr sie mir fehlte.

Szaja und ich setzten unser abendliches Ritual, gemeinsam von der Arbeit bis zu meiner Haustür zu gehen, fort. Wir küßten uns an der Türschwelle. Es fiel uns schwer, uns zu trennen. Ich rannte dann schnell die Treppe hoch und blickte vom Fenster aus der einsamen, gebeugten Gestalt Szaja Spiegels nach.

Am folgenden Abend schien Szaja etwas Besonderes im Kopf zu haben. Er trug wollene Handschuhe, die seine Hände warmhielten, und hielt mich fest am Arm.

»Wenn deine Mutter noch leben würde«, sagte er zögernd, »dann würde ich um Ihre Erlaubnis bitten, dich zu heiraten. Ich bin sicher, daß sie zustimmen würde!«

Ich war vollkommen überrascht. War dies eine Erklärung oder

ein Vorschlag? Aber hätte sie tatsächlich zugestimmt, fragte ich mich. Mutter war seit fast sieben Monaten tot, was hätte sie gesagt? Ich konnte fast ihre Stimme hören. »Nein, niemals, du bist gerade erst achtzehn Jahre alt. Dies ist nicht die Partie, die ich für dich erträumt habe. Dieser Mann ist achtunddreißig Jahre alt, lebt getrennt, … ist noch nicht einmal geschieden. …«

Sie wäre mit Sicherheit empört gewesen.

»Was meinst du?« wollte Szaja wissen.

Ich konnte es nicht übers Herz bringen, ihm offen zu gestehen, wie sehr Mutter ihn und unsere Beziehung mißbilligt hätte. Statt dessen antwortete ich:

»Mutter ist tot – sie kann nicht mehr antworten. Aber was ist mit deiner Scheidung? Es ist so schwierig im Getto.«

»Meine Scheidung könnte arrangiert werden.«

Wir gingen schweigend nebeneinander her. Ich stellte mir eine Ehe im Getto vor, mit ständigem Hunger und Schmerzen. Und was wäre mit Kindern? Es war kaum möglich, überhaupt welche zu haben. Viele Frauen im Getto hatten keine Menstruation mehr. Bei Hunger war sie ausgeblieben. Aus den gleichen Gründen litten Männer an Impotenz. Ich sah Szaja an, tausende von Fragen schossen mir auf einmal durch den Kopf. Er verstand mich.

»Sieh, vielleicht ist es wirklich eine verrückte Idee, hier und jetzt an Heirat zu denken. Aber ich hätte noch einen anderen Vorschlag. Ich weiß ein kleines Zimmer in der Ribna, das ich durch die Wohnungsverwaltung bekommen könnte. Es könnte unser Zimmer sein, deins und meins…«

Ich schüttelte meinen Kopf. »Nein, ich könnte nicht. Das wäre nicht in Ordnung. Das kann man nicht tun.«

Der Gedanke daran, mit Szaja allein zu sein, war aufregend und ängstigend zugleich. Ich liebte ihn und wollte eine engere Beziehung. Aber es gab für mich zu viele Hindernisse. Trotz seiner Beteuerung, daß er mich liebte, blieb ich skeptisch – immer noch beunruhigt – immer noch verwirrt. In einem war ich mir ganz sicher. Eine solche Vereinbarung würde zu häßlichen Gerüchten und Skandal führen.

Szaja versuchte, mich zu trösten, mich im gleichen Moment aber auch zu überzeugen.

»Du könntest dort allein wohnen. Ich könnte dich für ein paar Stunden besuchen und nachts nach Hause zu meinen Eltern gehen. Willst du es dir nicht noch einmal überlegen? Bitte ...«

»Nein!« Ich schüttelte meinen Kopf, unfähig, mehr zu sagen.

»Dann ist es gut, laß uns so weiterleben wie bisher. Aber versprich mir, daß du dich mit niemandem sonst triffst...! Mit niemandem sonst sprichst! Ich bin schrecklich eifersüchtig.«

Zum ersten Mal gab er zu, besitzergreifend zu sein. Und ich war glücklich, zu jemandem zu gehören.

»Ich verspreche es. Ich werde keinen anderen treffen. Es wird nur dich und mich geben. Und nach dem Krieg?«

»Oh, ich habe so viele Pläne«. unterbrach er mich.

»Nach dem Krieg werde ich berühmt sein, und du wirst meine Frau werden, unser Leben wird ganz anders sein als das, was du dir heute vorstellen kannst. Das Leben wird schön sein!«

Für einen kleinen Augenblick schien es so etwas wie Zukunft zu geben, einen schwachen Schimmer von Liebe und einem normalen Leben nach dem Krieg. Doch forderte die Wirklichkeit ihren Preis.

Im Büro kreisten unsere Gespräche fast nur um zwei Themen: die gefürchteten deutschen »Aussiedlungen«, bei denen große Gruppen von Menschen zusammenkommen mußten und aus dem Getto gebracht wurden. Und Essen: der Mangel an Essen, die wachsenden Schmerzen durch Hunger, die nächsten Rationierungen; Essen vor dem Krieg; Essen nach dem Krieg; und meistens, der Traum von einem vollen Magen. Würde diese Zeit für uns jemals kommen? Eines Tages platzte Szaja heraus:

»Versprich mir, nie über Essen oder Hunger zu reden. Es ist vulgär und erniedrigend.« Ich willigte ein. Aber nicht über Essen zu reden, bedeutete nicht, auch nicht daran zu denken. Ob wir wachten oder schliefen, unsere Phantasie, unsere Tagträume und Gedanken kreisten immer wieder um Nahrung, Essen – den Geruch und Geschmack von Brot. Es war fast ironisch, daß Szaja ungefähr drei Wochen nach diesem Ausbruch vorübergehend zur Arbeit in die Bäckerei geschickt wurde.

Es schien eine besondere zweiwöchige Belohnung unseres Chefs, Henryk Neftalin, zu sein. Nun konnte Szaja Brot essen –

soviel er nur wünschte. Ich freute mich sehr für ihn. Mein eigener quälender Hunger aber blieb weiterhin ungestillt. Ich hatte gehofft, daß er mir ein Stück Brot bringen würde, doch es kam kein Angebot. Vielleicht brauchten es seine Eltern dringender als ich. Ich versuchte zu verstehen. Aber ich fühlte mich verletzt, traurig und war manchmal sehr böse. Nicht einmal ein Stück Brot für jemanden, den er liebte? Ich hielt ihn für selbstsüchtig und nachlässig. Trotzdem blieb ich aus Angst, ihn zu verlieren, still. Er liebte mich, er hatte es wenigstens gesagt. Aber warum war er dann nicht bereit, etwas von seinem Brot abzugeben? Sein Verhalten überraschte und enttäuschte mich.

Eines Tages, während Szaja immer noch in der Bäckerei arbeitete, blieb meine Freundin Elli vor meinem Tisch stehen.

»Celia, ich möchte mit dir über Szaja reden.«

»Ich möchte aber nicht über ihn reden«, antwortete ich.

»Wir sind doch Freundinnen, und es ist wichtig, daß du weißt, was ich denke und was die Leute reden.«

»Es ist mir aber egal, was die anderen sagen!« erwiderte ich abwehrend.

»Er ist eingebildet, selbstsüchtig und zu alt, und außerdem ist er verheiratet!«

Elli war nun böse und sehr direkt.

»Und du?« Wütend schlug ich zurück. »Du triffst deinen deutschen Wachtmeister, wo immer er gerade Wache steht. Du bist sogar am Baluter Ring mit ihm in seinem Wachhaus gewesen. Und warum? Für einen Brotlaib? Du kannst doch unmöglich einen Deutschen mögen, der sein geladenes Gewehr weiter auf uns richtet.«

Sobald diese harschen Wörter über meine Lippen gekommen waren, tat es mir leid. Aber es war zu spät. Elli sah niedergeschlagen aus.

»Ich will mich selbst nicht verteidigen. Du mußt das tun, was du für richtig hältst, und ich auch. Laß uns nicht mehr darüber reden.« Wir umarmten uns und blieben Freundinnen, doch stand von nun an ein stiller Riß zwischen uns. Elli hatte mir bestätigt, was ich mittlerweile über Szaja vermutete, nur nicht sehen wollte. Meine früheren Zweifel hätte ich mir noch irgendwie erklären können. Aber Szajas fehlende Bereitschaft, sein Brot zu teilen, diesen Egoismus würde ich niemals vergessen können!

Der Frühling war mild und half uns, das Elend leichter zu ertragen. Ich war mir trotz fortdauernder Zweifel und Enttäuschungen sicher, Szaja zu lieben. Oft blieben wir spät abends im Hof meines Hauses auf einer alten hölzernen Abdeckung stehen, die über einem ausgetrockneten Brunnen lag. Ich verlor mich in Szajas Umarmung, ließ meinen Kopf auf seiner Schulter ruhen und mich von seinen Armen, die er in die Ärmel meiner Jacke geschoben hatte, wärmen. Ich war glücklich. Für kurze Augenblicke war dies mein Frieden.

Im Juli bestellte mich Henryk Neftalin in das Verwaltungsbüro. »Du bist versetzt worden und wirst jetzt für Dr. Oskar Singer, den Leiter des Archivs in der Statistischen Abteilung, Kirchplatz 4, arbeiten.«

Sprachlos vor Überraschung konnte ich kaum meine Tränen zurückhalten.

»Warum?«

»Du kannst Deutsch und wirst beim Schreiben der täglichen Berichte keine Probleme haben. Ich dachte, du würdest dich freuen.«

Es hörte sich sehr nach einer beschlossenen Sache an, für Einwände war es offensichtlich zu spät.

»Wann?« fragte ich.

»Übermorgen.«

Der Gedanke, Szaja verlassen zu müssen, um am anderen Ende der Stadt zu arbeiten, machte mich unglücklich. Ich erzählte ihm von meiner Angst und meinen Befürchtungen. Einige Tage später überraschte er mich mit einer neuen Nachricht.

»Du brauchst dir keine Sorgen um unsere gemeinsame Zeit machen. Ich werde dich auch in Zukunft jeden Abend sehen können. Ich habe vereinbart, daß wir auch weiterhin wie bisher hier in der Ribna 8 zusammenarbeiten können. Du verläßt die statistische Abteilung um sechs Uhr abends und gehst zurück über die Holzbrücke zur Ribna. Ich warte dort auf dich. Dann arbeiten wir gemeinsam von sechs Uhr bis acht Uhr abends. Du wirst zwei Arbeitsstellen statt einer haben. Neftalin hat es zugesagt.« Ich war freudig überrascht, wunderte mich jedoch, daß er mich nicht vorher gefragt hatte.

»Und jetzt habe ich noch eine Überraschung für dich. Am Sonntagabend wird es in einer Wohnung ein Konzert geben. Ich bin eingeladen worden und möchte dich mitnehmen.«

»Ein Konzert im Getto?«

Er nickte. »Es wird Kammermusik gespielt, und es werden zwei meiner Wiegenlieder aufgeführt. Ich habe die Texte geschrieben und ein anderer die Melodie.« Dies war für mich ein sehr aufregender Gedanke, und ich konnte es kaum abwarten.

Am Sonntag holte mich Szaja um sieben Uhr ab, und wir gingen zu einem alten, heruntergekommenen Gebäude in der Marynarska. Die Zuhörer saßen auf dem Fußboden, an die Wände gelehnt. Sie unterhielten sich laut miteinander, bis sie Szaja bemerkten. Danach wurde es still im Zimmer. Offenbar kannten sie ihn und blickten ihn neugierig an. Wir suchten uns auf dem Fußboden zwei Sitzplätze und warteten. Es war ein grauer, düsterer Raum. In der Mitte standen vier Stühle, auf denen die Musiker, mit dem Stimmen ihrer Instrumente beschäftigt, Platz genommen hatten. Das Publikum saß jetzt still. Jemand kündigte das Programm an: »Wir beginnen mit zwei Wiegenliedern von Szaja Spiegel. Bitte applaudieren Sie leise, wir haben unnötigen Lärm zu vermeiden.«

Eine junge Frau ging zu den Musikern, gab ihnen ein Zeichen, und sie fingen an. Mit ihrer wunderbaren Sopranstimme sang sie sanfte, wiegende Melodien zu Szajas gefühlvollen Texten. Der Applaus war gewaltig: ein stilles, eindringliches Klatschen. Danach setzten die Musiker ihr Konzert mit verschiedenen Kammermusikstücken fort.

Der Klang dieser Musik versetzte mich in die Vergangenheit. Ich erinnerte mich an das letzte Konzert, das ich zusammen mit meinen Eltern in Hamburg besucht hatte. Es war 1938 gewesen. Sie hatten mich ins Curio-Haus in der Rothenbaumchaussee zu einem Klavierkonzert mitgenommen. Anschließend waren wir in eine nahegelegene Konditorei gegangen und hatten Eis gegessen. Erst spät abends, um elf Uhr, waren wir zu Hause gewesen. Ich war mir ganz erwachsen vorgekommen und fühlte mich sehr

Brücke am Plac Koscielny über eine für Gettobewohner gesperrte
Durchfahrtstraße.

glücklich … ein Leben her. Lange zurückgehaltene Tränen liefen mir über die Wangen.

Die Musiker spielten fast bis Mitternacht und packten erst, als sie ganz erschöpft waren, ihre Instrumente ein. Irgendjemand hatte ein Akkordeon und spielte einen Tango. Einige Paare tanzten. Szaja nahm mich bei der Hand und legte seinen Arm um meine Taille. Ich war erstaunt, daß er ein guter Tänzer war. Ich hatte mir diesen ernsten, in sich gekehrten Mann nicht auf dem Tanzboden vorstellen können. Aber es gefiel mir gut. Er hielt mich fest und wir tanzten, bis die Musik aufhörte. Auch jetzt machte niemand Anstalten zu gehen. Statt dessen setzten wir uns wieder auf den Fußboden und blieben bis in die frühen Morgenstunden. Voller innerer Ruhe und Zerstreuung gingen wir durch das Getto zu unseren Arbeitsplätzen. Ich fühlte mich glücklich.

In diesem Sommer und Frühherbst gingen wir zweimal nach Marysin, dem einzigen noch ländlich aussehenden, grünen Platz am Ende des Gettos. Dabei sahen wir einmal Chaim Rumkowski in seiner Kutsche an uns vorbeifahren. Er war gut angezogen und gut ernährt. Es hatte den Anschein, als gäbe es in seiner Welt keine Sorgen. Er wurde von den meisten von uns gefürchtet und gehaßt. Manchmal dachten wir aber auch voller Neid an ihn. Er schien unsere Entbehrungen nicht zu teilen. Er kannte nicht den Schmerz von Hunger und Kälte. Sogar sein Fahrer und sein Pferd sahen wohlgenährt aus. Er war den Deutschen für das gesamte Getto verantwortlich, oft schien es uns, daß er mehr auf ihrer als auf unserer Seite stand. Alle Verordnungen, die als Plakate im Getto erschienen, trugen seinen Namen und seine Unterschrift. Seine Launen und seine Macht waren gefürchtet.

»Szaja, wenn ich ihn jemals persönlich treffen sollte, auch wenn es ganz unwahrscheinlich ist, ich würde ihn um etwas zu essen bitten, nur um etwas zu essen.«

Szaja sah mich entsetzt an. »Du spielst mit dem Feuer. Rumkowski ist ein Schwein. Ich halte ihn nicht einmal mehr für ein menschliches Wesen. Vor zwei Jahren, als du noch nicht im Getto warst, hatte ich ein Lied geschrieben, über ein kleines Kind in einer Wiege, dessen Vater alles versuchte, um für seine Familie Brot und Milch zu bekommen, doch keinen Erfolg hatte. Rumkowski erfuhr davon und betrachtete es als ein Vergehen. Er bestrafte mich und erließ ein Verbot für alle von mir geschriebenen Lieder und Gedichte. Ich verdanke es einzig und allein der Fürsprache von Henryk Neftalin, daß er mich laufen ließ. Ich habe Rumkowski ein Versprechen geben müssen, ihn in allen meinen Gedichten und Texten zu ignorieren. Außerdem ist er als Mann bekannt, der es auf Frauen abgesehen hat, obwohl viele sagen, daß er impotent ist.« Ich war geschockt, doch auch neugierig auf Rumkowski.

Viel zu schnell war der Sommer in Herbst und dann in den Winter übergegangen. Der Frost war grausam. Jeden Tag lag eine Eisschicht auf dem Waschwasser im Eimer. Der tägliche Weg zur Arbeit in der Verwaltung am Kirchplatz 4 war beschwerlich geworden. Eisiger, messerscharfer Wind blies erbarmungslos Schnee und Hagel durch meine Kleidung und selbst durch die Nähte meiner Stiefel, bis meine Zehen sich so taub anfühlten, als wären sie nicht mehr Teil von mir. Der Hunger blieb unerbittlich, doch unsere Essenrationen waren im Vergleich zu früher noch weiter gekürzt worden.

Der Hunger ließ mich nicht schlafen. An diesem Morgen weckte mich mein leerer, grummelnder Magen kurz vor fünf Uhr morgens. Ich stand auf, warf die Bettdecke über meine Schultern und sah durchs Fenster in den stillen, dunklen Himmel. Die Fensterscheiben waren von Eisblumen bedeckt. Ich zeichnete ihre schönen Muster eine Weile mit dem Finger nach. Die Welt schien friedlich. Der Krieg, Hunger, Verzweiflung – alles war in diesem Moment vergessen. Es war ein schöner Morgen. Tanzende Schneeflocken wirbelten gegen die Fensterscheiben und wollten Einlaß, sie ließen sich langsam, Flöckchen für Flöckchen, still auf dem Fenstersims nieder. Der Schnee bedeckte den Boden mit seiner strahlend weißen und unschuldig glitzernden Pracht; eine Schicht aus frischen, aneinanderhaftenden Schneeflocken über der nächsten hatte sich über Nacht zu fast einem Meter Höhe aufgetürmt. Ich erinnerte mich an Schneeballschlachten, Schlittenfahren, Skilaufen in den Bergen, den Spaß und das Lachen vergangener Jahre.

Plötzlich klopfte es an meiner Tür und eine ungeduldige Männerstimme polterte:

»Aufmachen! Cecilie Landau! Beeilung, ich muß mit dir reden!«

Ich öffnete die Tür. Die Nachbarn, von dem Lärm aufgeschreckt, spähten vorsichtig aus ihren Zimmern heraus. Auch meine Mitbewohnerinnen waren erschrocken. Draußen stand ein sogenannter »Sonder«, ein Mitglied der jüdischen Getto-Polizei für besondere Aufgaben. Ich stellte mit Erleichterung fest, daß es einer von uns war und kein Deutscher. Er war groß, hatte blaue Augen und war noch sehr jung.

»Bist du Cecilie Landau?« Ich nickte nur.

»Du bist angeklagt worden. Beeil dich! Zieh dich an und komm mit.«

Für Sekunden hörte ich auf zu atmen. Auch er sah ziemlich verängstigt aus.

»Ich angeklagt, wo?«

»Bei der Kripo, Kriminalpolizei«, flüsterte er.

Dieses Wort wurde immer nur geflüstert. Es bedeutete, daß man in das Hauptquartier der Kripo mußte, ein Gebäude, in dem schon so viele getötet und gefoltert worden waren, so war es erzählt worden.

»Warum?« fragte ich ihn, meine Stimme zitterte.

Der »Sonder« sah verärgert und ungeduldig aus.

»Das weiß ich nicht; ich habe nur den Auftrag, dich abzuholen. Bitte beeil dich, es ist gefährlich, die Deutschen warten zu lassen!«

Allein der Gedanke an das kleine rote Haus in der Koscielna machte mich schwindelig. Es war das Haus, um das wir immer einen Bogen machten; die Straße, durch die wir nie gingen. Schon so viele von uns hatten dort hingehen müssen, nur wenige waren wiedergekommen. Es gab grauenvolle Gerüchte. Ohne Vorwarnung begannen sich die Muskeln meines leeren Magens in einem anhaltenden, schmerzhaften Krampf zusammenzuziehen. Angst hatte mich gepackt und ließ mich nicht mehr los.

»Gott, was habe ich getan?«

»Das weiß ich nicht. Ich hab nur den Auftrag, dich abzuliefern. Willst du dich bitte endlich beeilen! Wenn wir uns verspäten, wird es nur noch schlimmer.«

»Schlimmer? Ist es denn schlimm?«

Der Sonder gab keine Antwort. Szaja, sein Name schoß mir in den Kopf. Würde er es merken und sich Sorgen machen, wenn ich nicht zur Arbeit kommen würde? Ich hatte keine Möglichkeit, ihn zu benachrichtigen, ihm zu sagen, daß man mich angeklagt hatte. Was wäre, wenn ich nicht mehr wiederkäme? Er würde niemals wissen, warum und wohin? …

Der Sonder wechselte von einem Fuß auf den anderen, seine Ungeduld war deutlich zu merken. Ich beeilte mich, nahm meinen Mantel und mein Tuch.

Es war kurz nach halb sechs Uhr morgens, als wir das Haus verließen. Es war ganz still im Getto, wir begegneten nicht einer Menschenseele. Wir gingen schweigend vorwärts, nur den Schnee hörten wir unter unseren Sohlen knirschen. Obwohl es bitterkalt war, fühlte sich meine Haut heiß und verschwitzt an. Warum ich? Wie waren sie gerade auf mich gekommen? … Sie hatten doch keine Listen mit all unseren Adressen und Namen … Von 100.000 Menschen im Getto sollte ausgerechnet ein achtzehn Jahre altes Mädchen für jemanden wichtig sein? … Weswegen wollten sie mich anklagen? …

Ich mußte unaufhörlich an das Haus in der Koscielna denken. Was würden sie dort mit mir machen? Was erwartete mich dort? Ich wagte kaum, es mir vorzustellen. Doch schließlich waren wir vor dem Gebäude angekommen und gingen langsam die Treppen zur Vordertür hoch. Der Sonder öffnete die Tür, sagte ganz schnell meinen Namen, drehte sich wieder um und rannte hinaus. Er war in dem Moment, während ich den Raum betrat und die knarrende und quietschende Tür hinter mir schloß, wieder gegangen. Der Raum war bis auf den Schein einer kleinen Lampe fast dunkel. Es roch nach abgestandenen Essensresten und Zigarettenrauch. Aber es war wenigstens warm. Einen Moment lang starrte ich abgelenkt und voller Neid auf den grünen Kachelofen in der Ecke. Ein Deutscher betrat den Raum. Ich wartete in wachsamer Stille, während er selbstherrlich das Zimmer durchschritt. Er behielt sogar hier drinnen seinen schwarzen Hut und seinen schwarzen Ledermantel an. Seine Stiefel waren blankgeputzt. Sein Gesicht war rot und wohlgenährt. Eisigkalte, stahlgraue Augen starrten mich unter dem Hut heraus an. Ich stand gerade und blickte ihn an. Ich hätte schreien mögen, wagte es aber nicht. Durch meinen Kopf jagten Gedanken an diejenigen, die hier totgeschlagen worden waren, und an diejenigen, die hier zum Tode verurteilt wurden und unten auf dem Platz am Galgen hängen mußten. Das Töten allein war nicht genug für die Deutschen. Der Tod mußte immer auch ein Zeichen von Macht und Abschreckung sein. Wiederholt hatte man viele von uns mit Waffengewalt auf einem Platz zusammengetrieben, um uns Zeugen der SS-Justiz werden zu lassen. Dort ließ man die Toten tagelang hängen. Ich hatte von meinem Bürofenster aus sehen können, wie sie im Wind hin- und herbaumelten und lange Schatten auf die Erde warfen. Die Erinnerung daran schüttelte mich.

»Dein Name?«

»Cecilie Landau«, antwortete ich.

»Ich weiß, daß du ein Radio hast und Verbindungen zur Außenwelt hältst. Eine zuverlässige Quelle hat dies preisgegeben.« Er klang sehr überzeugt.

Ein Radio? ... Eine zuverlässige Quelle? ... Ich war wie gelähmt. Ich wußte, daß es im Getto Informanten gab, die ihr Leben dadurch fristeten, Kontakt zu den Deutschen zu halten und ihre Nachbarn zu verraten. Ein Mann war erschossen worden, weil er Essen von der nichtjüdischen, polnischen Seite geschmuggelt hatte; als ein verstecktes Radio gefunden wurde, hatte man den Besitzer gehängt. Aber warum sollte ein Mensch Informationen über mich verraten?

Ich schüttelte meinen Kopf.

»Los, nun rede schon!« brüllte er.

»Ich habe kein Radio, ich habe auch keine Verbindung zur Außenwelt.«

»Ich weiß es aber, warum belästigst du mich mit deinen Lügen?«

»Ich sage doch die Wahrheit, bitte glauben Sie mir«, flehte ich.

»Ich weiß, daß du lügst!«

Er lachte sein heiseres Lachen. Mit einer plötzlichen Bewegung riß er seinen Arm hoch und versetzte mir mit seiner Faust einen fürchterlichen, harten Schlag in meine linke Gesichtshälfte. Ich taumelte zur Seite. Mit Mühe richtete ich mich wieder auf, der

Schmerz machte es mir jedoch schwer, den Deutschen anzusehen. Was würde er als nächstes tun …?

»Du weißt, daß ich ein Geständnis aus dir rausprügeln kann. Warum ersparst du dir nicht die Schmerzen?«

»Ich habe doch kein Radio!« wiederholte ich verzweifelt.

Seine Faust schoß wieder auf mich zu, schlug mit aller Wucht gegen die linke Seite meines Kopfes und in mein Gesicht, zwei-, drei-, viermal … Ich konnte nicht mehr zählen. Blut lief an meinem beigefarbenen Mantel hinunter. Dumpfe Geräusche drangen in meinen Kopf. Mein linkes Ohr war voller pfeifender und klopfender Töne. Es dröhnte in meinen Ohren wie Straßenlärm, dann hörte ich lautes Knacken, ein Explodieren und schließlich – Stille. Mein Blick war verschwommen, der Raum begann sich um mich zu drehen. Er wollte ein Geständnis … Er wollte wissen, wo das Radio war … Sollte ich es zugeben, auch wenn ich gar kein Radio hatte? Aber ich konnte doch unmöglich eines herbeischaffen! Es war zum Verrücktwerden. Es konnte nicht gut ausgehen!

»Was ist mit nun dem Radio? Ich verliere langsam die Geduld mit dir!«

Er hielt mir seinen Revolver genau vors Gesicht. Mir wurde vor Schmerz schwarz vor Augen, ein schwerer, dunkler Schleier legte sich um meinen Kopf. Ich konnte kaum noch sehen. Die Augen waren schwer und rundherum zugeschwollen. Doch er hörte nicht auf, mich zu schlagen. Meine Beine wackelten und drohten einzuknicken. Ich hörte die Stimme des Deutschen wie aus einer fernen Welt. Meine gemurmelten Antworten waren allmählich unzusammenhängend. Doch ich machte einen letzten Versuch.

»Radio? Es gibt kein Radio. Mein Zimmer – kein Radio!«

Sein Gelächter war durchdringend, seine Worte gedämpft, seine Figur nahm ich nur verschwommen wahr. Seine große Faust schlug immer und immer wieder auf mich ein. Plötzlich trat gespenstische Stille ein. Es war absolut still. Seine Flüche waren verstummt. Ich hoffte, daß ihn die Situation langweilen würde, Haß und Gewalttätigkeit sich genügend Luft verschafft hatten und er sein grausames Spiel beendete. Mit einer plötzlichen Bewegung packte er meinen Rücken mit seinen Händen und schob mich zur Tür. Er öffnete sie und stieß mich die Treppe runter nach draußen. Ich fiel auf die weiße, naßkalte Schneedecke, Blutflecken in den glitzernden Schneeflocken hinterlassend.

Oben in der Tür stand der Deutsche noch immer lachend.

»Eine eifersüchtige Frau muß dich verraten haben!« brüllte er mir nach.

Ich war unfähig, meine Gedanken zu sortieren oder auch zu begreifen, was passiert war. Den kalten Schnee und den durchdringenden Wind zu spüren, linderte meine Schmerzen für einen Moment, und ich versuchte mich darauf zu konzentrieren, daß ich glücklich sein müßte, noch am Leben zu sein. Aber ich wußte, daß ich hier nicht liegenbleiben durfte, sondern schnell weg mußte. Wenn Szaja nur hier wäre und mir helfen könnte ... Aber ich war allein. Ich konnte kaum laufen, sondern schleppte mich kriechend von der Straße weg, jeder Schritt bereitete fürchterliche Schmerzen.

Mittlerweile war es Tag geworden, und im Getto begann das geschäftige Leben. Aber wo waren heute die üblichen Geräusche und der Krach? Sie waren nur schwach zu hören und schienen aus großer Entfernung zu kommen. Langsam und vorsichtig drehte ich meinen Kopf von einer Seite zur anderen. Durch das rechte Ohr hörte ich ganz deutliche Geräusche. Doch das linke? Nichts! Die Faustschläge ... wie schwer mochte die Verletzung sein? Vielleicht war sie für immer? Ich sagte mir, daß es nur vorübergehend sei, und daß das Ohr heilen werde.

Menschen eilten zu ihren Arbeitsstellen, sahen mich an und gingen weiter, keiner blieb stehen. Sie hatten Ähnliches schon gesehen. Endlich erreichte ich auf Händen und Knien das Haus, in dem ich wohnte, und schleppte mich irgendwie die richtigen Stufen hoch in den dritten Stock. Schließlich angelte ich aus meiner Tasche die Schlüssel. Doch halfen sie nichts, ich konnte das Schlüsselloch nicht erkennen. Wie blind tastete und probierte ich, nach Minuten endlich faßte der Schlüssel, und die Tür sprang auf. Ich war allein. Meine Mitbewohnerinnen waren schon bei der Arbeit. Ob vielleicht eine Nachricht von Szaja unter der Tür lag? Nein – nichts lag dort. Er hatte nicht nach mir gesucht ...

Ich fiel auf mein Bett. Das Kissen und die Laken waren bald voller Blut. Die pochende Stille in meinem linken Ohr war lähmend. Ich fragte mich, ob mich tatsächlich jemand denunziert hatte oder ob ich nur ein zufälliges Opfer irgendeiner SS-Strategie war ... Aber ich verjagte diesen Gedanken wieder. Denn ich lebte ja noch. Ich hatte überlebt! Dankbar beobachtete ich jede kleine Atemwolke, die in der eisigen Luft über meinem Bett aufstieg.

Am nächsten Morgen ging ich wieder zur Arbeit. Die Verletzungen in meinem Gesicht waren nicht zu verstecken. Jeder sah es. Doch keiner wagte zu fragen. Sogar Szaja tat so, als ob alles normal und nichts vorgefallen wäre. Doch ich war sicher, daß die Flüsterpropaganda im Getto bis in dieses Büro gelangt war, daß alle von meinem Besuch bei der Kripo und den Mißhandlungen wußten. Ich selbst wollte nicht über die Schläge reden. Es war zu schmerzvoll. Ich fühlte mich verletzt und sehnte mich verzweifelt nach Trost. Doch ich bekam nichts, keinerlei Zuspruch. Das linke Ohr war taub, ich hatte jedoch die feste Hoffnung, daß sich das ändern würde.

Die Tage vergingen. Eines Nachmittags spürte ich, wie sich eine Hand sanft auf meine Schulter legte. Ohne mich umzudrehen, wußte ich, daß es nur Szaja sein konnte, und war einen Augenblick lang voller Ruhe. Ich spürte seine stille Anteilnahme, seine Liebe und seine Sorge um mich. Er mußte erfahren haben, was geschehen war. Aber sein Schweigen zeigte mir, daß er niemals fragen würde. Er tippte mir sanft auf die Schulter, ich drehte mich zu ihm um. Sogar die dicke, schwarzumrandete Brille konnte die Traurigkeit und das Mitleid in seinen braunen Augen nicht verbergen.

»Ich habe mit dir gesprochen, aber du hast mich nicht gehört! Wenn du nicht in mein Gesicht oder auf meine Lippen siehst, reagierst du gar nicht! Ich bin besorgt.«

Ich zuckte die Achseln, war aber erschüttert darüber, daß der Ausgleich, den ich für mein mangelndes Gehör intuitiv geschaffen hatte, so auffällig war. Ich hatte es mir in den vergangenen zwei Wochen angewöhnt, mein rechtes Ohr dem Sprecher zuzudrehen. Außerdem hatte ich angefangen, Lippen zu lesen.

»Bitte, tu mir den Gefallen«, bat mich Szaja. »Geh zu Dr. Kronenberg. Ich kenne sie seit meiner Kindheit. Sie ist eine gute Ärztin und sehr verständnisvoll. Sie hat mir versprochen, daß du heute nachmittag zu ihr gehen kannst. Bitte geh, mir zuliebe. Der

Schmerz in deinen Augen berührt mich tief. Manchmal ziehst du dich in deinen Gedanken ganz weit an einen dunklen Ort zurück.«

Ich stimmte seinetwegen zu. Aber ich merkte, daß meine eigene Zurückhaltung in der Furcht vor der Erkenntnis begründet lag, daß mein Gehör für immer zerstört blieb.

Szaja gab mir einen Zettel mit der Adresse der Ärztin, und ich verließ das Büro kurz nach achtzehn Uhr. Ich fand das Gebäude ohne Schwierigkeiten. Der Innenhof war heruntergekommen, der Bau an sich war grau und reparaturbedürftig wie alle Getto-Wohnungen, das Treppenhaus unbeleuchtet und schmutzig. Im zweiten Stock fand ich am Ende des Ganges die Tür mit dem Namensschild »Kronenberg«.

Der kleine Raum war voll wartender Patienten. Sie saßen schweigend im Halbdunkel, und ich setzte mich zu ihnen. Ich sah mich um, blickte einen großen, noch jungen Mann mit einer verbundenen Hand an, dann das zehn oder zwölf Jahre alte Mädchen mit einem in ein Bündel gehüllten Säugling in ihrem Arm; die ältere Frau mit eingefallenen Augen und fahler Haut, den kleinen Mann mit schneeweißem Bart. Er trug Pantoffel an den Füßen und stützte sich auf einen Stock. Einen Moment lang sahen alle auf mich, den Neuankömmling, doch als ich mich zu ihnen setzte, verloren sie das Interesse an mir.

Es war ein langes, ermüdendes Warten, und ich war mehrfach drauf und dran, wieder zu gehen. Doch ich blieb, schließlich müßte ich ohnehin irgendwann die Wahrheit erfahren. Es war schon Abend, als ich Dr. Kronenberg endlich sprechen konnte.

Sie war eine kleine Frau. Sie hatte ihre schweren grauen Haare zu einem dicken Zopf auf dem Kopf zusammengesteckt. Ich schätzte sie auf Mitte fünfzig. Sie war sehr dünn. Die Gettojahre hatten ihre Spuren hinterlassen. Sie hatte helle, durchdringende Augen. Ihre Bewegungen waren schnell und ungeduldig.

»Was kann ich für dich tun«, fragte sie unvermittelt.

»Ich habe Probleme mit dem linken Ohr.«

Sie nickte und begann, ohne ein Wort zu sagen, mit röhrenartigen Instrumenten mein Ohr zu untersuchen. Schließlich schlug sie mit einer Stimmgabel gegen ihr Knie und führte sie dann zu meinem linken Ohr.

»Hörst du etwas?«

Ich schüttelte den Kopf. Nun machte sie die gleiche Probe auf der rechten Seite, ich hörte hell klingende Töne. Sie legte ihre Instrumente wieder auf einen kleinen Tisch zurück und setzte sich mir gegenüber. Wir blickten uns an, ohne ein Wort zu sprechen.

»Bist du geschlagen worden?«

»Ja«, war meine kurze Antwort.

Ihre Finger betasteten vorsichtig die Narben auf meiner linken Gesichtshälfte. »Wann?«

»Vor zwei Wochen!« erwiderte ich.

Sie sah nachdenklich aus und erklärte mir schließlich voller Anteilnahme:

»Es tut mir leid, aber ich kann dir nicht helfen. Du wirst dich daran gewöhnen müssen und nur mit einem Ohr hören. Unsere medizinischen Möglichkeiten hier im Getto sind extrem schlecht. Das weißt du selbst. Vielleicht, aber nur vielleicht, wird man nach dem Krieg etwas für dein Gehör tun können. Ich bin aber nicht sicher.«

Ich begann zu weinen, kurze, erstickte, ohnmächtige Tränen. Dr. Kronenberg saß da und wartete, bis ich mich beruhigt hatte. Es gab nichts mehr zu sagen. Wir gaben uns die Hand, ich reichte ihr einen Zwanzig-Mark-Schein Getto-Geld, mehr hatte ich nicht.

Daran gewöhnen müssen ... es klang einfach, und doch wieder nicht. Doch war ich glücklich, überhaupt zu leben. Ich konnte nur hoffen und beten, und jeden einzelnen Tag leben!

Trotz der späten Zeit wartete Szaja auf mich im Büro. Er sah mein tränenüberströmtes Gesicht, fragte jedoch auch jetzt nichts. Ich war ihm dafür dankbar. Er küßte mich sanft auf die linke Gesichtshälfte, und ich spürte, wie seine Tränen über meinen Kopf rannen. Er wandte sich um und verließ das Büro, indem er die Tür ganz leise hinter sich schloß. Er hatte gefühlt, daß ich allein sein wollte. Erst viel später, nachdem ich mich wieder beruhigt hatte, konnte ich nach Hause gehen.

Noch bevor ich das regelmäßige Klacken von Schritten hinter mir hörte, spürte ich, daß mir jemand folgte. Als ich mich umdrehte, blieb auch die mir folgende Person plötzlich stehen, so daß wir uns gegenüberstanden. Erleichtert atmete ich auf. Vor mir stand eine kleine Frau, vielleicht Ende dreißig. Ein schwarzer, abgetragener Mantel schlotterte um ihren abgemagerten Körper. Sie hatte ihr rötlich-blondes Haar mit einer Metallklammer hinten zusammengesteckt. Aus ihrem müden, eingefallenen Gesicht blickten graue Augen. Regungslos stand sie vor mir und starrte mich an.

»Du bist Cecilie Landau?« fragte sie in zornigem Tonfall. »Ja, aber woher kennst du mich? Wer bist du?« »Rena, Szajas Frau!«

Szajas Frau! Die Wörter explodierten in meinem Kopf. Natürlich! Ich wußte doch, daß es sie gab. Aber Szaja hatte sich konsequent geweigert, mir mehr über sie zu erzählen als das, was er bei unserem ersten gemeinsamen Fußweg gesagt hatte. Und nun stand sie vor mir, jeden Zentimeter meines Gesichtes und meines Körpers abschätzend. Im hellen Mondlicht zeichnete sich ihr Körper als langer Schatten zu ihren Füßen ab.

Mit aufgewühlter Stimme zischte sie: »Ich will, daß du Szaja fernbleibst. Laß ihn in Ruhe! Wenn du das nicht machst, werde ich zur Kripo gehen und ihnen deinen Namen geben!«

»Die Kripo...?« flüsterte ich. »Ihnen meinen Namen geben?«

Plötzlich fiel es mir wie Schuppen von den Augen. Ich erinnerte mich an die Stimme des Deutschen: »Eine eifersüchtige Frau muß dich angezeigt haben!«

»Du? Du hast mich angezeigt?« rief ich. »Du hast das getan? Was für ein Mensch bist du nur, daß du so etwas einem anderen Juden antun kannst? Und nun drohst du mir wieder?«

Ich konnte sie nicht mehr ansehen. Meine Wut machte mich fast blind. Wie hatte sie so etwas tun können? Ich war nie im Leben so voller Zorn gewesen. Als ich ihr wieder ins Gesicht sah, ein Gesicht voller Haß und Rache, fühlte ich genauso, daß ich fast in der Lage gewesen wäre, sie zu schlagen. Ich wußte, daß ich ihr niemals verzeihen würde, was sie getan hatte. Ich konnte ihre Gegenwart nicht länger ertragen, drehte mich um und lief fort.

In dieser Nacht hielten mich endlose Gedanken und Fragen wach. Ich versuchte mir darüber klar zu werden, was ich tun konnte. Sollte ich Szaja davon erzählen? Wußte er schon alles? Vielleicht hatte sie ihm erzählt ... auch ihm gedroht? Sollte ich ihn doch weiterhin treffen? Würde sie mich erneut anzeigen? War meine Liebe zu Szaja so wichtig, daß ich mein Leben riskierte?

Nach dieser schlaflosen Nacht voller quälender Unsicherheit entschloß ich mich, Szaja nichts von der Begegnung zu erzählen und ihn weiterhin zu treffen. Es waren nur noch wenige Freunde geblieben, folgerte ich. Ich war mir über das Risiko vollkommen im klaren, aber ich brauchte Szaja, seine Liebe, seine Gesellschaft, seine Nähe und Aufmerksamkeit. Wenn Szaja meine innere Unruhe spürte, blieb er zurückhaltend und wagte nicht, nach dem Grund zu fragen. Ich hatte große Angst, ihn zu verlieren.

In der darauffolgenden Woche kam Rumkowski, um unser Büro zu kontrollieren. Ich war aufgeregt und fürchtete mich vor diesem launischen Mann. Ich hatte Angst davor, daß er mich in eine Fabrik schicken könnte, wo ich harte körperliche Arbeit leisten müßte. Aber Elli und ich, mitsamt etwa fünfzig weiteren jungen Frauen, hatten Glück. Wir wurden ausgesucht, um in einer neu eingerichteten Abendküche für Arbeiter zu arbeiten. Ich sollte in die Küchenverwaltung. Die anderen Mädchen hatten als Bedienung zu arbeiten. Zusätzlich zu unserer Mittagssuppe sollten wir einen Teller mit ein wenig Fleisch, Gemüse und einer halben Kartoffel bekommen. Ein Festessen!

Ich konnte kaum abwarten, Szaja davon zu erzählen. Aber anstatt sich mit mir darüber zu freuen, war er sehr böse. Wieder startete er seine Schimpftirade auf Rumkowski.

»Ich hasse den Gedanken, daß du für dieses Schwein arbeitest. Ich habe dir doch erzählt, daß er nicht gut ist. Paß auf dich auf!«

Szajas Augen waren haßerfüllt. Doch wußten wir beide, daß es keine Möglichkeit für mich gegeben hatte, das Angebot auszuschlagen.

»Aber wir haben dann ein bißchen mehr zu essen!« erklärte ich aufgeregt, um ihn umzustimmen.

»Sei bitte nur vorsichtig, ganz vorsichtig! Er ist ein Schwein, ein Kinderschänder und ein Wüstling!«

Sobald ich konnte, brachte ich Szaja von meinem Abendessen ein kleines Stück gehacktes Pferdefleisch, das ich sorgfältig in Papier gewickelt hatte und ihm gab, als er mich abends abholte. Er schlang das Fleisch gierig hinunter. Er sagte niemals ein Dankeschön. Der Hunger entschuldigt solche Roheit, erklärte ich mir zum Trost. Aber es wunderte mich doch.

Kurze Zeit später begann ich in der Küche zu arbeiten und sollte bald auch Szajas Warnung verstehen. Rumkowski kam jeden Abend, um unsere Arbeit zu kontrollieren. Einige wurden von ihm gelobt, einige wurden beschimpft und wieder andere schlug er mit seinem Stock. Eines Abends, als ich allein im Büro der Küche arbeitete, betrat Rumkowski den Raum, nahm sich einen Stuhl und setzte sich.

»Hast du Familie in Palästina?«

»Die beiden Brüder meines Vaters«, antwortete ich.

»Ich möchte dein Versprechen«, fuhr er fort, »daß du sie nach dem Krieg bittest, mir zu helfen.«

Ich war erstaunt, aber nickte zustimmend. Rumkowski würde Hilfe brauchen? Warum sorgte er sich um die Zukunft? Hatte er Angst vor der Rache seiner jüdischen Leidensgenossen, oder hatte er Angst vor den Deutschen?

Am folgenden Abend kam er wieder und setzte sich an meinen Schreibtisch.

»Ich möchte, daß du umziehst«, sagte er mit großer Entschiedenheit. »Über der Küche ist ein kleiner, netter Raum, in dem ich dich besuchen könnte.«

Jetzt war mir Szajas Warnung mit aller Eindringlichkeit im Kopf, hilflos begann ich zu weinen.

»Bitte, lassen Sie mich, wo ich bin. Bitte, bitte.«

Ein harter Schlag mit dem Stock traf meine Schulter.

»Nach allem, was ich für dich getan haben, wagst du es, dich zu weigern?« Er brüllte fürchterlich.

Ich hatte großes Glück. Drei Tage später wurden die Küchen auf Befehl der Deutschen wieder geschlossen. Damit waren auch unsere Lebensmittelzugaben beendet, und Elli und ich wurden zur Arbeit in eine Sattlerei versetzt.

Es war ein langer Weg zu dieser Arbeitsstelle, der abendliche Rückweg sehr kräftezehrend. Wie gewohnt, freute ich mich in den Abendstunden auf Szaja. Doch eines Abends, ohne dies angekündigt zu haben, erschien er nicht. Auch am nächsten Abend wartete ich, doch wieder wurde ich enttäuscht. Nacht für Nacht der nun folgenden Wochen wartete und hoffte ich, daß er kommen würde. Unser Ritual, das vor zwölf Monaten begonnen hatte, war beendet.

Ich weinte viel. Aber ich wagte nicht, den Versuch zu machen, ihn aufzusuchen. Ich fürchtete seine eifersüchtige Frau und das, was sie mir zufügen könnte. Ich versuchte, mich damit zu beruhigen, daß es so besser sei, aber die Einsamkeit war schwer auszuhalten. Tage und Wochen vergingen. Noch immer hatte ich Liebeskummer und den Wunsch zu erfahren, warum Szaja nicht mehr zu mir kam. War seine Liebe zu Ende? Hatte er mich überhaupt jemals geliebt? Nahm er mir übel, daß ich für Rumkowski gearbeitet hatte? Oder hatte auch er vor der möglichen Rache seiner Frau Angst? Meine Fragen blieben ohne Antwort. Das einzig Beständige war der gnadenlose Alltag im Getto.

Es war Anfang 1944. Elli und ich waren auf unserem Weg zur Arbeit, als wir, wie gewohnt, haltmachten, um einen Blick auf die überall im Getto aushängenden Deportationslisten zu werfen. »Die folgenden Personen haben sich binnen sechsunddreißig Stunden für die Umsiedlung in ein anderes Lager bereitzuhalten.« In der Spalte mit dem Anfangsbuchstaben »L« erschien mein Name: Cecilie Landau. Voller Entsetzen griff ich nach Ellis Arm.

»Mein Name, Elli, mein Name ist auf der Liste. Warum ich? Ich möchte nicht weg … Ich möchte hierbleiben«, weinte ich.

»Ich habe Angst davor, wegzumüssen. Was kann ich tun? Die Schrecken hier im Getto kenne ich, aber an irgendeinem anderen Ort, inmitten fremder Menschen, mit allem Grauenvollen ganz allein? Ich möchte bleiben. Ich habe solche Angst!« Meine Stimme zitterte.

»Alles, was wir tun können, ist, jemanden zu finden, der Beziehungen hat«, sagte Elli.

Obwohl ich mich immer noch nicht traute, Szaja gegenüberzutreten, wußte ich, daß er meine einzige Hoffnung war. Elli schien meine Gedanken zu lesen.

»Vielleicht Szaja? Ich werde heute abend nach der Arbeit zu ihm gehen und mit ihm reden. Er kennt jeden im Getto und vielleicht ist er bereit, zu helfen.«

Ich stimmte zu, hatte aber nicht sehr viel Hoffnung.

Ich wußte, daß Elli während der nächsten acht Arbeitsstunden keine Gelegenheit haben würde, irgendjemanden zu treffen. Wertvolle Zeit mußte ungenutzt verstreichen. Am Abend sah ich die

Liste erneut durch und hoffte auf einen Irrtum, aber mein Name stand immer noch da. Ich verbrachte die Nacht schlaflos und grübelnd, fand jedoch keinen Weg, ohne Hilfe eines einflußreichen Menschen im Getto bleiben zu können. Am nächsten Morgen beeilte ich mich, Elli an der Holzbrücke zu treffen.

»Ich habe gestern abend mit Szaja gesprochen«, begann Elli, »ich habe ihm erzählt, daß du deportiert werden sollst. Er hat gesagt, daß er versuchen wird, etwas zu tun. Er kann aber nichts versprechen.«

Wir gingen schweigend bis zur nächsten Ecke, um hier erneut auf die Liste zu sehen. Es hatte sich nichts geändert. Die Stunden während der Arbeit vergingen zäh und langsam. Ich betete, hoffte und weinte. In der Mittagspause sah ich wieder nach den Listen. Nichts hatte sich geändert. Ich hatte noch acht Stunden Zeit. Dann würde es zu spät sein. Ich wußte, daß mich die Getto-Polizei suchen und abholen würde, wenn ich nicht am Bahnhof erschiene. Ich fühlte mich in diesen Stunden so verzweifelt wie nie. Abends verließen wir hastig die Sattlerei und liefen wieder zu den ausgehängten Listen. Mein Finger glitt schnell die Liste der »L's« hinunter – keine »Landau«! Ich überprüfte es ein zweites Mal. Mein Name war gestrichen worden. Ich holte langsam und tief Atem. Ich war erleichtert, aber vollkommen erschöpft.

Am folgenden Abend ging ich nach der Arbeit in Szajas Büro. Er schien überrascht, mich zu sehen.

»Ich möchte dir für deine Hilfe danken«, sagte ich. »Ich werde immer daran denken, was du für mich getan hast – immer!«

Er sah mich an, sprach aber kein Wort. Wir gaben uns die Hand, es war fast so wie bei unserem ersten Treffen, und doch anders. Was war nur mit unserer Liebe, unserer Freundschaft geschehen? Wie war es möglich, daß er nichts erklärte? So verließ ich sein Büro voller Dankbarkeit, aber sehr unglücklich. Wochen später verbreitete sich das Gerücht, daß alle Menschen dieses »Umsiedlungs-Transportes« ums Leben gekommen seien. Szajas Geschenk für mich – mein Leben. Mich schauderte bei dem Gedanken, daß ein anderer an meiner Stelle umgekommen war.

Sechs Monate später, im August 1944, kam der Befehl, das Getto endgültig aufzulösen. Die Deutschen begannen, Straße für

Straße mit Barrikaden zu sperren, so daß wir bald auch keinen Zugang mehr zu unseren Räumen hatten. Einige von uns versuchten, sich zu verstecken, doch sie wurden von der Getto-Polizei und den Deutschen aufgegriffen. Für mich machte es jedoch keinen Unterschied mehr. Kurz bevor sie in die Pawia kamen, packte ich meine kleine Tasche und ging zu den Zügen. Reihe für Reihe verdreckter Viehwaggons warteten darauf, uns fortzubringen – wohin? Wir wußten es nicht. Ich befand mich in einem Zustand völliger Gleichgültigkeit. Meine Gedanken kreisten um Szaja. Wo mochte er sein? Ich war unsicher. Hatte auch er das Getto verlassen müssen? Würden wir uns je wiedersehen?

Leuchtende Sterne
Nacht für Nacht
Standest du
Draußen vor meiner Tür
Schweigend
Und traurig

Ich wußte es nicht.

Als wir uns trafen
Unter leuchtenden Sternen
Fand ich keine Worte
Dir zu sagen
Was mein Herz empfand.

Auschwitz

August 1944

Nach vier langen Tagen mit ständigem Anhalten und Weiterfahren machte der endlos lange, dreckbespritzte Zug abrupt Halt. Die stickigen, ekelerregend riechenden Viehwaggons hatten uns aus dem Getto Lodz an dieses noch unbekannte Ziel gebracht.

Ich hatte Freundschaft mit Elli geschlossen, die ich vor zweieinhalb Jahren im Getto kennengelernt und mit der ich gemeinsam in der Verwaltung, der Abendküche und zuletzt in einer Sattlerei gearbeitet hatte. Jetzt saßen wir zusammengekauert, still und voller Angst, ohne zu wissen, wo wir uns befanden, warum und was uns außerhalb der Dunkelheit der verschlossenen Türen erwartete. Meine Uhr zeigte vier Uhr früh. Von draußen hörten wir großen Krach: Geschrei in deutscher Sprache, das metallisch harte Klackern von Stiefelabsätzen und bellende Hunde, die von draußen aufgeregt an den hölzernen Waggonwänden kratzten.

Plötzlich wurden die Türen entriegelt und aufgeschoben. Der noch nachtschwarze Himmel wurde von großen, hellstrahlenden Scheinwerfern an einer Rampe erleuchtet. Ich blinzelte mit den Augen und versuchte, mich nach vier Tagen vollkommener Dunkelheit an das gespenstisch grellgelbe Licht draußen zu gewöhnen. Durch Lautsprecher verstärkte Kommandos drangen an unsere Ohren:

»Raus, raus! Aber schnell, beeilt euch, in Reihen antreten!«

Es lag eine bedrohliche Dringlichkeit in diesen deutschen Kommandos, und wir kletterten eiligst aus den Waggons. Elli und ich standen dicht beieinander, zwei ängstliche, junge Frauen.

»Wo sind wir? Was ist dies für ein Ort?« flüsterte ich.

Ein junger, hagerer Mann in graublau gestreifter Hose mit einem ebensolchen langen Hemd und Kappe hörte es. Er trug eine rote Armbinde mit der Aufschrift »KAPO«. Seine eingefallenen Augen sahen uns ungläubig an.

»Auschwitz! Dies ist Auschwitz! Wollt ihr mir erzählen, daß ihr nie von diesem Ort gehört habt?« Er sprach polnisch.

Wir schüttelten die Köpfe. »Wer bist du? Was ist ein KAPO?« fragte Elli.

»Lagerpolizei; aber ich bin auch ein Gefangener und wie ihr ein Jude!« antwortete er.

»Niemand im Getto von Lodz hat jemals von diesem Ort gehört«, flüsterte Elli.

»Das ist unglaublich, denn ich bin hier schon fast zwei Jahre! Kennt ihr jemanden mit dem Namen Luba? Ich suche meine Schwester. Vielleicht ist sie mit euch gekommen?«

»Luba? Wir kennen keine Luba – aber du kannst weiter herumfragen.«

Als sich uns Deutsche in ihren sauberen und gut gebügelten SS-Uniformen näherten, drehte sich der KAPO um und lief weg. Es waren hier etwa eintausend von uns, die fassungslos um sich blickten. Kleine Kinder schrien. Ihre entsetzten Eltern drückten sie fest an sich und flüsterten ihnen zur Beruhigung sanft ins Ohr. Die Deutschen, voller Ungeduld für Ordnung sorgend, stießen und schoben mit ihren Gewehrläufen in die Masse menschlicher Körper, bis wir uns in Fünferreihen aufgestellt hatten.

»Männer nach rechts! Frauen nach links!« brüllte eine Stimme.

Jeder bewegte sich nur ganz langsam und zögernd. Ehemänner, Frauen, Schwestern und Brüder, Eltern und Kinder waren geschockt von dem Gedanken, sich trennen zu müssen und hielten verzweifelt aneinander fest. Aber unerbittlich schnell sausten Gewehrläufe auf die fest umklammerten Finger. Es gab kein Abschiednehmen mehr, nur Weinen und gebrochene, blutende Hände. Elli und ich wurden auf die linke Seite gestoßen, ihr Vater und ihr älterer Bruder auf die andere Seite. Unmittelbar danach waren sie schon mit anderen weggetrieben worden.

»Was passiert mit ihnen? Wo werden sie hingebracht?« flüsterte Elli verzweifelt.

Ich schüttelte den Kopf. Alles passierte rasend schnell, wir hatten weder das Vorgehen noch seinen Sinn begriffen.

»Frauen, vorwärts«, wiederholten die Deutschen. »Du nach rechts, du nach links!«

Nach einigen Minuten wurde erkennbar, daß die älteren Frauen und Kinder von dem Rest von uns, den noch jüngeren und stärkeren, getrennt wurden. Ich sah auf meine Uhr: vier Uhr zehn Minuten. Es waren also erst Minuten vergangen, seit wir die Züge verlassen hatten. Schmerzen und Qualen, Leben und Tod – entschieden in Sekunden – nach den Launen der deutschen SS! Mein Kopf war in Aufruhr. Was jetzt? Was kommt als nächstes? Verwirrt sah ich mich um. Einige von uns standen wie versteinert still, entsetzt, andere weinten, einige murmelten unverständliche Töne, wimmerten.

»Laßt eure Taschen fallen! Ihr bekommt sie später wieder«, schrie ein Deutscher direkt vor uns.

Elli ließ ihre Tasche sofort fallen, aber ich war entschlossen, meine zu behalten. In ihr waren mein Paß und die einzigen Dokumente, die meine physische Existenz bezeugen konnten:

»Cecilie Landau.« Elli riß mir die Tasche aus der Hand und warf sie auf den Boden.

»Du hast dir gerade Schläge erspart!« kreischte der Deutsche. »Kolonne, marsch!«

Wir gingen vorwärts, den vor uns Gehenden folgend, wurden wir in eine große, niedrige Baracke getrieben. »Nackt ausziehen! Faltet eure Kleider ordentlich zusammen. Legt alle Wertsachen ab und legt sie vor euch auf den Fußboden, geht dann rüber auf die linke Seite. Vergeßt nicht, ich sagte: alle Wertsachen!«

Die Stimme hinter uns war laut und drohend. Wir taten, was uns befohlen wurde. Vollkommen nackt warteten wir stehend und zitternd in dem verschwitzten Raum. Zum ersten Mal nahm ich unsere Umgebung wahr. Der Raum hatte keine Fenster, war aber hell erleuchtet. Die Wandlampen reflektierten die Schatten eines Durcheinanders menschlicher Gestalten. Der scheußlich stickige Geruch schwitzender Körper hing in der Luft. Stimmen männlicher und weiblicher SS-Wachen brüllten unaufhörlich Kommandos. Zeitweilig schienen sie sich Witze zu erzählen, sie lachten rauh und durchdringend, ihre Stimmen rangen nach Fassung. Ich fühlte eine nie gekannte Angst.

Wir standen da wie eine Schar aufgescheuchter Vögel. Kein Wort kam über unsere Lippen. Wir ahnten neue, bisher unbekannte Schrecken, aber jede behielt ihre Gedanken für sich. Ellis Hand, feucht und klebrig, griff nach meiner, ihre Nägel gruben sich in mein Fleisch. Jede hielt die Angst der anderen in ihren zitternden Händen. Ich sah geradeaus, und mein Herz raste, daß ich nicht schlucken konnte. Ein in unserer Nähe stehender KAPO, eine dunkelhaarige Frau von etwa dreißig Jahren, murmelte mit leiser Stimme:

»Bisher haben wir den Neuankömmlingen Nummern eintätowiert.«

Sie deutete auf ihren linken Arm und zeigte uns sechs blaue Ziffern mit einem »A« davor.

»Aber statt dessen werden wir jetzt eure Köpfe kahlscheren.« Sie klang müde und gleichgültig.

»Unsere Köpfe scheren?« fragte Elli fassungslos. »Warum? Warum Nummern?«

Der KAPO schwieg.

»Bitte, kann ich nicht mein Haar behalten?« flehte Elli mit tränenerstickter Stimme.

Der KAPO sah uns ungeduldig und verärgert an.

»An diesem Ort nimmt man, was man kriegt – wenn man was kriegt! Du hast noch eine Menge zu lernen!«

Sie drehte sich erbost um und ging weg. Ellis Augen sahen gläsern aus, ich sah, wie sich um ihre geröteten Lider Tränen sammelten.

Dann gab es plötzlich Aufregung. Die Deutschen rissen einige Frauen aus den Reihen.

»Geradestehen!« schrien sie. »KAPOS, Haare scheren!«

Die KAPOS gehorchten. Mit der linken Hand hielten sie Haarbündel, während sie mit der Rechten den Haarschneider führten. Wir sahen mit Entsetzen zu. Wir wußten, daß uns das gleiche erwartete. Die Haarschneider machten gute Arbeit, sie wanderten an den Köpfen rauf und runter, bis nichts als blanke Schädel übrig waren.

Elli sah mich an und fragte in kaum hörbarer Stimme: »Und danach?« Ich hatte keine Zeit mehr für eine Antwort, Elli wurde weggezogen. Sekunden später sah ich ihre schwarzen Locken auf dem Boden liegen. Minuten später war sie nicht mehr die Elli, die ich kannte. Ich konnte sie kaum wiedererkennen. Ihr Kopf war ein runder, weißer Ball. Ihre braunen Augen starrten mich glasig und leer an. Mir schossen die Tränen in die Augen.

Aber bevor ich weinen konnte, wurde mein Arm brutal gepackt, und eine stämmige SS-Frau schob mich weiter. Der KAPO neben ihr riß mein langes, braunes Haar nach oben und setzte die Rasur fort, indem sie den Haarschneider von meinem Nacken nach oben, und weiter bis zur Stirn, dann wieder zurück führte, immer und immer wieder. Die Haare fielen auf meine nackten Schultern und glitten zu Boden. Strähnen und Haarbüschel bedeckten meine Füße und blieben an meinen feuchten Zehen hängen. Ich starrte auf die braunen Locken, dann auf die SS-Frau. Sie war korpulent und schien für ihren ausladenden, gut genährten Körper in eine viel zu enge Uniform gezwängt zu sein. Sie war etwa fünfunddreißig Jahre alt, hatte krauses blondes Haar und war keine 1,50 m groß. Ihre schielenden Augen waren hinter dicken, randlosen Brillengläsern versteckt. Sie lachte viel und schien jede Minute unserer Demütigung und Erniedrigung zu genießen.

Blanker Haß, Angst und Schmerz vermischten sich in mir, bis ich lautlos weinte und Rache schwor. Als wenn sie meine Gedanken gelesen hätte, schlug mir die SS-Frau mit dem Rücken ihrer Hand ins Gesicht. Mein Kopf prallte zurück, doch der KAPO fuhr unbeirrt mit dem Schneiden fort, bis kein Haar mehr übrig war. Sie rasierte sogar meine Achselhöhlen und die übrigen Körperhaare. Ich konzentrierte mich auf meinen Haß. Haß auf diese Person, Haß auf die Deutschen, die mich zu dieser schwitzenden, nackten Kreatur, ohne Haare, ohne Würde erniedrigt hatten. Für sie war ich kein menschliches Wesen mehr. Nur ein austauschbarer Jude.

Waren mein Vater und meine Schwester auch an so einem Ort gewesen? Waren sie hier ermordet worden oder in einem Lager wie diesem?... Was hatten sie wohl empfunden?... Ich würde es niemals erfahren...

Mich verlangte danach zu weinen, um mich zu schlagen, zu kratzen.

Doch statt dessen stand ich in schweigender Wut da. Ich sah auf die Berge von Haaren um mich herum. Haare aller denkbarer Schattierungen. Was wollten sie mit all diesen Haaren machen, fragte ich mich. Einge Minuten standen wir regungslos da. Dann spürten wir die Hände der KAPOS, die uns zu Schwingtüren schoben.

In diesem Augenblick war ich durch die Spiegelung in einer der oberen Glasverkleidungen an der Tür wie gelähmt: ein ovaler, kahlgeschorener Kopf mit zwei dunklen Augen und großen, abstehenden Ohren. Ein fürchterlicher Anblick! War ich das? Ich hob meine Hände, um meinen Kopf zu befühlen, aber der Schock der Spiegelung wirkte derart, daß ich sie unwillkürlich wieder fallen ließ, unfähig zu glauben, daß dieser Alptraum ich selbst war.

Die stämmige SS-Frau folgte uns dicht auf den Fersen, mit kreischender Stimme sagte sie einer anderen Wache:

»Was für ein häßlicher Haufen! Zu schade, daß die Gaskammern heute überfüllt sind. Aber wir werden sie an einem anderen Tag kriegen. Wir haben genug Zeit, solange sie noch da sind!«

Ihr grell-fröhliches Lachen erfüllte uns mit Vorahnungen. Was würde als nächstes passieren?

Dichtgedrängt wurden wir in einen großen, gekachelten Raum geschoben. Eiserne Duschköpfe hingen von der Decke herab. Sprachlos vor Entsetzen sahen wir nach oben. Wir hatten Gerüchte gehört, daß diese harmlos aussehenden Duschen tödliches Gas verbreiteten, durch das bereits Tausende von uns umgebracht worden waren. Wir starrten an die Decke: qualvolle Sekunden warteten wir, bis endlich ein dünner Strahl kalten Wassers über unsere kahlen Schultern rann und sich an unseren Füßen kleine Pfützen bildeten. Handtücher gab es nicht. Tropfnaß wurden wir wie eine Viehherde wieder rausgejagt und in ein weiteres Barakkengebäude gedrängt.

Diese Baracke war groß und voller Stapel ordentlich zusammengelegter Kleidungsstücke. Hinter jedem Kleiderstapel stand ein KAPO. Man warf jeder von uns einen Lumpen zu, der kaum noch Ähnlichkeit mit einem Kleid hatte. Wir bekamen keine

Unterwäsche und keine Schuhe, mit Ausnahme von Alice, der man ein Paar Holzschuhe zuwarf. Wir sahen in diesem Aufzug grotesk aus, irre Gestalten, die sich für ein Kostümfest fertiggemacht hatten: Haut und Knochen, in Lumpen gehüllt, unförmig, grotesk und kahlgeschoren.

Ich war einer Hysterie nahe. Hätte ich nur meinen Kopf verbergen können. Würde mein Haar je wieder wachsen? Würde dafür genügend Zeit bleiben? Als wir wieder draußen waren, spürten wir trotz der frühen Morgenstunde, daß die Sonne schon heiß brannte. Wieder mußten wir in Fünferreihen antreten. Elli und ich gingen Seite an Seite die Lagerstraße hinunter, mit nackten Füßen auf dem heißen, sandigen Boden. Wir waren von Stacheldraht und Wachtürmen umgeben, Maschinengewehre zielten auf unsere Gruppe. Nun hörten wir auch andere Geräusche. Musik. Musik?

Beethoven? Elli und ich starrten uns an, dann sahen wir Musiker, die sich auf einer hölzernen Plattform inmitten des Lagerplatzes versammelt hatten. Gefangene wie wir, ihre nackten Köpfe glänzten in der Sonne. Ihre graublau gestreiften Uniformen schwangen im Rhythmus des auf- und abgehenden Dirigentenstabes, eines Deutschen in tadelloser SS-Uniform mit weißen Handschuhen... unfaßbar... hier an diesem Ort.

Uns blieb wenig Zeit für solche Gedanken, denn eine neue Welle von Furcht umfing uns. Wir mußten an Holzbaracken vorbeimarschieren, die denen, die wir gerade verlassen hatten, sehr ähnlich waren...doch hatten diese Baracken hohe Schornsteine, aus denen unentwegt schwarze, beißende Rauchwolken aufstiegen. Entsetztes Flüstern lief von einer Reihe zur nächsten.

»... Krematorium... Krematorium... Was ist das?« murmelte ich ganz leise.

»Sie sind dafür da, um Menschen zu verbrennen ...«, antwortete jemand. »Sie verbrennen da drinnen jetzt Menschen ...«

Ein Schauer des Grauens schüttelte mich. »Menschen verbrennen ...?«

Ich wiederholte die Worte, um ihren Sinn zu erfassen. Aber sie hallten in mir stumpf und bedeutungslos nach. Ich war vollkommen gefühllos.

Mechanisch, ohne zu überlegen, ging ich weiter, bis eine Stimme in barschem Ton kommandierte: »Achtung! Halt! Diese Baracken sind eure Unterkunft, solange ihr hier seid. Ich bin hier der KAPO. Ich heiße Maja, und ich warne euch, unbedingt allen Befehlen zu gehorchen, sonst werdet ihr geschlagen oder erschossen.«

Ich dachte, daß sie vielleicht eine Jüdin sei. Sie war groß, mit schwarzem, kurzgeschnittenem Haar, hohen Wangenknochen und dunkelbraunen Augen. Sie hatte offensichtlich keinen Mangel an Essen. Nicht mal die gestreifte Häftlingskleidung konnte ihre üppigen Formen verdecken. Eine kaum hörbare Stimme bat um Essen. Anstatt zu antworten, brach Maja in kurze, schrille Lacher aus. Auf ihr Kommando hin drängten wir uns alle in das Holzgebäude, während Maja uns mit Stockschlägen auf den Rücken zur Eile antrieb. Die Baracke war in der Mitte durch einen breiten Gang unterteilt. Auf beiden Seiten waren kleine Kojen, von etwa 1,50 mal 1,50 Meter Breite, durch schmale Holzlatten auf dem Fußboden voneinander getrennt. »Fünf Frauen pro Koje«, rief Maja. Es war kaum genug Platz, daß fünf Frauen gleichzeitig sitzen, schon gar nicht liegen konnten. Zusammengepreßt saßen wir schweigend da, bis Elli eine Idee hatte.

»Ich habe die Lösung. Ich weiß, wie wir uns in der Nacht hinlegen können.«

Sie setzte sich nach hinten an die Wand und spreizte ihre Beine. Dann zeigte sie der nächsten von uns, sich ebenso vor sie zu setzen, bis wir alle fünf in dieser Weise saßen. Um uns ein wenig auszustrecken, mußten wir unsere geschorenen Köpfe auf den Magen der hinter uns Sitzenden legen. Sich drehen oder bewegen, war nicht möglich. Wir saßen teilnahmslos da. Es mochte niemand sprechen, wir waren in Gedanken versunken und wagten nicht einmal, über unsere Ängste zu reden. Als es Abend wurde, ging eine einzelne Glühbirne an, die ein gespenstisches Licht auf die sich bewegenden Schatten der Frauen warf.

Plötzlich schrie Maja mit krächzender Stimme:

»Antreten! Zu den Latrinen!«

Wir marschierten nach draußen und überquerten den angrenzenden Platz zu einer Baracke mit der Aufschrift »Latrine«.

Ankunft und Selektion im Vernichtungslager Auschwitz-
Birkenau, Sommer 1944.

Hier gab es jedoch keine Toiletten, nur Löcher im Erdboden und kein Papier. Der Gestank war unerträglich. Der angrenzende Waschraum bestand aus einer großen eisernen Rinne mit einigen Wasserhähnen ohne Seife und Handtücher. Wenn man die Wasserhähne aufdrehte, tropfte spärlich braunes Wasser heraus. Jede von uns kam an die Reihe.

Wieder zurück in den Baracken waren wir erneut mit Maja konfrontiert.

»Morgen bei Sonnenaufgang habt ihr draußen zum Appell anzutreten. Gerade Fünferreihen, in alphabetischer Ordnung.«

Diese letzte Eröffnung Majas beunruhigte uns. Diese neue Anordnung konnte für Elli und mich dauerhafte Trennung bedeuten. Ihr Nachname begann mit einem »S«, meiner mit einem »L«. Wir wollten aber auf jeden Fall zusammenbleiben, um gemeinsam durchzustehen, was das Schicksal uns auch immer bringen würde. Ich fühlte mich wieder den Tränen nahe.

»Wir werden zusammenbleiben, in der »S«-Gruppe«, sagte ich.

»Sie haben doch keine Listen mit unseren Namen, und wir haben keine Papiere mehr. Wenn sie mich fragen, sage ich, daß ich im Getto deinen Bruder geheiratet habe. Sie können jetzt sowieso nichts mehr beweisen.«

Elli schien von meinem Vorschlag nicht überzeugt zu sein. »Was ist, wenn sie es doch herausbekommen?«

Aber dann nickte sie doch in zögernder Zustimmung. Ich war erleichtert. Die anderen drei in unserer Gruppe folgten meinem Vorschlag ebenso und überlegten sich Namen mit »S«.

Es war mittlerweile in unserer Baracke dunkel und stickig geworden, und wir waren sehr hungrig. Wir waren jetzt schon fast einen ganzen Tag in Auschwitz, und es war noch viel länger her, daß wir irgend etwas zu essen oder zu trinken bekommen hatten. Unsere Mägen protestierten laut und schmerzhaft. Endlich jedoch brachten einige Frauen in Häftlingskleidung große Metallkannen mit Suppe herein. Sie waren schwer beladen, brachten aber keine Teller oder Schüsseln mit. Wir fragten uns, wie wir die Suppe ohne Gefäße essen sollten. Doch die ausgehungerten Frauen beachteten es nicht und stellten sich an, um die Suppe aus ihren schmutzigen, tropfenden Handflächen zu schlürfen.

Nach einigen ratlosen Momenten sah Elli auf Alice.

»Deine Schuhe«, sagte sie. »Wir können doch deine Schuhe nehmen!

Schnell, zieh sie aus!«

Alice tat es sofort, und Elli ging mit einem Schuh zu der Suppenschlange. Alice folgte ihr mit dem zweiten. Wir blickten ihnen gebannt nach, wie sie sich in die Reihe stellten, um die Schuhe mit der Suppe füllen zu lassen. Ich hoffte nur, daß es auch genug für uns fünf sei. Sie kehrten mit einer dampfenden Flüssigkeit, in der einige Steckrübenstückchen schwammen, zurück. Hungrig führten sie ihre Münder an die Holzschuhe, um den Inhalt wie Tiere herunterzuschlingen, dann reichten sie die Schuhe an uns weiter. Wir hatten uns aufgestellt und warteten ungeduldig, dran zu sein. Für einen Moment vertrieb der Hunger das Bild von Schweinen, die aus schmutzigen Holztrögen fraßen.

Als die Schuhe geleert waren, sahen wir uns in stillschweigendem Widerwillen gegen die eigene Erniedrigung an. Die erste Nacht verbrachten wir verkrampft und schmerzvoll auf dem harten Boden. Auf Ellis Vorschlag hin versuchten wir zu schlafen, indem jede ihren Kopf auf den Brustkorb der hinter ihr Liegenden legte. Zumindest hielt uns die körperliche Nähe warm. Nichts war uns von unseren persönlichen Sachen oder unserem früheren Ich gelassen worden. Ich sah mich selbst zum Tier erniedrigt und wurde mir in dieser Nacht darüber klar, daß ich Auschwitz wahrscheinlich nicht lebend verlassen würde.

Majas Schreie weckten uns noch vor Sonnenaufgang. Sie schrie unaufhörlich, bis wir in geraden Fünferreihen angetreten waren und uns abzählten, bis die Gesamtzahl unserer Gruppe stimmte. Wir standen voller Anspannung zitternd im Morgennebel und bangten darum, ob jemand unsere Namen vergleichen würde. Niemand tat es. Wir wurden gezwungen, fast fünf Stunden angetreten stehenzubleiben. Gegen Mittag schwitzten wir, unsere geschorenen Köpfe und Ohrmuscheln schmerzten von der brennenden Sonne. Diejenigen, die ohnmächtig wurden oder vor Erschöpfung zusammenbrachen, wurden weggeschleppt. Wir sahen sie nie wieder. Wir sahen den elektrisch geladenen Stacheldraht um uns herum. Dies war ein Weg, unserem Elend ein Ende zu setzen. Einige von den Frauen, die diesen Mut hatten, liefen zu dem geladenen Zaun, berührten ihn, fielen nach einem kurzen Aufbäumen zu Boden und starben. Die meisten von uns hatten noch Hoffnung, wenn vielleicht auch keine mehr wußte, warum und worauf.

Eines Abends, nur wenige Tage nach unserer Ankunft, kündigte Maja an, daß nach dem Appell Dr. Mengele die Gefangenen inspizieren werde.

»Die Prozedur ist einfach«, sagte sie. »Ihr zieht euch aus, tragt das Kleid in der linken Hand und geht dann nackt an den SS-Männern vorbei. Beeilt euch und redet nicht. Sie werden entscheiden.«

»Was entscheiden?« fragte ich Elli flüsternd.

»Ich habe Gerüchte gehört, daß Mengele einige für die Arbeit aussucht, einige für medizinische Experimente und einige für die Gaskammern«, flüsterte Elli.

Erneut würde die SS über Leben und Tod entscheiden. Welches Recht hatte sie? Keiner wußte es.

In dieser Nacht versuchte ich zu schlafen, aber meine dumpfen Gedanken drehten sich nur um die Selektion. Mein Körper war kraftlos, und Bilder der Krematorien mit dem schwarzen Rauch spielten in meinem Kopf verrückt. Ich versuchte mir vorzustellen, wie es wohl drinnen sei.

Der Morgen kam, trübe und grau. Wir traten wieder in Fünferreihen an. Elli und ich waren noch immer zusammen, wir standen zitternd in unserer dürftigen Kleidung und warteten. Plötzlich marschierten drei SS-Offiziere in die Mitte des Appellplatzes.

»Achtung!« ertönte Majas Kommando laut.

»Der mit dem Stock ist Mengele«, flüsterte jemand. »Er ist hier der Gott. Er entscheidet, wer zur Arbeit, wer in die Gaskammern oder in das Krankenhaus muß.«

Elli sah mich an, ihre Augen waren weit aufgerissen, ihre Lippen bebten. Mein Herz raste vor Angst, schien fast zu zerplatzen. Ich begriff in diesem kurzen Moment, daß für viele von uns die Minuten des Lebens gezählt waren. Doch in diesem Augenblick verweigerte mein Verstand die Möglichkeit, sterben zu müssen.

Würde ich in das Krankenhaus gehen müssen? Aus welchen Gründen?

Solche Überlegungen überstiegen das, was ich zu begreifen imstande war.

Nun sah uns Maja an.

»Achtung! Ausziehen! Nehmt die Kleider in die linke Hand. Erste Reihe, marsch, los. Aber schnell. Nicht trödeln!«

Die Frauen vor uns rannten bereits an den drei SS-Offizieren vorbei, während Mengele uns wie Vieh taxierte – rechts, links, rechts, links... Sein Gesicht war ausdruckslos, scheinbar unbeteiligt.

»Die nächste Reihe!«

Elli stieß mich flüsternd an: »Geh schnell, sieh niemanden an!«

Voller Scham begann ich nackt über den offenen Platz zu laufen, ich zwang mich, nichts zu denken. Mit meinem Kleid in der linken Hand stolperte ich an den Deutschen in einem Meter Abstand vorbei. Ich rannte schnell, wagte nicht, sie anzusehen. Aber aus meinem Augenwinkel sah ich den Stock in Mengeles Hand bei mir nach rechts zeigen. War rechts besser als links? Elli folgte gleich hinter mir, und auch sie wurde nach rechts geschickt. Für diesen Moment waren wir wieder zusammen und atmeten erleichtert auf. Zum Schluß war ungefähr die Hälfte von unserer Gruppe auf der linken Seite und wurde bereits vom Platz geführt. Wir verloren sie bald aus den Augen. Als nächstes mußten wir unserem KAPO Maja zu einer anderen Baracke folgen. Wurden diese Baracken als Gaskammern benutzt?

Wieder mußten wir uns aufstellen, um die Baracken zu betreten. Drinnen sahen wir lange Tische mit Kleidungsstücken, KA-POS standen hinter ihnen. Als wir an den KAPOS vorbeimarschierten, warfen sie jeder von uns ein Paar alte Schuhe, die entweder zu klein oder zu groß waren, und zwei Lumpen zu, die nur annähernd wie ein Kleid und ein Mantel aussahen. Plötzlich fiel mir auf, daß die kleine, dünne Alice mit den Holzschuhen nicht mehr bei uns war...

Solcherart eingekleidet, mußten wir erneut an Stacheldraht-zäunen vorbei das Lager bis zu einem anderen Bereich durchqueren. Vor uns stand ein langer Zug mit Waggons auf Eisenbahnschienen, ihre Rolltüren waren weit offen wie gähnende, schwarze Löcher.

»Los, beeilt euch, in die Waggons!« kommandierte Maja.

Es schien, daß wir in diesem Moment wieder an einen anderen Ort gebracht wurden. Während wir uns gegenseitig in die überfüllten Waggons schubsten, stand Maja hysterisch lachend draußen. Es waren Viehwaggons, in denen wir uns zusammenkauerten; die Türen wurden mit einem kräftigen Schlag zugeschoben und von draußen verriegelt.

Mit einem plötzlichen Ruck rollte der Zug an.

Obwohl wir weder wußten, wohin wir fahren würden, noch warum, sprach niemand von uns. Mengeles Selektion, Angst, Hunger und Durst forderten jetzt ihren Preis. Im Innern der Waggons war es so stickig, daß wir nur mit Mühe atmen konnten, reden war nicht mehr möglich. Am zweiten Tag war es so heiß, daß wir unsere Kleidung auszogen. Als am dritten Tag der Zug stoppte, die Riegel zurückgeschoben und die Türen geöffnet wurden, erwarteten uns SS-Männer mit Gewehren...

»Raus, schnell! Hier ist das Arbeitslager Dessauer Ufer in Hamburg. Alle antreten!«

Haare

Ein Raum voller Haare,
Berge von Haaren,
Blonde, braune und schwarze
Lockige, wellige und glatte
Kalte, kahle Schädel –
Wer hat je davon gehört,
Von Frauen
Ohne Haare?
Ihre glänzenden Strähnen
Ließen sie zurück.
Was werden sie machen
Mit diesen Bergen von Haaren?
Sie füllen Kissen,
Matratzen
Und Stühle!
Wird es diejenigen,
Die sie benutzen,
Stören?
Diese Kissen und Stühle,
Gefüllt mit menschlichem Haar,
Getränkt
Mit Blut,
Mit Tränen
Und mit Leid?

Der Schal

Konzentrationslager Neuengamme. Arbeitslager Dessauer Ufer
Herbst 1944

Ich war eine von 500 Frauen, die Mengeles schreckliche Selektionen durchlaufen hatten. Schnell war die Reihe nackter Frauen an
ihm vorbei gerannt, während er sie abschätzte und entschied. Der
Stock in seiner Hand, der von rechts nach links schwang, trennte
gleichzeitig die, die zur Arbeit fähig waren, von denen, die er als
nicht mehr verwendbar ansah. Jene von uns, die ihm stark genug
erschienen, waren in Viehwaggons von Auschwitz nach Deutschland zur Zwangsarbeit gebracht worden.

Auf dem weiten, offenen Bauplatz fielen Regentropfen naß
und kalt auf unsere frischgeschorenen Köpfe, und die eisigen
Herbstwinde bliesen unbarmherzig durch unsere zerlumpten
Kleider.

Wir marschierten oder versuchten zu marschieren auf dünnen
Beinen, unsere gefrorenen, nassen Füße in viel zu großen Schuhen
oder Pantoffeln dahinschleppend, in dem verzweifelten Bemü-
hen, den von den geflochtenen Peitschen unserer SS-Bewacher
vorgegebenen Schritt zu halten.

Vor mir, neben mir und hinter mir ragten Reihen von häßlich
rasierten Köpfen aus ders gleen schäbigen Bekleidung hervor, die
uns weniger zum Schutz als vielmehr zur Identifizierung gegeben
worden war. Jedes Kleidungsstück hatte einen breiten Streifen
gelben Stoffes auf der Vorderseite, wo das darunter befindliche
Gewebe weggeschnitten worden war. Jeder Mantel war von Saum
zu Saum über die Hüften mit einem breiten, gelben Streifen
Ölfarbe bespritzt. Und in jeden dünnen, kratzigen Mantel war auf
der linken Seite über der Brust ein rechteckiger, gelber Flicken

129

genäht, auf den ein schwarzer Davidstern gedruckt war. In der Mitte stand das Wort »Jude«.

So hoffnungslos es auch war, sehnte ich mich noch immer nach etwas, um meinen kahlen Kopf zu bedecken. Aber nicht wegen des kalten Windes oder des peitschenden Regens. Es war vor allen Dingen Eitelkeit. Eitelkeit? befragte ich mich und dachte an mein einst langes glänzendes braunes Haar. War Eitelkeit noch möglich? Wen kümmerte sie? Was bedeutete sie wirklich? Aber mir bedeutete sie etwas – selbst über die Schmerzen meiner vom Frost ergriffenen Zehen, meiner eisigen Hände und meines regendurchweichten Körpers hinaus.

Unsere Bewacher waren in schwere, grüne Mäntel, entsprechende Regenponchos aus Gummi, Mützen mit Ohrschützern und lange, schwarze Lederhandschuhe verpackt. Einer von ihnen war Obersturmbannführer und mit unserer Arbeitsgruppe beauftragt. Er war circa fünfzig Jahre alt, stolz auf seine gutsitzende Uniform, auf das Eiserne Kreuz um seinen Nacken, seinen Revolver in der Halterung und die geflochtene Lederpeitsche, die er nervös in seiner rechten Hand drehte. Er zeigte ein bösartiges Lächeln, das durch einen fehlenden Vorderzahn noch häßlicher wurde.

»Guckt euch an, Frauen«, schrie er, »ausgemergelte Skelette, keine einzige Schönheit unter euch, in Lumpen und fast den ganzen Tag hustend.«

Natürlich hatte er recht, aber wir wagten es nicht zu antworten. Er war ein gefährlicher SS-Offizier. Sein rechtes Bein war steif und ein bißchen kürzer als das linke, vielleicht ein Holzbein. Wir gaben ihm den deutschen Spitznamen »der zahnlose Lahme«. Er murmelte vor sich hin, gerade noch laut genug, daß wir es hören und verstehen konnten:

»Was für ein Job ist dies für einen Mann, der an der Front gekämpft hat? Eine Gruppe verrückter Frauen zu bewachen. Ich verdiente mir das Eiserne Kreuz – und bezahlte dafür mit einem Bein.«

Sein verrücktes Kichern endete in krankhaftem Gelächter. Aber er fuhr fort:

»Wir versteckten uns in Schützengräben. Sie ließen sich Zeit. Aber am Ende kamen sie doch, in der Nacht, mit Flaks und

Panzern. Gut ausgerüstet und gut genährt, wie sie waren, waren wir ihnen nicht gewachsen. Sie hinterleißen nur Blut, offene Bäuche, aus ihren Höhlen gerissene Augen und geschiente Gliedmaßen – darunter auch meins!«

Seine hohe Stimme erreichte eine Wut und eine Gewalt, von der wir wußten, daß sie ein Ziel finden würde.

»Huren, ich werde euch zeigen, was der Lahme kann!«

Er riß seinen Revolver aus seiner Halterung, packte den Lauf mit seiner rechten Hand, riß ihn hoch und machte seiner Frustration und Gehässigkeit Luft, indem er die Frauen, die am nächsten von ihm waren, schlug. Eins, zwei, drei – wir verloren den Anschluß. Die Frauen fielen zu Boden. Ihr Blut spritzte.

»Huren, Juden, dreckige Juden, ihr seid an allem schuld.«

Wenn er seine Wut losgeworden war, steckte er den Revolver in seine Halterung zurück, drehte sich um und humpelte von dannen, eine gekrümmte Gestalt in SS-Uniform. Erst später, sehr viel später, würden wir es wagen, den Opfern zu helfen. Aber ohne Verbandszeug oder Wasser zur Reinigung ihrer Wunden konnten wir ihnen nur Trost durch Worte oder Berührungen geben.

Unsere Arbeit war hart. Wir mußten Bombenschäden in der Hamburger Innenstadt und der näheren Umgebung beseitigen. Wir arbeiteten auf Werften, wo wir schwere, verzogene, zerfetzte Stahlträger und Glasscherben, Überbleibsel riesiger Fensterscheiben, wegschaffen mußten. Nur mit ungeheurer Anstrengung gelang es uns, diese zu bewegen und anzuheben.

Doch wir hatten keine Wahl. Für mich spiegelte sich in den Schuttbergen mein eigenes Leben wider. Nichts blieb von der Vergangenheit, außer für immer beschädigte Scherben und Stükke – und Erinnerungen.

Es war die zweite Woche harter Arbeit. Unter dem Schutt, den ich bewegte und in saubere Haufen sortierte, fand ich ein langes, dreckiges Kleidungsstück in rostroten und olivgrünen Schattierungen bespritzt. Für einige Sekunden stand ich wie hypnotisiert vor dem abgetragenen Stück Stoff. Ich war besessen von dem Verlangen, meinen geschorenen Kopf zu bedecken. Ich wollte diesen Fetzen, mehr als ich ein Stück Brot wollte. Ich versuchte, mich zur Vernunft zu bringen. Wir waren davor gewarnt worden, irgend etwas wegzunehmen. Uns war mit Schlägen oder Tod gedroht worden. War es wirklich das Risiko wert? Wofür? Eitelkeit – Stolz – hier – jetzt?

Ich fand keine Antworten, außer, daß ich wußte, ich würde es hinnehmen und riskieren, welche Strafe auch immer käme. Vorsichtig blickte ich mich um und beobachtete. Beim Arbeiten schob ich den Stoff ruhig mit dem Schutt weiter. Ich ließ mir Zeit. Mein Herz klopfte schnell. Ich wartete, während ich den Schutt ein wenig bewegte, aber den unbezahlbaren Lumpen nicht aus den Augen verlor. Dann, in einer unbeobachteten Sekunde, beugte ich mich nieder, nahm den Stoff mit meiner rechten Hand und schob ihn zwischen meine Schenkel. Eine heiße Woge triumphierender Freude durchflutete meinen zitternden Körper. Der Lumpen, eine Art Schal, war mein.

»Mittagspause, stellt euch auf, beeilt euch!«

Unser mageres Mittagessen bestand aus einer dünnen Scheibe Brot und Blutwurst. Ich konnte die rote, gesprenkelte Fleischportion kaum herunterschlucken; der widerliche Geschmack ließ mich fast erbrechen. Auch wußte ich, daß, wenn ich erst einmal etwas gegessen hatte, die Hungerqualen nur anwachsen würden. Aber über alles dies hinaus trieben mich der Wille zum Überleben und der Hunger dazu, alles zu essen, selbst Kartoffelschalen oder Blätter. Die zehnminütige Pause war vorbei.

»Zurück an die Arbeit, schnell! – Ihr faulen, stinkenden Juden, die Zeit vergeuden!«

Er knallte mit seiner Peitsche, während er brüllte.

Wir nahmen dieselbe harte, ermüdende Arbeit wieder auf. Der Obersturmbannführer war zurückgekehrt, um unsere Gruppe zu bewachen. Er war jetzt ruhig, sein morgendlicher Ärger war verflogen. Mein Kopf war gebeugt, ich konzentrierte mich auf meine Arbeit. Ich traute mich nicht aufzusehen. Aber ich konnte seine glänzenden, schwarzen Stiefel sehen, als sie sich meinem Haufen von ordentlich aufgestapelten Ziegeln näherten. Ich schauderte.

»Du da! Ich brauche dich, um für mich zu übersetzen. Folge mir hinter den Schornstein.«

Noch bevor er das letzte Wort ausgespuckt hatte, konnte ich die Lederpeitsche durch die Luft sausen hören und fuhr zusammen in Erwartung ihres stechenden Schmerzes. Als sie meine Schulter erwischte, sah ich zum ersten Mal auf.

»Ja, du, guck nicht wie ein Idiot, beeile dich!«

»Jawohl, Herr Obersturmbannführer.«

Ich hastete und strauchelte hinter ihm her, wobei ich versuchte, so schnell zu gehen, wie ich nur konnte. Ich stolperte oft über den Schutt, meine Füße waren nicht imstande, in den riesigen Schuhen zu bleiben. Ich machte mir wegen des Schals Sorgen. Hatte der Deutsche mich gesehen, als ich ihn nahm? Ich war so sehr, sehr vorsichtig gewesen. Als wir uns dem roten Ziegelschornstein näherten – alles, was von einer riesigen Industrieanlage übrig geblieben war – fragte ich mich, wer dort arbeitete. Wer mochte wohl übersetzte Befehle brauchen? Ich folgte dem Deutschen weiter. Ich bemerkte, daß seine Lederpeitsche nun oben in seinem rechten Stiefel steckte. Er ging am Schornstein vorbei. Ich folgte.

Auf der anderen Seite blieb er abrupt stehen, drehte sich um, und stellte sich mir in den Weg. Als er herumwirbelte, schlang er seinen rechten Arm um meinen Nacken, seine riesige Hand bedeckte meinen Mund.

»Gott, der Schal, die Strafe für den Diebstahl.« Ich zitterte.

Seine linke Hand bewegte sich hastig an meinem Körper hinunter. Es gab nun keinen Zweifel mehr. Er kannte mein Geheimnis. Meine absurde Eitelkeit würde mein Tod sein. Er hielt mich noch immer fest umklammert, als seine Hand zwischen meinen Beinen den Schal ertastete. Ich hörte auf zu atmen, ich glaubte, sterben zu müssen. Plötzlich schrie er mir ins Ohr:

»Du dreckige nutzlose Hure! Pfui! Du menstruierst!«

Angewidert vor Ekel stieß er mich weg.

Völlig aufgeregt gelang es mir, zu meinem Arbeitskommando zurückzulaufen, den Schal immer noch an seinem Platz. Ich konnte nicht sprechen. Ich sah mich um. Keine hatte meine Abwesenheit bemerkt. Keine hatte es gekümmert. Ich erschauderte, als mir die erlebte Situation bewußt wurde und mich schwach und matt zurückließ. An diesem Abend in der Baracke wusch ich meinen kostbaren Lumpen sanft in kaltem, seifenlosem Wasser. Am Morgen band ich den noch feuchten Schal um meinen geschorenen Kopf.

Die Krankenstation

Hamburg – Konzentrationslager Neuengamme
Herbst 1944

Zeit hat eine Art, Tage und Monate zu verschlucken. Ich verbrachte nun das vierte Jahr in verschiedenen Lagern.

Der Herbst war 1944 früh angebrochen, und das Wetter in den
Außenbezirken Hamburgs war kalt und feucht mit fast unaufhör-
lichem Nieselregen. Ein dünner Regenfilm ließ sich auf unseren
geschorenen Köpfen und spärlich bekleideten Schultern nieder.
Am Ende des Tages waren wir durchnäßt und unsere fadenschei-
nige Kleidung durchtränkt. Die meisten von uns husteten und
waren krank, aber wir waren gezwungen, trotzdem zu arbeiten.
Arbeiten oder sterben.

Es gab nur wenig Brot, und die tägliche Scheibe wurde in
Sekunden verschlungen. Selbst nach Jahren magerer Rationen
weigerten sich unsere leeren, grummelnden Mägen, sich an den
Nahrungsmangel zu gewöhnen, und protestierten laut und böse.
Wir träumten von Brot, phantasierten von Brot, stellten uns einen
unerschöpflichen, warmen Brotlaib vor, den wir Scheibe für
Scheibe essen und schmecken und von dem wir jeden Krümel so
lange kauen würden, bis das Verlangen nach einer weiteren Scheibe verschwunden wäre. Hunger schuf den Traum; Hunger rief uns
in die Wirklichkeit zurück. Wir hatten, auf Werften und Baustel-
len gearbeitet, wo wir Schutt, Steine und Scherben der Bombarde-
ments vergangener Monate sortieren mußten.

Wir waren 500 Frauen verschiedener Altersstufen, die jüngsten knapp vierzehn, die ältesten in den späten Fünfzigern, und
alle waren wir hoffnungslose, geschlagene Kreaturen. Unsere
Hände waren voller blauer Flecken, geschnitten und schmerzhaft

entzündet nach tagelanger Arbeit mit den schmutzigen, rauhen Überresten von dem, was einst Gebäude, Fenster und Türen waren, Fragmente eines früheren Lebens, einer friedlichen Existenz, die wir fast schon nicht mehr erinnerten. Ich hatte mir beim Anheben eines scharfen Glasstückes in die rechte Handfläche geschnitten. Während der folgenden Tage war der tiefe Schnitt angeschwollen und gerötet. Ein schmaler, bläulicher Streifen begann sich deutlich von der Handfläche ausgehend abzuzeichnen, er stieg langsam an meinem Unterarm bis kurz über dem Ellbogen hoch. Meine Freundin Sabina, die neben mir arbeitete, sah mein schmerzverzerrtes Gesicht und meine seitlich schlaff herunterbaumelnde Hand.

»Was ist es?« fragte sie.

»Sieh dir meine Hand und meinen Arm an!«

Sie holte tief Luft: »Das ist ernst, du mußt es melden, es muß sofort etwas geschehen!«

»Melden, wem? Der SS?«

Ich dachte an Frau Korn und das »öffentliche« Prügeln vom letzten Abend. Sie ging stets neben ihrer sechzehnjährigen Tochter, aber es gelang ihr nie ganz, mit dem Rest der Gruppe Schritt zu halten. Sie war eine grobknochige Frau, deren früher gebleichtes Haar geschoren war; sie sah alt und abgehärmt aus, war aber wahrscheinlich erst Mitte Vierzig. Sie war eine groteske Erscheinung: Ein riesiger Kopf saß auf einem Zahnstocher von Nacken. Lange, affenähnliche Arme baumelten an ihren Seiten, und ihre kurzen, dünnen Beine standen auf riesigen, flachen Füßen. Sie hatte die Jahre im Getto als die verhätschelte und privilegierte Frau des Leiters der jüdischen Gettopolizei verbracht; in jenen Tagen war ihre Ernährung ausreichend gewesen, und die Not der andern im Getto hatte sie persönlich nicht berührt. Nun, als gewöhnliche Arbeiterin, war sie unfähig, sich den Bedingungen des Arbeitslagers anzupassen.

Gestern hatte sie sich an den Straßenrand geschleppt und war hinterhergestolpert, außerstande, schneller zu gehen. Der Hauptsturmbannführer, ein kleiner, ungeduldiger Mann mit grausamen, kleinen, schielenden Augen beobachtete uns, als wir von der Arbeit in die alten Lagerhäuser am Dessauer Ufer zurückkamen, wo wir auf dem nackten Holzfußboden schlafen mußten. Seine Augen waren ganz auf Frau Korn gerichtet. Er sah niemanden sonst, und ihr Anblick brachte ihn außer sich. Im Gebäude geriet er sofort in Wut und begann zu brüllen. Die Worte schossen nur so aus seinem Mund, und er schäumte wie ein wilder Hund. Er rief sie aus der Reihe heraus, ließ sie in die Mitte des Raumes niederknien und befahl uns, einen Kreis um sie herumzubilden. Wir standen da, Reihen stiller, eingeschüchterter Zeuginnen, während er sie mit einem schweren Lederriemen schlug. Sie schrie. Er zählte. Seine Wut schien grenzenlos. Schließlich brach sie zusammen. Wir sahen auf die kaum noch atmende Menge Fleisch auf den mit Blut bespritzten Holzdielen. Aber wir durften ihr nicht helfen; vielleicht würde sich später eine Gelegenheit ergeben... Morgen könnte ich es sein – geschlagen oder getötet. Sabina stieß mich heimlich an und unterbrach meine Gedanken.

»Geh nun«, flüsterte sie.

Ich näherte mich dem Obersturmbannführer, der unsere Arbeitstruppe bewachte.

»Die Gefangene Landau bittet um Erlaubnis zu sprechen«, sagte ich auf deutsch.

Er sah mich still voller Abscheu an, aber ich nahm es als Zeichen weiterzusprechen.

»Meine Hand – sie ist entzündet. Ich möchte sie gern gesäubert haben, damit ich besser arbeiten kann ...« Meine Stimme versagte. Ängstlich streckte ich meine Hand vor, so daß er sie sehen konnte.

»Du bist eine verdammte Plage«, sagte er. Aber er sah nicht auf meine Hand. Sein Gesicht war ausdruckslos und ohne Mitleid.

»Ich werde es nachher dem Kommandanten melden ...«

»Jawohl«, gelang es mir zu sagen, und ich lief davon. Der Abend war ruhig. Meine Hand klopfte und schmerzte, und ich verbrachte die Nacht sorgenvoll, ohne zu schlafen.

Endlich dämmerte es, und ein neuer regnerischer, grauer Tag begann, während wir uns eiligst anzogen und in Fünfergruppen zum Appell aufstellten. Wir zählten wie gewöhnlich ab. Plötzlich hörte ich meinen Namen:

»Gefangene Landau, vortreten!«

Ich machte einen sehr zaghaften, kleinen Schritt nach vorn.

»Folge der SS-Wache zum LKW!« bellte eine Stimme.

Ich kletterte die Stufen des Lagerhauses zum Eingang hinunter. Da stand ein LKW. Der Motor des langen, offenen Wagens hustete und spuckte, die Maschine klapperte laut.

»Klettere auf den Wagen!« brüllte jemand. Ich zog mich hoch und glitt rückwärts gegen die Fahrerkabine. Zwei Hände packten mich von hinten und banden meinen linken Arm mit einem dicken, rauhen Seil an die Seitengitter. Ich wagte nicht, mich umzudrehen. Aber ich hörte den Mann vom Wagen springen, die Tür der Fahrerkabine öffnen und sie zuschlagen. Der Motor dröhnte, und der Wagen begann sich zu bewegen. Hinten zusammengekauert zitterte ich, als der Regen anfing, durch meine Kleider zu sickern. Die zusammengelegte Plane in der gegenüberliegenden Ecke der Ladefläche hätte mir Schutz geboten, aber ich wußte, daß sie nicht für mich gedacht war. Neben mir befand sich ein riesiger Boiler, der am Fahrerhaus mit Stahlbändern befestigt war. Der Boiler war bis oben hin mit kleinen Holzstücken gefüllt.

Verblüffend! Holzstücke anstelle von Treibstoff, und dennoch schafften es die Deutschen, ihre Fahrzeuge in Gang zu halten! Mit meiner Angst und dem stechenden Schmerz allein gelassen, fragte ich mich, wohin sie mich bringen würden. Würde ich je wiederkommen? ... Würden sie mich töten? ... Stundenlang schien der LKW durch fremde Gegenden, Landschaften und schmale Straßen zu fahren, bis er vor einem riesigen, Auschwitz ähnlichen Komplex langsamer wurde. Der LKW schlengerte durch die bewachten Tore. Das Lager war umgeben von Stacheldraht und Wachtürmen, und auf einem Schild stand: »Konzentrationslager Neuengamme«.

Ich hatte gehört, daß unser Lager ein Außenlager von Neuengamme war, aber ich konnte mir nicht vorstellen, warum wir an diesem Ort waren, und bis zu diesem Augenblick hatten die Worte für mich keine Bedeutung gehabt.

»Runter vom Wagen!« brüllte dieselbe schroffe Stimme.

»Ich kann mich nicht bewegen«, antwortete ich, »ich bin an den Gittern festgebunden.«

Hinter mir zogen mehrere Hände an dem Seil, banden mich los und stießen mich vom LKW. Ich stürzte und stand schnell wieder auf. Überall um mich herum, alle zehn Fuß, standen uniformierte SS-Bewacher. Ihre strengen, jedem Lächeln fremden Gesichter erinnerten mich an Auschwitz, wo ich lange Tage und Nächte verbracht hatte. Sie hatten ihre Gewehre geschultert, schienen mir jedoch keine Beachtung zu schenken; ich existierte nicht. Ich stand nahe beim Tor und wartete. Plötzlich fühlte ich einen Stiefel mir in den Rücken treten, und ich wurde mit einem Gewehrstoß durch die Tür einer kleinen Baracke geschleudert. Drinnen standen mehrere männliche Gefangene. Ihre gestreiften Sträflingsuniformen waren zerknittert und dreckig. Sie sahen mich, das einzige weibliche Wesen im Raum, neugierig an. Dicht an der Tür standen SS-Wachen.

»Kein Gerede, keine Berührung, absolute Ruhe«, brüllte eine mir unsichtbare Stimme aus dem Hintergrund.

Ich traute mich nicht, mich umzudrehen und zu gucken, sondern blickte geradeaus auf ein schmales Fenster, das von draußen schwer vergittert war. Ich sah einen großen Appellplatz, fast völlig verlassen, bis auf zwei Wachen, die rechts und links neben einem Gefangenen gingen, einem älteren, gekrümmten Mann in gestreifter Gefangenenkleidung. Er schien klein, zerbrechlich und schwach. Er ging langsam. Wer war er? … Warum ging er einzeln und allein? … War es ein besonderes Privileg oder eine Strafe? … Ich hörte eine Stimme flüstern:

»Ministerpräsident Léon Blum.« Der Name klang vertraut, bedeutete aber in diesem Moment nichts. Dem Namen nach zu urteilen, war er bestimmt Jude, aber woher mochte er gekommen sein? … Meine Augen hefteten sich an den entfernten, einsamen Mann mit seinen hängenden Schultern und seinen mühevollen, langsamen Schritten.

»Gefangene Landau, raus, aber schnell! Steh da nicht herum wie ein Idiot, lade die acht Pappkartons auf den LKW. Beeil dich und bedecke sie mit der Plane.«

Als ich versuchte, die Kartons anzuheben, pochte meine rechte Hand dermaßen schmerzhaft, daß ich beinahe geschrien hätte, aber ich schob und zerrte, bis ich es endlich geschafft hatte, sie auf den Lastwagen zu befördern. Mit innerem Groll bedeckte ich die Kartons mit der Plane, neidisch auf ihren Regenschutz. Wieder wurde meine linke Hand an die Gitter gebunden. Zwei SS-Männer saßen im Fahrerhaus, lachend und rauchend. Sie schienen es warm und gemütlich zu haben. Im stillen verfluchte ich sie. Der Motor brummte, und der LKW setzte sich in Bewegung. Das Gelände um uns herum war verwüstet und verlassen, die Gebäude teilweise ausgebombt, ausgebrannte Gehäuse mit geschwärzten Wänden und gähnenden Fenstern ohne Glas. Die wenigen Zivilisten, an denen wir vorüberkamen, beachteten den LKW nicht.

Der SS-Mann fuhr rücksichtslos mit hoher Geschwindigkeit. Wir bogen um eine Ecke und verfehlten dabei knapp einen riesigen, leeren Krater in der Straßenmitte. Auf einem Schild an der Straßenecke stand: »Spaldingstraße«. Die Straße sah vertraut aus. Der LKW hielt abrupt vor einem großen lagerhausähnlichen Gebäude, dessen Mauern von Feuer und Ruß geschwärzt waren. Die Fahrerkabine öffnete sich, die zwei SS-Wachleute stiegen aus, kletterten auf die LKW-Ladefläche und banden meine Hand los.

»Raus, runter, beeil dich«, knurrten sie.

Unbeholfen stolperte ich vom Lastwagen herunter und ging einige Schritte hinter den Wachmännern her, während sie diejenigen grüßten, die den Haupteingang bewachten.

»Heil Hitler!«

Rechte Arme schnellten in die Höhe. In den dunklen Korridoren angekommen, bemerkte ich mehrere Männer, die graublau gestreifte Gefängnisuniformen trugen mit dazu passenden Kappen. Ich sah sie an, und sie blickten neugierig zurück. Ein merkwürdiger Ort ... War dies ein Arbeitslager wie das unsrige? ... Ich war mir nicht sicher. Wir gingen durch eine Tür mit der Aufschrift »Krankenrevier«.

»Bleib hier stehen und wage nicht, dich zu bewegen«, befahl mein Bewacher, »du wirst aufgerufen.«

Der Raum war groß und leer, ausgenommen zweier mit Sperrholz verkleideter Fenster am entfernten Ende. An der Wand stand ein rechteckiger Tisch, und zwei nackte Glühbirnen hingen an einer langen, schmutzigen Schnur, die von einer mit Holzsparren versehenen Decke herabbaumelte. Die Mauern waren aus Beton, von rötlich-brauner Farbe, der Holzfußboden war abgenutzt, aber sauber. In der Nähe des Tisches, mit dem Rücken zu mir, standen ein SS-Offizier und mehrere Gefangene. Ein paar Meter von meinen Füßen entfernt rutschte ein junger, dünner und müde wirkender Mann in gestreifter Häftlingskleidung auf seinen Knien hin und her und wusch den Fußboden mit einem unglaublich dreckigen und zerrissenen Lumpen. Die Haut seines Gesichts war zusammengezogen, runzelig und gelb. Er sah mich an und lächelte, ich lächelte vorsichtig zurück. Er flüsterte in einer Sprache, die ich nicht verstand.

Ich flüsterte auf Deutsch und Polnisch zurück: »Getto Lodz, 500 Frauen.«

Verstand er mich? fragte ich mich. Er lächelte weiter.

»Deutschland kaputt, gut, sehr gut! Der Krieg ist fast vorbei!«

Ich hatte diesen Refrain in den letzten Jahren oft gehört, aber immer noch herrschte Krieg. Ich hörte auf zu lächeln, unser Elend schien endlos zu sein. Aber hatte er vielleicht recht? ... Irgend jemand mußte am Ende recht haben... Die SS-Wache kam auf uns zu, während seine Stimme kreischte:

»Schrubb den Fußboden, du Idiot, trödle nicht. Hol sauberes Wasser, du Schwein!«

Der junge Mann erhob sich schnell, stand stramm, seine Kappe in der Hand, und griff nach dem Eimer. Der Lumpen lag noch immer auf dem Boden. Würde er wiederkommen? ... Aus irgendeinem Grund hoffte ich sehnlichst, daß er zurückkommen möge. Minuten vergingen. Er erschien mit einem Eimer sauberen Wassers und nahm sein Schrubben wieder auf, indem er sanft auf seinen Knien hin- und herrutschte. Seine rechte Hand verschwand unter seiner Jacke und brachte eine kleine Kugel aus dreckigem, verknülltem Papier zum Vorschein, die er mir vorsichtig zu Füßen legte. Er zeigte auf das Päckchen, nahm seinen Eimer und ging weiter. Der Wachmann unterhielt sich nun mit jemand anderem. Ich wartete, während ich mich versicherte, daß ich nicht gesehen werden würde, und wagte es, das Päckchen aufzuheben. Ich ließ es in meine linke Tasche gleiten. Ich konnte eine trockene Brotkruste durch das Papier fühlen. Ich sah den Mann an. Ich hatte nichts, was ich ihm hätte geben können, außer einem Lächeln für sein liebevolles Geschenk. Meine Gedanken wurden unterbrochen:

»Der nächste, Gefangene Landau!«

Ich trat vor und ging mit großen, schnellen Schritten durch den Raum, bis ich den Tisch erreichte.

»Was ist denn los mit dir?« grummelte die Stimme des Unterscharführers vor mir.

Er war ein gutgenährter Mann mittleren Alters in einer sauberen Uniform. Er trug keinen weißen Kittel. Seine Hosen waren in glänzende, schwarze Stiefel gesteckt. Auf einem Schild auf seiner Brusttasche stand: »Unterscharführer – Sanitäter«.

Ein militärischer Mediziner? Zum Teufel mit ihm, dachte ich, nicht mal ein richtiger Doktor.

»Beantworte meine Frage!« wandte er sich ungeduldig an mich.

Ich streckte meine rechte Hand mit der Handfläche nach oben aus, traute mich aber nicht zu sprechen. Er sah auf die Handfläche.

»Wo hast du das her? Und wann ist es passiert?«

»Vor ein paar Tagen, bei der Arbeit auf der Werft Blohm und Voss.«

»Hmm, du sprichst korrekt deutsch – wie kommt das?« »Ich habe die Realschule in Hamburg bis 1941 besucht und den Abschluß gemacht.«

Der SS-Mann runzelte die Stirn.

»So sagst du; aber laß es bloß keine Lüge sein! Kannst du Plattdeutsch verstehen?«

»Jawohl, Herr Doktor.«

»Was antwortest du auf Hummel, Hummel?«

Ehe ich Zeit zum Nachdenken hatte, kamen die Worte aus meinem Mund: »Mors, Mors!«. Seine Wangen zitterten vor Belustigung, sein plumper Körper bewegte sich vor und zurück.

»Na, du hast den Test bestanden. Nur jemand, der mit Hamburgs Mundart vertraut ist, kennt die Geschichte vom alten Wasserträger mit dem Spottnamen Hummel, Hummel, wie ihn hänselnde Kinder riefen, und seine wütende Antwort.«

Er wiederholte lachend »Mors, Mors«.

Nachdem der Scherz vorüber war, wurde er ernst und rief zwei Gefangene, Männer mit grauen Gesichtern, um mich auf den Tisch zu setzen. Der eine Mann hielt mich, der zweite nahm meine Hand und hielt sie fest. Der Arzt, mit einem Messer in der Hand, sah mich an.

»Ich will dich nicht schreien hören, wenn ich die Entzündung aufschneide.«

Ich nickte entsetzt in Vorahnung des Schmerzes. Er trug dünne Gummihandschuhe, durch die hindurch ich seine kurzen, dicken Finger und seine starken, langen Fingernägel, weiß und sauber, sehen konnte. Er hielt das Messer für ein paar Augenblicke über meiner Hand und stach dann in die Wunde. Ich fühlte heißen Schmerz, dann den Geschmack von Blut in meinem Mund. Und wieder Schmerz, als seine Hände auf meine Handfläche drückten und die entzündete Stelle berührten. Schmerz hüllte mich ein. Ich fühlte mich schwach und lehnte mich gegen den Gefangenen, der mich festhielt. Ich konnte seine knochigen Arme, seine eingefallene Brust durch das rauhe Material seiner Uniform fühlen. Ich konnte sein Gesicht nicht sehen, aber sein faulig riechender Atem erreichte meine Nasenlöcher. Ich wagte kaum zu atmen; mein Mund war noch immer fest zusammengepreßt. Nicht ein Laut sollte ihm entweichen. Ich schaffe es... Ich muß es schaffen...

»Bitte, laß mich nicht ohnmächtig werden... «, bat ich irgendwen, irgendwo. Dann Dunkelheit. Ich öffnete die Augen. Das Gesicht des Arztes war dicht neben meinem.

»Du bist in Ohnmacht gefallen, aber du hast wenigstens nicht geschrien!«

Es klang fast wie ein Kompliment. Meine Handfläche brannte und schmerzte stechend, als er sie mit einer Flüssigkeit übergoß. Der Arzt verband nun meine Hand. Ich sah sie an. Die weiße, frische Binde wurde rot, sobald er sie um die Hand wickelte. Noch mehr Lagen, und immer noch sickerte das Blut hindurch.

»Fertig, geh und wage nicht wiederzukommen!«

»Jawohl, Herr Doktor, danke, Herr Doktor.«

Er war schroff, aber wenigstens nicht grausam und rachsüchtig. Es hätte schlimmer kommen können. Ich dachte an Frau Korn. Als ich mit Hilfe des einen Gefangenen mit dem fauligen Atem vom Tisch rutschte, konnte ich seine Hand in meiner linken Manteltasche fühlen. Das Brot... wollte er das Stückchen Brot? Ehe ich mich bewegen konnte, stopfte er ein anderes Päckchen in die sich schon beutelnde Tasche. Er stand immer noch hinter mir, so daß ich sein Gesicht nicht sehen konnte. Ich begann zu gehen.

An der Tür warteten die zwei SS-Männer, die mich hergebracht hatten. Für einen kurzen Augenblick sah ich zurück zu den Gefangenen, ihre Gesichter verwischten sich in der Dunkelheit. Ich flüsterte »Danke« und »Auf Wiedersehen«.

Wieder saß ich gekrümmt in meiner kleinen Ecke des LKW, mein linker Arm an den Gittern festgebunden. Das Hüpfen des rasenden LKW über holpriges, unebenes Straßenpflaster machte mich krank. Mein Kopf schmerzte, und meine Hand pulsierte in marterndem Schmerz. Langsam nahm ich die zwei kleinen Päckchen aus meiner Tasche. Das erste enthielt eine Rolle eines sauberen, weißen Verbandes, um meine Hand zu verbinden. Das zweite, in zerknülltes Papier gewickelt, eine trockene Kruste Brot. Ich kaute hungrig auf der halb aufgegessenen Kruste herum. Ich fühlte mich schwach, aber seltsam glücklich. Ich sah noch immer die eingefallenen, gelben Gesichter der Männer im Krankenrevier, ihre knochigen Finger, die sich nach mir ausstreckten und mich hielten.

Eiskalte Regentropfen vermischten sich mit meinen heißen Tränen ... aber irgendwie machte es nichts mehr aus.

Befreiung

Bergen-Belsen
April 1945

Unser erster Tag in Bergen-Belsen war ruhig, mit Ausnahme der zeitweiligen Schreie und des Stöhnens einer jungen Frau, die ganz in unserer Nähe auf dem Fußboden lag.

»Sie muß krank sein und fürchterliche Schmerzen haben!« sagte Elli.

Wir gingen zu ihr und blieben neben ihr stehen. Wir wußten jedoch nicht, wie wir ihr helfen sollten. Schließlich rollten wir ihren Mantel auf, schoben ihn ihr unter den Kopf und redeten auf sie ein, aber sie schrie nur vor Schmerzen. Als es Tag wurde, wurden ihre durchdringenden Schreie immer lauter und regelmäßiger. Dann war sie auf einmal still. Zu unserem Entsetzen sahen wir, daß sie einen toten Säugling geboren hatte, der keine zwei Pfund wog.

»Ich wußte nicht einmal, daß ich schwanger war«, weinte die Frau. Tränen rannen ihr über die knochigen, eingefallenen Wangen. »Es muß acht Monate gewesen sein … die Trennung von meinem Mann … Auschwitz!«

Wir hielten ihre Hand und hofften, daß sie einschlafen würde. Eine Frau nahm das Baby, wickelte es in einen Lumpen und brachte es fort. Ich fragte mich, was sie mit dem toten Baby machen würde …

In den frühen Morgenstunden mußte ich die Latrinen aufsuchen. Auf dem Weg dorthin traf ich einige Frauen, die ihre müden, abgemagerten Körper unter großen Anstrengungen Schritt für Schritt dahinschleppten. Sie sahen mich mit vorwurfsvollen Blikken an, denn ich war hier ein Neuling. Sie wußten, daß dieses

Lager im Vergleich zu anderen der allerschlimmste Ort war.

»Suchst du die Latrinen? Wir sind hier schon seit sechs Monaten, wir werden dir den Weg zeigen«.

Im Inneren der Baracke stank es unvorstellbar; die Latrine bestand nur aus einem Loch im Boden, aus den Hähnen im Waschraum kamen nur spärliche Tropfen. Auch hier war der Gestank kaum auszuhalten. Wieder draußen, zeigten die Frauen auf eine riesige, offene Grube voller verwesender, nackter Leichen. Hier mußte die Grabstätte des kleinen Säuglings sein.

»Schicken die Deutschen Essen?« fragte ich. »In der letzten Zeit hat es so gut wie gar kein Essen mehr gegeben. Sie geben eine große Kanne mit dünner Suppe am Tor ab, und die KAPOs geben uns höchstens eine halbe Schüssel pro Tag. Es gibt hier auch keine Arbeit, nur Typhus. Keine Baracke ist mehr von dieser fürchterlichen Seuche verschont. Die Deutschen kommen selbst kaum mehr ins Lager, weil sie Angst vor Typhus haben.«

Von diesem Tag an verlor ich mein Gefühl für Zeit. Tage und Nächte gingen ineinander über. Ich wurde schwächer, teilnahmsloser und verlor schließlich das Interesse am Leben. Es war ohnehin deutlich, daß wir nicht mehr lange durchhalten konnten. Elli und ich saßen stundenlang schweigend und resigniert auf dem Fußboden. Uns interessierte nichts mehr, wir hatten aufgehört, Menschen zu sein – selbst vor uns. Innerhalb und außerhalb der Baracken umgab uns der Gestank von Verwesung. Wir waren permanent von dem Geruch und dem Klang von Verwesung, Tod und Verzweiflung eingehüllt.

»Wie viele Tage mögen schon vergangen sein, Elli, wie lange sind wir schon hier?«

»Ich weiß nicht, es scheint eine Ewigkeit zu sein. Ich weiß nur, daß wir auch nur noch einige Tage überleben werden.«

Ich nickte.

Der Himmel war grau und bedeckt, es war ein ungewöhnlich ruhiger Morgen. Die Wachtürme um das Lager waren besetzt, und wie gewöhnlich hatte die SS ihre Maschinengewehre auf uns gerichtet. Aber irgend etwas war anders, stimmte nicht. Sie trugen zwar ihre normalen Uniformen, aber sie hatten sich weiße Armbinden übergestülpt. Wir fragten uns, was das zu bedeuten habe.

Gegen Mittag standen Elli und ich außerhalb der Baracken, die Sonne kam durch die Wolken und schien auf uns herab. Plötzlich begann die Erde unter unseren Füßen zu zittern, dröhnender Lärm erfüllte die Luft. Vorsichtig gingen wir bis zur Mitte des Lagerplatzes und näher an den Stacheldrahtzaun, der uns von der Hauptstraße des Lagers trennte. Wir sahen plötzlich riesige Panzer, kriechende Monster, die sich von einem Ende der Straße zur anderen aneinanderreihten.

Die Männer auf den Panzern trugen khakifarbene Uniformen. Wir beobachteten alles benommen und verwirrt. Plötzlich durchdrang ein schriller, hysterischer Schrei einer Frau die Luft, sie zeigte auf die Soldaten: »Seht nur, die Engländer ... Sie sind gekommen, der Krieg muß vorbei sein!! Wir sind frei!!«

Wir blickten uns ängstlich und ungläubig an. Könnte das wirklich sein? Wir blieben regungslos stehen, bis die Soldaten von den Panzern sprangen und zum Lagertor kamen. Einige von uns begannen zu schreien, andere jubelten und lachten. Einige englische Soldaten und Offiziere betraten das Lager. Die Deutschen schienen plötzlich wie vom Erdboden verschwunden. Jetzt hatten sich Soldaten in Khakiuniformen an den Toren postiert. Wir standen erwartungsvoll vor ihnen, klammerten uns an jede ihrer Bewegungen. Einer sprach uns auf englisch an:

»Wir haben dieses Lager befreit. Aber wir sind auf das, was wir hier mit eigenen Augen sehen und vorfinden, nicht vorbereitet. Wir werden versuchen, so schnell wie möglich Wasser, Essen und Medikamente herbeizuschaffen«.

Und so war es. Wir waren befreit. Endlich brachen Tränen, Lachen, Umarmungen und unkontrollierbares, sinnloses Weinen aus uns heraus. Die Engländer sahen uns schweigend an. Sie standen da und starrten auf uns, in ihren Augen spiegelte sich der Horror des Unfaßbaren. Als wir uns einige Zeit später ein wenig beruhigt hatten, fragte derjenige, der vorher schon etwas zu uns gesagt hatte, ob jemand Englisch könne. Ich und etliche andere von uns hoben ihre Hände. »Das ist gut, wir können euch gebrauchen. Ihr könnt für uns übersetzen.«

Sie betrachteten uns immer noch sehr genau, sahen auf unsere abgerissene, schmutzige Kleidung, unsere ausgezehrten, tränenüberströmten Gesichter. Wir sahen den ungläubigen Ausdruck anhaltender Verwunderung in ihren Gesichtern. Ich wurde nach kurzer Zeit drei Offizieren zugeteilt. Der Größere stellte sich selbst vor. »Ich bin Major Brinton. Ich komme aus Schottland. Du wirst dich an meinen Akzent schnell gewöhnen«, lachte er. »Ich möchte gern in einige der Baracken hineinsehen, mit Leuten sprechen und einige Fragen stellen. Du könntest für mich übersetzen.«

Mit mehr Energie, als ich mir selbst noch zugetraut hatte, zeigte ich ihm den Weg. Wir gingen zunächst in das nächstgelegene Barackengebäude. Die meisten der Frauen hier waren zu schwach gewesen, um nach draußen zu kommen. Viele lagen bereits im Sterben. Der Major fragte nach Namen, Staatsangehörigkeit und wie lange sie schon im Lager seien. Die meisten Insassinnen weinten. Einige versuchten, den Offizieren die Hand zu küssen. Alle baten um Essen.

Ich sah die Engländer an. Sie waren absolut unfähig zu begreifen, was sie sahen.

Nacktes Entsetzen lag auf ihren Gesichtern. Sie starrten auf menschliche Wesen, abgemagert bis aufs Skelett, mit brennenden Augen und schwankenden Stimmen. Sie hatten nur noch wenig Ähnlichkeit mit Frauen. Diese noch atmende Ansammlung von Haut und Knochen trug jedoch alle die Hoffnung auf Leben in sich. Mit eingefallenen Augen folgten sie uns.

Der Bereich der Männerbaracken war noch grausiger. Ich war vorher niemals hier gewesen. Alle diese Männer waren schon lange Zeit in Bergen-Belsen; sie sprachen nicht mehr, kein Lächeln lag auf ihren Gesichtern. Auf einer Schlafstelle in einer Ecke sahen wir das Skelett eines Mannes; er war derartig abgemagert, daß an seinem Schädel alle Knochen hervortraten. Er sah uns aus fiebrig glänzenden, eingefallenen Augen an. In einer Hand hielt er ein Messer, und noch während wir ihn ansahen, schnitt er in den Schenkel eines nahegelegenen toten Körpers und schlang gierig das Stück Fleisch hinunter. Zwei der Offiziere drehten sich um und rannten nach draußen; der dritte mußte sich auf der Stelle erbrechen.

Einer der Engländer schrie:

»Um Gottes Willen, laßt uns Hilfe holen!«

Frauenbaracke im KZ Bergen-Belsen, April 1945.

THE INFAMOUS BELSEN CONCENTRATION CAMP
liberated by the British on 15 april 1945.

10,000 UNBURIED DEAD WERE FOUND HERE.
ANOTHER 13,000 HAVE SINCE DIED,
ALL OF THEM VICTIMS OF THE
GERMAN NEW ORDER IN EUROPE,
AND AN EXAMPLE OF NAZI KULTUR.

Mahntafel der Britischen Armee auf dem KZ-Gelände in Bergen-Belsen. Fotografiert von Cecilie Landau wenige Wochen nach der Befreiung, Mai 1945.

Ich war wie paralysiert. Ich hatte schon vieles gesehen und erlebt, aber dieser Mann hinterließ in mir eine unbeschreibliche Erschütterung. Obwohl wir befreit waren, fühlte ich mich vollkommen ohne Hoffnung. Die Deutschen hatten es geschafft, uns zu Untermenschen zu degradieren. Würden wir jemals wieder normal sein können? Es schien mir unmöglich.

Die Engländer schwiegen still. Sie waren in keiner Weise auf das gefaßt, was sie hier erlebten.

»Für heute ist es genug. Komm morgen früh um acht zum Lagertor, wir werden dann weitersehen, wofür wir dich gebrauchen können.«

Der Major drückte mir ein kleines Paket mit Keksen und einige Zigaretten in die Hand. »Danke«, murmelte ich. »Laß doch! Das ist gar nichts!«

Es war schon spät, als ich zu unseren Baracken zurückkehrte. Elli und ich teilten uns die Kekse und Zigaretten. Wir saßen auf dem Fußboden, schweigend und noch immer zu benommen, um alles Geschehene zu begreifen. Wir fanden keinen Schlaf. Durch meinen Kopf jagten alle möglichen Zukunftspläne. Ich würde meiner Familie nach Palästina, England und in die USA schreiben. Sie hatten seit mehr als vier Jahren nichts von uns gehört. Bisher wußten sie nicht, daß Mutter und Vater ermordet worden waren. Und Karin, meine Schwester? Wo sie wohl jetzt sein mochte? Ich fragte mich das immer wieder und hoffte. Vielleicht würde ich eines Tages von ihr hören? Vielleicht würde sie nach Hamburg kommen? Vielleicht... Sie mußte am Leben sein... Ich erinnerte mich an unsere Trennung bei der Deportation aus dem Getto in Lodz. Wo hatte man sie hingebracht? Ob sie auch befreit war?

Die Befreiung mit der Aussicht auf ein normales Leben bedeutete für uns nicht, glücklich sein zu können. Statt dessen kehrten Gefühle zurück, die so lange Zeit durch den täglichen Kampf um das physische wie seelische Überleben unterdrückt worden waren: Schuld, Einsamkeit und vollkommene Zerstörung.

Die Wirklichkeit unserer Befreiung war so entschieden anders, als ich sie mir immer vorgestellt hatte. Aber das war wohl verständlich. Ich hatte von Fanfaren, von Musik, Tanz und Feuerwerk geträumt. Ich hatte mir ein riesiges Fest ausgemalt. Aber in der Realität erlebten wir nur die anhaltende Trauer um die Toten und nur wenig Hoffnung auf Leben. Die Befreiung war leise vor sich gegangen. Sie brachte ebensoviel Trauer wie Erlösung. Vor allem bedeutete sie die Gewißheit, daß Tausende von uns diese Freude nicht mehr miterleben konnten. Viele von uns würden nur noch bis zum Ende der Woche leben.

Es war bereits Mitternacht, als die Britischen Truppen endlich Trinkwasser in das Lager schafften. Es folgte eine große Lieferung von Kilodosen mit Schweinefleisch in Stücken und Schmalz. Die meisten Lagerinsassen schlangen den ganzen Inhalt der Dosen in wenigen Minuten hinunter. Ich kaute weiterhin nur auf meinen Keksen und hatte Angst davor, jetzt schon Schweinefleisch zu essen. Diejenigen, die das Fleisch gegessen hatten, mußten sich in weniger als einer Stunde erbrechen und krümmten sich in fürchterlichen Magenkrämpfen. Elli und ich gingen nach draußen; der Gestank in den Baracken war noch weniger auszuhalten als vorher. Ich beschloß, die Engländer um mehr Kekse oder Brot zu bitten, zumindest für eine Weile noch, bis sich unser Magen wieder an Essen gewöhnt hatte.

Noch in der Dämmerung des nächsten Morgen gingen wir fünf, die für Übersetzungsarbeiten ausgesucht worden waren, an das Lagertor. Es wurde langsam heller, und wir sahen die Sonne am Horizont aufgehen. Einige Zeit später erschien der Major mit seinen Offizieren.

Er wollte wissen, ob wir schon lange warteten. Seit Tagesanbruch, antworteten wir. Er sah verblüfft aus. Wir erklärten ihm, daß wir keine Uhren hätten, sie seien uns von den Deutschen in Auschwitz abgenommen worden.

»Kommt mit«, sagte der Major.

Zum ersten Mal seit meiner Ankunft vor vielen Tagen wurde das Lagertor für uns geöffnet, und wir gingen hindurch. Nie zuvor hatten wir die Umzäunung des Lagers verlassen. Es war eindrucksvoll, in den früheren SS-Bezirk zu gelangen, ohne auch nur einen Deutschen zu treffen.

Wir folgten dem Major zu den Baracken der Deutschen und blieben vor einem grüngestrichenen Gebäude mit der Aufschrift »Vorratslager« stehen. Wir mußten drei Stufen nach oben gehen, dann öffnete der Major eine Tür. Drinnen lagen auf den Tischen, auf Borden und auf dem Fußboden ordentlich aufgeschichtet Hunderte von Schachteln. In ihnen befanden sich Damenuhren, Herrenuhren, Ringe, Armbänder, Broschen und Perlenketten. An der gegenüberliegenden Wand lagen große Schachteln, die bis zum oberen Rand mit Goldmünzen und ausländischen Währungen gefüllt waren.

Wir blickten uns beklommen und schweigend um. Wir erinnerten uns plötzlich an Auschwitz und daran, wie uns solche Schmuckstücke von den Fingern, vom Handgelenk oder auch vom Hals genommen worden waren. Berge von Goldzähnen, den Toten einfach aus dem Mund gerissen, lagen hier und warteten auf ihre Verteilung oder den Verkauf an Deutsche.

»Ich möchte, daß sich jede von euch eine Uhr aussucht, damit ihr immer pünktlich zur Arbeit kommen könnt. Aber vergewissert euch, daß sie auch noch läuft.«

Ich streckte meine Hand aus, doch unwillkürlich zog ich sie wieder zurück. Ich mußte an die Besitzer denken. Ich sah die Gesichter meiner Mitgefangenen vor mir, wie sie dicht gedrängt, das Schlimmste befürchtend, dastanden. Wo waren sie nun? Die Stimme von Major Brinton unterbrach mein Nachdenken.

»Nun komm schon, entscheide dich!«

Ich griff nach einer kleinen, rechteckigen Silberuhr, zog sie auf und beobachtete, wie der Sekundenzeiger zu laufen begann. Unglaublich! Die Rückseite war ein wenig angerostet, das Lederarmband schwarz und getragen. Ich band mir die Uhr ums Handgelenk und betete, daß die Besitzerin noch leben möge, die Uhr wiedererkennen und zurückfordern würde. Sie tat es niemals.

Einige Tage nach unserer Befreiung begann eine Art Routinealltag in Bergen-Belsen. Die Übersetzungsarbeit beschäftigte mich so sehr, daß ich alles andere darüber vergaß. Das Essen wurde besser; es gab jetzt einen heißen Eintopf, dunkles Brot und heißen Tee. Keiner mußte hungern. Aber trotzdem starben täglich Hunderte. Für sie waren das Essen und die Freiheit zu spät gekommen.

Ich hatte bereits zwei Wochen als Übersetzerin gearbeitet und nahm eines Tages allen Mut zusammen, um den Major zu fragen, ob ich duschen oder baden könnte.

Er sah mich beschämt an; wie hätte er es auch verstehen können? Für mich war es fast vier Jahre her.

»Natürlich. Ich werde alles Nötige für dich und die anderen veranlassen.«

Ein junger weiblicher Offizier des britischen Roten Kreuzes nahm uns fünf mit zu den Duschen in den früheren SS-Baracken. Sie gab uns ein kleines Stück Seife und ein Handtuch. Die Duschen funktionierten! Heißes Wasser strömte über unsere kurzen, stoppeligen Haare und die dünnen Körper. Himmlisch! Ich seifte mich ein und duschte und seifte wieder und wieder. Vielleicht hoffte ich, daß das saubere, heiße Wasser eine Distanz zwischen der dunklen, blutigen Vergangenheit und der Gegenwart schaffen könnte. Ich wollte, daß nur noch die Gegenwart zählte.

Aber es ging nicht. Die Vergangenheit ließ sich nicht verbannen, noch nicht – vielleicht nie. Schließlich verließ ich die Dusche, trocknete mich ab und zog mir wieder die zerlumpten, schmutzigen Sachen an. Vielleicht würden wir auch bald neue, saubere Kleidung bekommen.

Während der nun folgenden Tage wurden große Bagger in das Lager gefahren. Sie hoben tiefe Löcher aus. Dann schaufelten sie Tausende von Leichen, die in riesigen Haufen zusammenlagen, in die gähnend tiefen Gruben. Diejenigen, die es konnten, waren während der Massenbeisetzung anwesend.

Ich stand am Rande einer Grube und hörte, wie der Militärseelsorger Gebete in englischer Sprache rezitierte und das Kaddish auf hebräisch.

Plötzlich hob sich die Erde unter mir, in meinem Kopf drehte sich alles, meine Arme sanken herab, und die Welt um mich herum wurde schwarz.

Später, in einem hellen, luftigen Raum, öffnete ich wieder meine Augen. Eine freundliche Stimme erklärte mir, daß ich ohnmächtig geworden sei. Sanfte Hände legten kalte Kompressen auf meinen Kopf, und ich fiel in unbändiges Schluchzen und Ströme von Tränen. Ich konnte weder sprechen noch irgendetwas erklären. Keine Sprache konnte die Tiefe meines Schmerzes und meiner Trauer wiedergeben, es gab keine Wörter, die das Gefühl vollkommenen Verlorenseins ausdrücken konnten.

Kriegsende

Am Rande des Grabes
Die Befreier
Mit großen, grünen
Baggern
Schlammbedeckt
Die feuchtwarme Erde umwühlend,
Bis ein schwarzes, gähnendes Loch
den Gestank verwesender Körper,
Namenloser
Männer, Frauen und Kinder
bedeckt.
Ermordet durch Haß.

Der Geistliche rezitiert seine Gebete.
Seine Worte sprechen sanft und voller Schmerz
von Vergangenheit und Zukunft.
»Unsere Toten – sie werden niemals vergessen.«
Ihre verzweifelten, flehenden Stimmen
Klingen in meinem Ohr.
Der Himmel über mir beginnt sich zu drehen,
Dreht sich wie ein Ballon.
Und der Boden unter meinen Füßen
Öffnet sich, und ich stürze
Ins Nichts.

Ich öffne meine Augen,
Spüre die Berührung freundlich sanfter Hände,
Ein sorgendes Gesicht
In einem sonnendurchfluteten, blauen Raum.
Draußen
Drehen und arbeiten
Immer noch die Bagger
Ihre kreischenden Maschinen
Graben Jahre angestauten
Schmerzes aus.
Ich weine um die
In der gähnenden, schwarzen Grube.
Die Toten —
Meine ewige Unruhe.

D. P. Camp Bergen-Belsen

April – Dezember 1945

Für mich endete der Krieg am 15. April 1945, als ich in Bergen-Belsen von der englischen Armee befreit wurde. Ich fühlte mich den Engländern gegenüber dankbar: befreit worden zu sein war wundervoll und immer noch fast unglaublich. Ich hatte überlebt. Keine Schläge mehr, kein Hunger, keine Morde. Dennoch war die Wirklichkeit der Befreiung nicht das, was ich erwartet hatte. Die Befreiung war nahezu lautlos vor sich gegangen und weit entfernt von dem, was ich immer erträumt hatte. Ich vermißte die Fanfaren, Euphorie und Freude. Vielleicht war ich aber auch nicht mehr in der Lage, Freude zu empfinden. Wie oft hatte ich mir in Tagträumen mein Leben nach dem Krieg ausgemalt. Meine Träume waren stets eine Wiederholung des Lebens vor dem Krieg gewesen: unsere sonnige Wohnung, die familiäre Geborgenheit, meine Freundinnen, ein seidenes blaues Kleid mit einem weitschwingenden Rock. Vor fünf Jahren noch hatte ich an Feiern, Tanz, Jungen und den Besuch einer Kunstschule gedacht. Doch anstelle von Feiern – Massenmord. Anstelle von Tanz – Mengeles Selektionen. Anstelle einer Kunstschule die Kunst des Todes, Entmenschlichung und Verzweiflung. Mein Seidenkleid – ein gestreifter Lumpen mit einem gelben Stern.

Bis zum Zeitpunkt meiner Befreiung war mir noch nicht bewußt geworden, daß die kurze, glückliche Phase meines Lebens für immer vorbei war. Ich war physisch und psychisch zerrüttet. Meine Familie, meine Freunde, sie alle gab es nicht mehr. Alle, jeder einzelne war für immer gegangen. Allmählich wurde mir klar, daß ich nie mehr zu dem zurückkehren konnte, was gewesen war, sondern mich etwas anderem Unbekannten und Ungewissen stellen mußte. Aber auch diese Zukunft schien versperrt. Ich war noch immer nicht frei.

Zuerst wurde ich, wie so viele andere meiner Leidensgenossen, krank. Wir alle litten an den Folgen der Unterernährung. Typhus und Tuberkulose waren die Hauptprobleme. Ich erinnere mich verschwommen an die wechselnden Zustände von Ohnmacht und Bewußtsein in hohem Fieber und an meine Weigerung, in ein Krankenhaus zu gehen.

Sabina, eine Freundin aus früheren Lagerzeiten, kühlte mein Gesicht, indem sie kalte Kompressen auf meine heiß e Stirn legte und mir Trinkwasser zubereitete. Meine Nieren funktionierten nicht mehr richtig, und ich hatte andauernd Schmerzen. Auf meinen Schultern und meinem Nacken bildeten sich große, entzündliche Furunkel, die sehr schmerzhaft waren. Sie platzten nach einiger Zeit auf, trockneten und heilten langsam ab; doch es wuchsen immer wieder neue nach. Die englischen Ärzte hatten weder eine Erklärung noch irgendeine Medizin für mich. Sie hielten die Kombination von Schmutz, mangelnder Hygiene und dem Leben unter völlig rechtlosen Bedingungen für die mögliche Ursache.

»Sie werden in sechs Monaten verschwunden sein. Alles, was du brauchst, ist eine regelmäßige Diät«, erzählten sie mir.

Aber wo und wann hätte ich eine bekommen können? Wir bekamen regelmäßiges Essen, das für uns in der Armeeküche zubereitet wurde. Es bestand aus einem Eintopf mit kleingeschnittenem, getrocknetem Gemüse und dazu einem Stück Schwarzbrot. Aber es gab kein Fleisch, kein Obst oder frisches Gemüse, niemand hatte etwas von Vitaminen gehört.

Elli war, nachdem sie die vergangenen vier Jahre im Getto und in Konzentrationslagern überlebt hatte, sehr schwer erkrankt und mußte in ein Krankenhaus. Als ich sie besuchte, lag sie völlig bleich und dünn zwischen den weißen Bettüchern.

»Werde ich es schaffen?« fragte sie mich flüsternd. »Sie haben mir gesagt, daß ich kranke Lungen habe und eine Heilkur brauche. Der Krieg ist doch nun vorbei, und ich bin kränker als je zuvor.«

Ich hielt ihre Hände und betete lautlos. »Lieber Gott, bitte laß sie jetzt nicht sterben ...«

Einige Tage später geriet ich bei meinem Besuch in Panik. Ellis Bett war leer.

»Wo habt ihr sie hingebracht? Was habt ihr mit ihr gemacht?« Ich schrie die Krankenschwestern an.

Sie versuchten, mich zu beruhigen, und erklärten, daß man Elli in ein Schweizer Sanatorium geschickt habe, weil sie dort eine spezielle Behandlung bekommen könnte, die sie so dringend brauchte. Ich verließ das Krankenhaus wieder, sehr traurig und sehr müde. Ich fragte mich, ob Elli und ich uns je wiedersehen würden...

Wir waren in einem großen, rotgeklinkerten Flachbau untergebracht, einer früheren Kaserne der Deutschen, die immer schon als Unterkunft für die Deutsche Wehrmacht gedient hatte. Sechs bis sieben Frauen bewohnten einen großen Raum und schliefen in grauen Metallbetten. Am Ende der langen Halle befand sich unser schlafsaalähnlicher Waschraum. Ich sehnte mich nach etwas Privatheit. Doch die gab es nicht.

Wir hatten die Erlaubnis, uns im gesamten Lagergelände frei zu bewegen. Doch die Engländer hatten uns keine Genehmigung erteilt, das Lager zu verlassen. Manchmal wurden diese Vorschriften jedoch mißachtet, und ab und zu kam einer von seinem Ausflug aus dem besetzten Deutschland mit Geschichten über die totale Niederlage des Landes zurück. Manchmal brachten sie kleine Souvenirs aus Kristall, Porzellan und Schmuckstücke mit, die sie gegen Brot eingetauscht oder auch gestohlen hatten:

»Warum bezahlen? Die Deutschen haben uns jahrelang eingesperrt, was schulden wir ihnen?«

So gab es Zwischenfälle und Streit zwischen den D. P.s und der deutschen Zivilbevölkerung, aber die Engländer waren bemüht, dies zu ignorieren.

Ein ständiges Anliegen von uns allen war die Suche nach vermißten Familienangehörigen. Hela suchte ihren Vater.

»Er ist immer ein kräftiger Mann gewesen, hat schwer gearbeitet und war nicht kleinzukriegen. Ich bin mir ganz sicher, daß er noch leben muß.«

Aber es gab kein Lebenszeichen von ihm, und der letzte Ort, an dem er gesehen wurde, war Auschwitz. Hier endete seine Spur.

Sabina hatte mehr Glück. Sie fand ihre jüngere Schwester Dzuta durch das Rote Kreuz. Sie war mit einem der Kindertransporte nach Schweden geschickt worden. Jetzt versuchte auch Sabina alles, um eine Einreiseerlaubnis für Schweden zu bekommen. Lola suchte ihre Mutter. Wir hörten, daß sie unter fürchterlichen Bedingungen im KZ Mauthausen gearbeitet und dort vor Hunger und Erschöpfung gestorben war. Zwei Frauen aus ihrer Gruppe hatten es geschafft zu überleben, und diese Neuigkeit verbreitete sich in Windeseile von einem zum anderen.

Ich hörte nicht auf, nach jeder noch so bruchstückhaften Information über das Schicksal meiner kleinen Schwester Karin und über Julie und Julius, das ältere Paar, mit dem ich mich im Getto angefreundet hatte, zu suchen. Ich bekam stets die gleichen Antworten auf meine Fragen. Alle Kinder und alle alten Menschen, die 1942 aus dem Getto deportiert worden waren, sind von den Deutschen umgebracht worden. Die Erinnerung an Karin, an das, was ich für sie getan und was ich nicht getan hatte, quälte mich Tag und Nacht. Ich hatte unserer Mutter versprochen, auf Karin aufzupassen, und hatte es doch nicht geschafft, sie am Leben zu erhalten. Die Deutschen hatten sie während der Selektion im Getto Lodz von meiner Seite gerissen. Immer wieder sah ich das angstvolle, tränenüberströmte Gesicht der kleinen Karin vor mir. Es war unmöglich, mich mit dem endgültigen Verlust von Karin, von Mutter und Vater abzufinden. Ich fühlte mich verzweifelt und fragte mich ständig, wieso ich das Recht zu leben hatte und nicht sie? Auf diese Fragen gab es jedoch keine Antworten, nur die Schuldgefühle einer Überlebenden.

Fast täglich kamen Besucher aus anderen Lagern, Männer und Frauen, die sich von einem Lager zum anderen schleppten, um nach Angehörigen zu suchen. Einige blieben; andere gingen in den Westen, einige kehrten sogar nach Polen zurück. Eines Morgens traf ich auf dem Weg zur Arbeit meine alte Freundin Chawa Levi, die ich seit über einem Jahr nicht gesehen hatte. Wir hatten im Getto von Lodz im selben Büro gearbeitet. Sie erzählte, zu Fuß und per Anhalter aus einem Lager in Süddeutschland kommend, daß sie nach ihrer jüngeren Schwester Dorka suche. Sie fragte auch mich nach Informationen, doch konnte ich ihr nicht weiterhelfen.

»Ich habe mit vielen unserer früheren Freunde gesprochen«, sagte sie. »Ich habe auch gehört, daß Szaja noch lebt. Wahrscheinlich geht er nach Polen zurück.«

Chawas Neuigkeit überraschte mich sehr. Die Erwähnung von Szajas Namen ließ in mir sehr unterschiedliche Gefühle und Erinnerungen wachwerden; unsere Nähe, unsere gemeinsamen Gänge durch die Straßen des Gettos, Liebe, Verlassensein, und am Ende, daß er mir mein Leben rettete. Es schien alles so unendlich lange her zu sein ... Aber die Gefühle waren immer noch lebendig.

»Hat er von mir gesprochen?« fragte ich.

»Das weiß ich nicht«, antwortete Chawa.

Ich sehnte mich immer noch danach, ihm etwas zu bedeuten. Würde er in Bergen-Belsen haltmachen? Würde er mich suchen? Ich wünschte mir sehr, daß er es täte... Aber eine kleine Stimme in mir sagte, daß er es nicht tun werde. Die Monate vergingen, ich dachte oft an Szaja, hörte aber nie etwas von ihm. Mittlerweile war er sicher wieder in Lodz eingetroffen – einem Ort, den ich in meinem ganzen Leben nicht mehr sehen wollte, niemals mehr.

Alles, was mir blieb, waren meine Erinnerungen. Glücklicherweise war meine Arbeit eine tägliche Herausforderung, die mich mit der Gegenwart konfrontierte und gleichzeitig zwang, in ihr zu leben. Ich hoffte, dadurch gesund zu werden und zu bleiben. Ich sprach Englisch und Deutsch, und konnte mich im Polnischen und Französischen zurechtfinden. Ich arbeitete für Jock Brinton, einen englischen Offizier. Er war ein kräftiger Mann, dunkelhaarig, mit dunklen Augen, ungefähr 1,50 m groß, etwas korpulent und mit einer durchdringenden Stimme. Ich arbeitete als Übersetzerin von acht Uhr morgens bis sechs Uhr abends, an sechs Tagen pro Woche. Er ließ mich rufen, wann immer er Gespräche oder Briefe übersetzt haben mußte. Er verlangte Simultanübersetzungen, die schnell und genau ausgeführt werden mußten. Englisch zu sprechen war eine große Herausforderung, doch die Arbeit und der ständige Kontakt mit den Engländern halfen mir wenigstens für Stunden, meine Vergangenheit zu vergessen.

D. P.s bekamen nur einen geringen Lohn, und die an uns gezahlten Beträge bestanden aus sogenannter »Besatzungsmark«, einem Geld, das von der Armee übergangsweise herausgegeben wurde, um die Zeit bis zu einer neuen, stabilen Währung zu überbrücken. Diese Mark war fast wertlos. Man konnte sehr wenig dafür kaufen. Die tatsächliche Währung im besetzten Deutschland bestand aus Nahrungsmitteln, Kaffee und Zigaretten.

Die meisten meiner Freunde verbrachten den Tag mit Gesprächen, Besuchen und Warten auf das HIAS oder das Joint Distribution Committee, um durch sie eine Auswanderung zu bekommen. Ein neues Zuhause konnte jedes nur denkbare Land sein, das bereit war, D. P.s aufzunehmen. Dazu waren aber nur wenige Länder bereit. Die Tatsache, daß wir in einem D. P.- Camp lebten, wirkte sich als zusätzliches Hindernis für Einreisevisa aus.

Ich hatte die Hoffnung, nach Palästina oder in die USA auszuwandern, wo ich noch Familie oder Freunde hatte. Aber ich besaß keinerlei persönliche Papiere mehr; keinen Paß, keine Geburtsurkunde, somit keinen Nachweis meiner Existenz, geschweige denn, daß ich beweisen konnte, daß ich Cecilie Landau war. Paris und London, die beiden Großstädte, in denen Konsulate existierten, die Visa ausgeben konnten, waren weit weg, und ich hatte kein Geld, um dorthin zu kommen. Ohne gültige Dokumente war es sowieso nicht möglich. Es schien keinen legalen Weg zu geben, aus diesem Kreislauf von Hindernissen auszubrechen. Doch hatte ich trotz dieser Schwierigkeiten nicht die geringste Absicht zu warten. Ich wußte genau, daß ich Deutschland, ja sogar Europa, so schnell wie nur möglich verlassen mußte, um eine reale Chance zu bekommen, ein normales Leben führen zu können.

Ich machte Pläne und dachte über verschiedene Möglichkeiten nach, Deutschland zu verlassen. In Anbetracht meiner eigenen, sehr begrenzten Kräfte bezogen sich alle Auswanderungspläne auf meine Freunde und Verwandten im Ausland. Doch hier stellte sich für mich ein neues Hindernis. Es gab noch keinen normalen Briefverkehr mit dem Ausland. So bat ich einen meiner englischen Übersetzerkollegen, ob ich seinen Namen und seine APO-Nummer benutzen könne, um ins Ausland zu schreiben. Er stimmte zu, und ich schickte sofort verschiedene Briefe heraus; einen an Onkel Hermann, Vaters Bruder in Palästina; andere Briefe an Freunde in den USA und in England. Ich wollte, daß sie wußten, daß ich überlebt hatte, und mehr noch, daß meine Eltern und meine Schwester ermordet worden waren.

Nach ungefähr einem Monat Wartezeit erhielt ich schließlich eine erste Antwort von meinem Onkel. Ich war überglücklich. Als ich den Brief überflog, kam mir plötzlich eine Idee. Wenn ich heiratete und die Ehefrau eines palästinensischen Bürgers sein könnte, würde ich Deutschland verlassen dürfen. In meinem Antwortschreiben bat ich meinen Onkel, ob er mir bitte helfen wolle, aus Deutschland herauszukommen. Er solle zu Besuch kommen und mich heiraten, damit ich mit ihm nach Palästina einreisen könne. Wieder verging ein Monat, bis ich eine Antwort erhielt. Er schrieb, daß er alt und kränklich sei und nicht mehr reisen könne. Doch habe er meinem Vetter Fred geschrieben, der in der palästinensischen Brigade der britischen Armee diente und in Holland stationiert war. Er habe Fred meine Adresse gegeben, und er würde mich bald benachrichtigen. Onkel Hermann schrieb auch, daß Fred schon zugestimmt hatte, mich zu heiraten, um mich aus Deutschland wegzubringen. Ich hätte meinen Onkel vorgezogen, aber in meiner Ratlosigkeit war ich bereit, jeden zu heiraten, der mich fortbrachte. Eine spätere Scheidung würde das Problem einer solchen Heirat lösen.

Eines Abends im Juli, als ich von meiner Arbeit kam, fand ich Fred, der in unserem Raum saß und auf mich wartete. Ich erkannte ihn sofort, weil er eine verblüffende Ähnlichkeit mit meiner Mutter hatte. So wußte ich, wer er war, bevor er aufstand und mich umarmte. Er sah gut aus, meine Freundinnen fanden ihn sogar hübsch. Fred war Ende Zwanzig, höflich und hatte gute Manieren. Wir gingen nach draußen und machten einen langen Abendspaziergang. Es gab so vieles, was ich über die Familie in Palästina wissen wollte. Doch am meisten interessierte mich, ob er mich wirklich heiraten wolle.

»Selbstverständlich will ich das«, antwortete er sofort. »Meine Eltern halten es für eine sehr gute Idee.«

Ich war über diese Neuigkeit glücklich – aber nur für einen Moment. Beiläufig fuhr er fort:

»Obwohl wir Vetter und Cousine sind, können wir doch ein wundervolles Leben zusammen haben.«

Ich war perplex. Hatten er und seine Familie tatsächlich daran gedacht, daß unsere Heirat dauerhaft sein sollte? Ich war davon ausgegangen, daß Fred davon wußte, daß diese arrangierte Heirat nur ein Trick war, um Deutschland verlassen zu können. Jetzt gab es für mich ein neues Hindernis, doch ich sagte kein Wort und beschloß, den bereits gefaßten Heiratsplan nicht mehr aufzugeben. Alles andere konnte man später regeln. Ich war verzweifelt entschlossen, endlich auszuwandern. Wir setzten unseren Spaziergang fort. Ich fragte ihn nach seinem Beruf, nach dem, was er in der Freizeit mache, ob er Theater oder Musik liebe und welche Hobbies er habe.

Ich erfuhr , daß er von Beruf Tischler war. Bücher, Museen oder Theater interessierten ihn nicht sehr. In seiner freien Zeit half er seinen Eltern im Haus, im Garten und in ihrem kleinen Lebensmittelladen. Er besaß kein Auto, sondern fuhr Fahrrad. Schließlich sagte er mir, daß ich den kleinen, stillen Ort in Palästina sicher sehr mögen würde. Natürlich würden wir bei seinen Eltern leben.

Fred blieb nur drei Tage, aber ich war mir sicher, daß, falls mein Plan in Erfüllung ginge, ich nicht mit ihm verheiratet bleiben wollte. Er war sehr liebenswert, aber völlig uninteressant. Uns verband einzig und allein die Tatsache, daß sein Vater und meine Mutter Geschwister waren. Wenn ich darüber nachdachte, daß die Familie einfach über unsere Heirat und unsere Zukunft entschieden hatte, war ich richtig böse. Es machte mich panisch, doch ich versuchte mich immer wieder zu beruhigen und mich auf das wesentliche Ziel zu konzentrieren: Deutschland zu verlassen.

»Ich werden alles Nötige mit meinem vorgesetzten Offizier regeln, damit wir so schnell wie möglich heiraten können. Ich bin sicher, daß meine Bitte erfüllt wird.«

Er sah glücklich aus, und ich war mir ganz sicher, daß er eine Ehe auf Dauer wollte und erwartete. Ich fühlte mich bei seiner Abreise erleichtert und dachte mit gewissen Sorgen an die Zukunft.

Während der folgenden sechs Wochen kamen regelmäßig Briefe von Fred aus Holland. Je mehr er schrieb, desto sicherer war ich mir, daß ich nicht mit ihm leben wollte. Trotzdem blieb er in dieser Situation meine größte Hoffnung, aus Deutschland herauszukommen.

Eines Morgens, Wochen nach Freds Besuch, erschienen zwei englische Offiziere in unserem Büro.

»Bist du Cecilie Landau? Wir möchten uns gerne mit dir unterhalten.«

»Selbstverständlich«, sagte ich und holte zwei Stühle herbei.

Ich wußte, daß jeder, der für die Engländer arbeitete, aus Sicherheitsgründen überprüft wurde, und ich wollte unbedingt meine Arbeit behalten.

»Wo bist du geboren?« fuhr er fort.

»In Hamburg, Deutschland«, antwortete ich.

»Welche Staatsangehörigkeit hast du?«

»Polnisch.«

»Wie ist das möglich, wenn du in Deutschland geboren bist?«

»Meine Eltern hatten die polnische Staatsangehörigkeit, obwohl sie in Deutschland lebten, und auch ich bin seit meiner Geburt polnisch«, erklärte ich ihnen.

»Das hört sich aber nicht glaubwürdig an, kannst du es beweisen?«

»Ich bin in Hamburg, Deutschland, geboren und hatte wie meine Eltern von Geburt an einen polnischen Paß. Während des Krieges war ich in Polen. Aber meine Papiere sind mir alle in Ausschwitz genommen worden.«

»Du bist in Deutschland geboren, und das macht dich in unseren Augen zu einer Deutschen.«

»Vielleicht in Ihren Augen, aber ich bin keine Deutsche. Ich hatte immer nur polnische Papiere.«

Polin zu sein ist zwar keine besondere Sache, dachte ich, aber jedenfalls besser als eine Deutsche.

Die beiden Offiziere bedankten sich bei mir und verließen danach höflich das Büro. Ich hatte in dem Moment ein komisches Gefühl und sorgte mich, ob ich jetzt vielleicht meine Arbeit verlieren könnte. Hatte ich die richtigen Antworten gegeben? Hätte ich noch etwas anderes tun können....?

Einige Wochen später rief mich Fred aus Holland an. Er klang aufgeregt und enttäuscht.

»Mein Antrag, dich zu heiraten, ist abgelehnt worden. Ich habe keine Begründung bekommen. Ich bin böse und sehr, sehr traurig.«

Ich war niedergeschlagen. Mein Plan war nicht in Erfüllung gegangen. Aber im Hinterkopf war auch ein kleines bißchen Erleichterung, so brauchte ich Fred nicht zu heiraten. Doch gleichzeitig wurde mein Anliegen, aus Deutschland herauszukommen, zu einem inneren Zwang.

Am nächsten Morgen erschien ich wieder in Major Brintons Büro.

»Mädchen, du hast die Sache verpatzt!« entgegnete er unwirsch. »Erinnerst du dich an die beiden Offiziere, die dich befragt haben?«

»Worüber sprechen Sie?« fragte ich verwirrt nach.

»Die beiden befragten dich nach deiner Herkunft, Staatsangehörigkeit und anderem.«

»Oh ja, ich erinnere mich. Was ist mit ihnen?«

»Daß du in Deutschland geboren bist, war für sie vollkommen inakzeptabel. Aus diesem Grund ist deine Heiratserlaubnis verweigert worden. Du kannst keinen englischen Soldaten heiraten.«

Ich war sprachlos und böse. Wenn ich das nur gewußt hätte, so hätte ich ohne weiteres meine Geschichte verändert. Es gab ohnehin keine Papiere, die noch irgend etwas beweisen konnten. Ich hätte alles mögliche sagen können, sogar, daß ich in Polen geboren wurde. Aber dafür war es jetzt zu spät. Major Brinton sah, daß ich den Tränen nahe war, und begann das Thema zu wechseln.

»Erzähl mir von dir. Ich weiß nur ganz wenig über dich. Wie bist du eigentlich hierher gekommen?«

»Ich wurde von den Deutschen von Hamburg in das Getto nach Lodz deportiert. Dort habe ich unter ganz grausamen Bedingungen gelebt und gearbeitet. Ich habe dort meine Mutter und meine Schwester verloren. Mein Vater ist sechs Monate vorher in Dachau ermordet worden. Als die russische Armee vorrückte, lösten die Deutschen das Getto auf und deportierten uns nach Auschwitz, von dort in das Konzentrationslager Neuengamme, Arbeitslager Dessauer Ufer und Arbeitslager Sasel, und zuletzt nach Bergen-Belsen.«

»Welche Art von Arbeit hast du in diesen Lagern gemacht?«

»Meistens Büroarbeit, zeitweilig Bau- und Aufräumarbeiten, Trümmerräumung und auch Fabrikarbeit.«

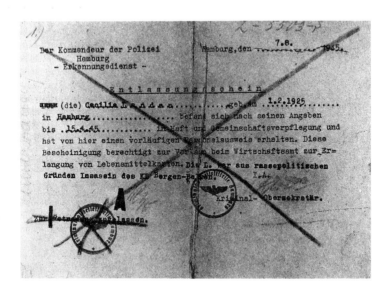

»Für mich endete der Krieg am 15. April 1945, als ich in Bergen-Belsen von der englischen Armee befreit wurde. Ich hatte überlebt. Dennoch war die Wirklichkeit der Befreiung nicht das, was ich erwartet hatte ...«

»Kannst du mir bitte genauer über die Arbeit erzählen?«
insistierte Major Brinton.

»Im Arbeitslager Dessauer Ufer schliefen wir in einer alten
Lagerhalle auf dem Fußboden, während des Tages arbeiteten wir
in verschiedenen Konstruktionsabschnitten der Werften und in
ausgebombten Fabriken. Hier mußten wir überall harte körperliche Arbeit leisten. Hauptsächlich mußten wir Bombenschäden
mit unseren bloßen Händen aufräumen. In Sasel war es anders. Es
hatte sich mittlerweile herumgesprochen, daß ich Deutsch sprechen und schreiben konnte. So wurde ich zusammen mit einer
anderen Frau für Büroarbeit eingeteilt. Dort mußte ich Verteiler-
listen für die verschiedenen Lebensmittel führen, außerdem täglich die Namenslisten für die beiden Gruppen von Lagerinsassen
aktualisieren, ebenso die Listen der SS-Bewacher mit Namen und
Adressen. Ich hatte bald schon so eine Routine in meiner Arbeit,
daß ich nach wenigen Wochen alle zweiundvierzig Namen und
Adressen der SS-Bewacher auswendig konnte. Ich fragte mich oft,
wozu dies gut wäre. Ich habe damals nicht mehr damit gerechnet,
das Ende des Krieges zu überleben.«

»Erinnerst du wirklich die Namen und Adressen der SS?« Jock
Brinton klang ungläubig.

Ich nickte mit dem Kopf. »Jeden einzelnen von ihnen. Warum
fragen Sie?«

»Sie sind Kriegsverbrecher.« Er klang jetzt ganz aufgeregt.

»Ich bestehe darauf, daß du morgen Colonel Tilling triffst und
ihm diese Informationen gibst. Ich werde ihn anrufen und sagen,
daß er dich erwartet.«

Ich dachte daran, wie schwer es sein würde, über die Deutschen zu reden, und daß die Vergangenheit wieder lebendig vor
meinen Augen sein würde. Major Brinton schien mein Zögern zu
spüren.

»Ich sehe, daß du am Zweifeln bist, Celia. Aber du mußt gehen.
Du schuldest es denen, die gelitten haben und gestorben sind.
Versprich mir, daß du gehst.«

Ich versprach es.

Am nächsten Morgens um neun Uhr faßten meine Finger an
den Türknauf von Colonel Tillings Büro. Ich las das Türschild:

»J. H. Tilling – Lt-Colonel RA – Comd No 1 War Crimes Investigation Team – Hohne (Belsen) Camp«.

Ich war mir auch jetzt nicht ganz sicher, ob ich wirklich das Büro betreten wollte, aber ich erinnerte mich an mein Versprechen gegenüber Jock Brinton.

Ich drehte den Knauf, öffnete die Tür und trat ein. Colonel Tilling saß hinter seinem Schreibtisch. Er war ein kleiner Mann mit kurzgeschnittenem, rötlichen Haar, einem schmalen Schnurrbart und den blauesten Augen, die ich je gesehen hatte. Er sah auf.

»Kann ich Ihnen helfen?« fragte er.

»Ich bin nicht sicher. Major Brinton hat vorgeschlagen, daß ich Sie aufsuchen soll«, antwortete ich.

»Oh ja, ich erhielt von Jock einen Anruf. Er sagte, daß Sie interessante Informationen über Kriegsverbrecher haben. Bitte erzählen Sie von Anfang an.«

Ich holte tief Atem und begann dann mit meiner Geschichte:
»Von Oktober 1944 bis März 1945, bis kurz vor unserer Befreiung, war ich Insassin des Konzentrationslagers Neuengamme und arbeitete in zwei Lagern, dem Arbeitslager Dessauer Ufer und dem Arbeitslager Sasel in der Nähe von Hamburg.«

Colonel Tilling hörte mir aufmerksam zu.

»Während der letzten sechs Monate arbeitete ich im Lagerbüro von Sasel und merkte mir die Namen und Adressen der zweiundvierzig SS-Männer und SS-Frauen, die uns bewachten.«

Colonel Tilling sah mich fragend an und gab mir dann Papier und Bleistift.

»Bitte schreibe alle Namen auf.«

Ich spürte, daß er noch nicht überzeugt war. Bevor ich mit dem Schreiben anfangen konnte, fragte er weiter.

»Sagen Sie, gibt es irgendwelche Zeugen, die Ihre Aussagen bestätigen können?«

»Ja, die gibt es«, antwortete ich. »Ich habe zwei Freundinnen, die mit mir im selben Raum wohnten, Elli Sabin und Sabina Zarecki.«

Ich erinnerte mich daran, daß sie mich in Sasel immer beneidet hatten. Ich arbeitete drinnen, sie draußen. Das allein war für sie entscheidend. Sie hatten kein Interesse, sich anzuhören oder anzusehen, welche Schläge und blauen Flecken Kommandant Stark täglich an unseren Beinen und Gesichtern hinterließ. Aus keinem erkennbaren Grund ließ er seine Frustration und Launen an uns aus, indem er uns schlug oder mit seinen genagelten Stiefeln gegen unsere Schienbeine trat. Natürlich würde ich nicht vergessen, den Namen von Kommandant Stark auf die Liste zu setzen.

Ich begann mit dem Buchstaben »A« und schrieb dann alle zweiundvierzig Namen herunter. Als ich die Liste beendet hatte, fühlte ich mich in bezug auf einen SS-Mann unsicher.

»Colonel Tilling«, sagte ich, »es gab einen Wachtmeister, zu dem ich eine Frage habe. Er gehörte zu den untersten Dienstgraden, im Rang eines Rottenführers. Er wurde etwa zwei Monate vor Ende des Krieges entlassen oder versetzt, weil er Magenbluten hatte. Soll ich ihn auch auf der Liste aufführen?«

»Gibt es noch etwas, was du über ihn erinnerst?« wollte Colonel Tilling wissen.

Ich nickte.

Dieser SS-Mann war klein, von blasser Gesichtsfarbe, weißblondem Haar und ganz blaßblauen Augen. Er hieß Wolfgang. Er hatte seinen Wachtdienst überwiegend am Haupteingang, zwischen dem inneren Lager und den außerhalb gelegenen SS-Baracken. Häufig ging er unter unserem Bürofenster auf und ab, um sich ein bißchen warm zu halten. Manchmal, wenn er sich unbeobachtet fühlte, ging er ganz langsam und guckte durchs Fenster. Gelegentlich lächelte er und flüsterte sogar ein ganz leises »Hallo«. Er schien anders zu sein und war der einzige der zweiundvierzig SS-Bewacher, der uns nicht anschrie und uns nicht schlug.

Ich entschied mich, den Versuch zu machen, ihn in meinen Fluchtplan einzuweihen. Als ich ihn das nächste Mal draußen vorbeigehen sah, nahm ich mein Kästchen mit Büroklammern, öffnete die Tür und kippte das Kästchen aus. Dann bückte ich mich langsam und hob Klammer für Klammer auf.

Er flüsterte ein vorsichtiges »Hallo« und sagte, daß er gehört habe, daß ich aus Hamburg komme und er in Altona am Lunapark wohne. Ich bin vorher niemals dort gewesen, aber ich glaubte mich zu erinnern, daß dies ein ärmerer Stadtteil war, mit Mietshäusern und kleinen, dunklen Straßen. Dann erzählte er mir, daß er kein SS-Mann wie die anderen sei und daß er vor Hitler Mitglied der Kommunistischen Partei gewesen sei. Ich war vollkommen überrascht und sah ihn mit ganz neuem Interesse an. Vielleicht ist er eine Art »Salon-Kommunist« gewesen, dachte ich, möglicherweise wird er mir helfen, zu flüchten. Ich entschloß mich, meine Chance wahrzunehmen.

Ich nahm allen Mut zusammen und fragte ihn mit ganz leiser Stimme, ob er mir zur Flucht verhelfen und ein Versteck für mich finden könne. Er sah entsetzt aus! Dann fragte er mich, ob ich überhaupt wisse, welche Strafen uns beiden drohten, wenn man uns erwischen würde. Ich war jedoch fest entschlossen und versuchte es jetzt mit einer Bestechung. Ich erzählte ihm, daß mir in Altona einige Häuser gehörten, die ich geerbt hatte, und bot ihm an, eines der Häuser nach dem Krieg auf seinen Namen zu überschreiben, dann wäre er ein reicher Mann. In seinen Augen lag deutliches Interesse, doch drehte er sich schnell um und ging fort.

Nach drei Wochen betrat er das Büro, zeigte auf mich, händigte mir einen Sack aus und befahl, daß ich den Abfall neben dem Tor draußen aufsammeln sollte. Ich tat, was er mir befohlen hatte, während er dicht hinter mir ging. Dann sagte er mir, daß er in der zuständigen Behörde gewesen sei, um die Grundbücher einzusehen, und jetzt wisse, daß ich die Wahrheit sage. Er sagte, daß er ein armer Mann sei und ein Haus für ihn einen großen Wert bedeutete. Aber er machte keine weiteren Zusagen. Trotzdem spürte ich, daß ich auf seine Habsucht zählen und ihn in meinen Fluchtplan einweihen konnte.

Während der nächsten Wochen mied Wolfgang mich, und ich vermutete, daß mein Vorschlag, trotz großer Versuchung, ihm als ein zu großes Risiko erschien. Und dann, wenige Wochen nach unserem letzten Gespräch, war er verschwunden. Jetzt bekam ich große Angst, daß er mich vielleicht verraten könnte. Doch schließlich kam eines frühen Morgens der Oberscharführer an meinen Schreibtisch und brüllte, daß Rottenführer Wolfgang wegen Magenblutens entlassen worden und von der Liste zu streichen sei. Ich sah ihn nie wieder.

Colonel Tilling war einen Moment ruhig und sagte dann:

»Schreib Wolfgangs Namen auch auf die Liste für den Zeitraum, in dem er dort war.«

So fügte ich den letzten Namen hinzu und übergab dem Colonel das Papier. Er las es einen Moment lang ruhig durch und sah mich dann an.

»Jetzt sagen Sie mir, warum es mehr als drei Monate gedauert hat, bis Sie zu mir kamen, um uns diese Liste zu geben?«

»Ich hatte keine Ahnung, daß Sie daran interessiert sind oder daß tatsächlich etwas gegen die Nazis geschehen würde. Ich hatte eigentlich schon alle Hoffnungen auf Verhaftungen, Prozesse oder Gerechtigkeit aufgegeben.«

»Mädchen, sind Sie verrückt? Natürlich wird es Gerechtigkeit geben. Ich werde jetzt ein paar Tage brauchen, um dies alles zu überprüfen.«

Wir gaben uns die Hand, ich drehte mich um und verließ sein Büro, doch in meinem Kopf zogen Erinnerungen an die Deutschen vorbei, an ihre Gesichter... Würde ich sie jemals hinter Gittern sehen? Würden sie vor Gericht müssen? Würden sie verurteilt werden? Ich hatte große Zweifel... Doch ich hatte keine Zeit mehr, mir lange Gedanken zu machen, denn ich wurde sehr bald in die Befragung eines hohen deutschen Offiziers einbezogen.

Es war etwa Mitte September, als mich Major Brinton in sein Büro rief.

»Cecilie, Captain Shelton war am Telefon. Er braucht eine Gruppe von Verhörenden und Übersetzern. Es scheint, daß sie einen wichtigen Fisch gefangen haben. Sag Captain Murray und Sergeant Smith, daß sie mitkommen sollen, und wartet dann alle drei unten am Jeep auf mich.«

Die Fahrt nach Hannover dauerte mehr als eine Stunde. Wir sprachen über die Aussicht, einen wichtigen deutschen »Fisch« zu fangen, was erfahrungsgemäß leichter gesagt als getan war. Wir hatten bereits einige Male »falschen Alarm« gehabt und hofften, daß es sich diesmal lohnen würde.

Wir parkten den Jeep vor einem grauen Gebäude und gingen hinein. Wir wurden in einen großen Raum geführt, der trotz seiner schmutzigen Fensterscheiben luftig und hell war. Die Wände waren hellgrün gestrichen. Von der seit langem vernachlässigten Zimmerdecke blätterte die Farbe ab. Sogar auf der weißen, runden Lampe lag eine dicke, schwarze Staubschicht. Wir nahmen auf den vier bereitgestellten Stühlen an einem langen Tisch Platz. Vor uns breitete sich ein großer, leerer Raum aus. Die Tür öffnete sich, und zwei MPs führten einen Deutschen herein. Er war mit einer hellen Hose bekleidet, einem blauen Hemd, einer Windjacke und Wanderstiefeln. Der Deutsche blieb stehen und sah uns an, seine Hände hingen seitlich herab in einer eher militärischen Pose. Er war groß, blond, mit grauen Augen, vermutlich Mitte Vierzig. Er machte einen sehr selbstsicheren Eindruck und schien vollkommen furchtlos. Es lag etwas von Herausforderung in der Art, wie er seinen Kopf in den Nacken warf. Auf seinem Gesicht spielte ein arrogantes Lächeln. Er sah mich, die einzige auch in Zivil gekleidete Person im Raum an. Seine Lippen verzogen sich zu einem zynischen Lächeln, so als würde er intuitiv die ironische Umkehrung unserer Rollen erfassen.

Ich konnte nicht verhindern, daß ich mich in diesem Moment daran erinnerte, wann ich die Deutschen hassen gelernt hatte. Es hatte begonnen, als SS-Männer meinen Vater nach Dachau abholten.

Das Gefühl hatte mich seitdem nicht mehr losgelassen. Jetzt war ich überrascht, daß ich die Intensität solchen Hasses so lange durchgehalten hatte. Ich fragte mich, ob der Deutsche dies spürte.

Jock begann mit seinen üblichen Fragen:

»Ihr Name?«

»Günther Hoffmann.«

»Welchen Rang und welche Militärnummer?«

»Feldwebel, Nummer 121416118.«

»Zu welcher Einheit gehörten Sie: Zur Luftwaffe, Wehrmacht oder SS?«

»Wehrmacht.«

Nach jeder von mir übersetzten Frage antwortete der Deutsche langsam und bedächtig.

»Waren Sie hier stationiert?«

Diesmal hatte ich nicht genügend Zeit für die Übersetzung, als der Deutsche bereits antwortete:

»Wehrmacht, Ungarn«.

»Es klingt für mich wie eine nette, sichere Antwort. Nur Mitglied der regulären Armee?«

»Ja, Sir.«

»Verstehen Sie Englisch?«

»Nein!«

»Warum haben Sie dann Wehrmacht vor Ungarn gesagt? Ihre Antwort kam, bevor die Frage übersetzt war.« Der Deutsche zuckte nur mit den Schultern.

»Lassen Sie uns auf Ungarn zurückkommen«, sagte Jock.

»Was hat ein Offizier der Wehrmacht in Ungarn getan?«

»Befehl, ich bin dorhin gegangen, wohin es mir befohlen war. Ich war Soldat.«

»Wie lange waren Sie in Ungarn?«

»Sechs Monate.«

»Und danach?«

»Versetzt.«

Er machte es uns nicht einfach. Freiwillig kam kein einziges Wort über seine Lippen.

»Wohin versetzt?«

»Zurück nach Berlin.«

Diese Antwort traf einen Nerv. Berlin war der Ort, von dem aus viele Befehle gegeben worden waren. Berlin — der Amtssitz von Himmlers Todesmaschine...

»Was haben Sie in Berlin gemacht?«

»Nur Büroarbeit.«

»Erzählen Sie genauer, Details etc.«

»Da gibt es weiter nichts zu erzählen. Ich war Soldat und habe Befehlen gehorcht.«

»Es scheint«, sagte Jock zu uns gewandt, »daß wir einen toten Punkt erreicht haben. Er hat nicht die Absicht, mit uns zu reden!«

Der Deutsche stand immer noch gerade mit einem leichten Grinsen, ohne müde zu werden. Er wußte, daß wir im Dunkeln tappten.

»Ich bin als geduldiger Mann bekannt, aber inzwischen bin ich sehr böse!« rief Jock.

Seine nächsten Züge mußten Überbleibsel aus seiner Vorkriegs-Gerichtstaktik gewesen sein. Er holte aus seiner Aktentasche eine Flasche Scotch, Becher, Schokolade, Kekse und einige Packungen Players-Zigaretten und Streichhölzer.

»Laßt uns eine Pause machen, etwas trinken, rauchen und warten. Wir haben viel Zeit!«

Jock verteilte die Drinks in aller Ruhe. Wir zündeten uns Zigaretten an, rauchten, redeten und lachten. Wir ignorierten den Deutschen. Wir nahmen von unseren Zigaretten immer nur wenige Züge und drückten sie dann im Aschenbecher aus, nur um gleich eine neue anzuzünden. Wir öffneten die Packungen mit Keksen, die Schokolade, und aßen davon. Der Deutsche, immer noch stehend, schien wie hypnotisiert. Mit neidischen Blicken sah er auf unsere Zigaretten und Erfrischungen. Ich fühlte kein Mitleid. Statt dessen dachte ich an die letzten Monate des Krieges, die ich in Auschwitz und Bergen-Belsen verbringen mußte, reduziert auf eine menschliche Kreatur mit geschorenem Kopf, wenig Wasser und einer dünnen Suppe. Ich fühlte mich müde, drei Stunden waren mittlerweile vergangen, doch Jock war bereit, das Verhör wieder aufzunehmen.

»Lassen Sie uns auf Berlin zurückkommen. Wo haben Sie gearbeitet und für wen? Und warum für die Wehrmacht? Sind Sie wirklich sicher?« »Ja, ich bin sicher«, sagte der Deutsche. Aber es schwang schon ein wenig Unsicherheit in der Stimme mit. »Wirklich nicht SS«, bestätigte er erneut.

Jock verbarg seine Wut hinter äußerer Gelassenheit. In seinen Augen blitzte es, doch hielt er sich unter Kontrolle. Ich bewunderte diesen Mann. Ich sah wieder auf den Deutschen. Er verfolgte mit seinen Augen den Zigarettenrauch und sah gierig auf die nur halbgerauchten Zigaretten im Aschenbecher. Er benetzte seine Lippen. Sicherlich war er ein Raucher. Und diese Situation muß für ihn schmerzlich gewesen sein.

Aber mein Schmerz lag in der Gewalt der Erinnerungen. Auch jetzt holten sie mich ein: die rauchenden Schornsteine von Auschwitz und der Gestank verbrannter Körper in der Luft, wenn die Krematorien unablässig brannten. Ich hörte die Klänge des Lagerorchesters, wie sie Beethoven spielten, und ich sah mich selbst auf dem Appellplatz, endlos lange Reihen von Menschen vor mir, die schweigend in den Tod gingen. Ich starrte vor mich hin, bis mich irgend etwas wieder in die Gegenwart des grünen Raumes zurückholte.

Der Deutsche war nervöser und unruhiger geworden. Er stand nicht mehr militärisch still. Ich merkte, daß Jock anfing, seine letzte Karte auszuspielen. Ich hatte ihn schon früher in ähnlichen Situationen agieren gesehen. Seine Stimme war weich, fast freundlich und ruhig.

»Wir haben bereits Stunden mit Ihnen verschwendet, und da Sie tatsächlich nicht mit uns kooperieren wollen, werden wir Sie an die Russen in Berlin übergeben. Die haben bessere Methoden, mit Ihnen umzugehen, es sei denn...« Seine Stimme wurde leiser, und er wandte sich mir zu.

Der Deutsche zitterte. Das Grinsen war aus seinem Gesicht verschwunden. Weitere Minuten vergingen wortlos. Doch dann gab er uns zögernd und fast stotternd die Antworten.

»Ich war Obersturmbannführer der SS, stationiert im Konzentrationslager Oranienburg, aber ich bin unschuldig. Ich habe immer nur Befehle ausgeführt.« Er schwitzte. »Es war ein reines Arbeitslager, dort wurden nur diejenigen verbrannt, die gestorben waren...«

»Oh, ich verstehe! Ihr Bastarde habt die Gefangenen verhungern oder sich zu Tode arbeiten lassen, und dann habt ihr sie erst verbrannt. Das nennt ihr zivilisiert?« Jetzt war Jocks Gesicht vor Zorn rot angelaufen. Für mich begann der Raum kleiner und immer enger zu werden, ich spürte einen stechenden Schmerz im Hinterkopf. Ich war den Tränen nahe. Jock grummelte »Verfluchter, blutiger Bastard.«

Dann wieder nachdenklich, zog er langsam seinen Revolver aus der Halterung. Er entsicherte ihn sorgfältig und legte ihn vor mich hin auf den Tisch. Ich sah fragend auf Jock, dann auf die Waffe. Der Griff war aus dunklem Holz und der Lauf aus glänzend schwarzem Metall. Jock erwiderte meinen Blick und sah dann in schweigender Andeutung auf den Revolver. Ich nahm ihn mit gerader Hand auf und zielte ohne Zögern auf den Deutschen vor mir.

Ich hatte mich während des ganzen Krieges nach einer Waffe gesehnt. Hatte mir gewünscht, einen Deutschen, nur einen, töten zu können, bevor ich sterbe. Sekunden verstrichen. Der Revolver lag schwer und zitternd in meiner Hand. Der Deutsche vermied es, mich anzusehen, doch seine Lippen bebten ein fast lautloses »Bitte.« Ich schloß meine Augen. Laut und klar hörte ich die Stimme meines Vaters aus Dachau, wo sie ihn ermordet hatten.

»Wenn du zu lange und intensiv haßt, wird es dich am Ende selbst zerstören.«

Ich nahm den Arm wieder herunter, legte den Revolver vor Jock auf den Tisch und ging zur Tür. Draußen im Flur sank ich langsam zu Boden und lehnte mich gegen die kühle Mauer. Erinnerungen jagten mir durch den Kopf. Erinnerungen, gepaart mit brutaler Ironie, daß ich nicht in der Lage war, zu richten, indem ich einen anderen Menschen tötete. Irgendwie hatte ich noch Vertrauen in ein gerechtes System von Gerichten und Urteilen behalten.

Dieser Zwischenfall verstärkte in mir jedoch meine Bereitschaft, mit Colonel Tilling zusammenzuarbeiten, um die früheren SS-Mannschaften aus Sasel zu finden und einzusperren. Aber ich war noch nicht überzeugt, ob er mich tatsächlich ernst nahm. Doch als wenige Tage später ein Jeep, von einem Corporal gesteuert, vor unseren Baracken hielt, hatten meine Zweifel ein Ende. Der Corporal fragte nach meinem Namen.

»Kommen Sie bitte mit, Colonel Tilling möchte Sie sprechen.«

Ich griff schnell nach meiner Jacke und kletterte in den Jeep.

Als wir Colonel Tillings Büro betraten, sprang er auf.

»Guten Morgen! Es ist sehr nett, daß Sie gekommen sind. Die Daten und alle Informationen, die Sie mir gegeben haben, stimmen. Ich habe auch gehört, daß Sie Hamburg gut kennen. Ich möchte gern, daß Sie mit uns kommen, wenn wir die Bastarde abholen, auch den Feigling Wolfgang.«

Nach Hamburg zurück? Zurück in die Stadt, wo ich mit meinen Eltern gelebt hatte? Ich hatte Angst zurückzugehen, mit den Erinnerungen an meine Kindheit konfrontiert zu werden und den Schmerz des Verlorenen zu spüren. Ich hatte Angst, den Deutschen wieder gegenüberzustehen. Doch zugleich war ich neugierig und stimmte schnell zu, noch bevor mir die ganze Tragweite dieser Entscheidung bewußt wurde.

»Was ist mit nächsten Montag?« fragte Colonel Tilling. »Das Team wird aus vier Offizieren, einem Fahrer und Ihnen bestehen. Wir werden Sie um acht Uhr früh abholen. OK?«

»Das ist in Ordnung. Ich werde fertig sein. Aber was wird dann passieren? Was soll ich tun?«

»Warten Sie es ab. Sie werden nicht enttäuscht werden.«

Pünktlich um acht Uhr am Montagmorgen wurde ich abgeholt. Die Offiziere stellten sich vor. Wir unterhielten uns und rauchten während der zweistündigen Fahrt von Bergen-Belsen nach Hamburg. Doch als wir die Grenze der Stadt erreicht hatten, lösten die vertrauten Straßen Schmerz und Zorn in mir aus. Ich war zurückgekommen. Allein. Glücklicherweise hatte ich nur wenig Zeit nachzudenken. Einer der Engländer zog eine sorgfältig gekennzeichnete Mappe hervor, und der dienstvorgesetzte Offizier begann mit seinen Erklärungen:

»Du gehst als erste. Wir wollen die Deutschen nicht aufschrecken, damit sie sich noch verstecken. Klingele und frage auf deutsch nach dem jeweiligen Namen des SS-Mannes. Wir werden dicht hinter dir sein, still und nicht sichtbar. Wenn er oder sie gekommen sind, dann übernehmen wir. Wenn sie nicht kommen, versuche herauszufinden, wann sie zurückkommen, danke höflich und geh wieder. Aber wir werden dann wiederkommen. Hast du verstanden?«

»Yes, Sir.«

Wir machten unseren ersten Halt vor Mietshäusern einer alten Arbeitersiedlung. Mein Herz schlug wild voller Angst, als ich die ersten Treppen hochging und bald vor einer Tür mit dem Namen »Müller« stand. Ich drückte auf die Klingel. Ein schriller Laut durchdrang die Stille. An der Tür erschien ein alter Mann.

»Ist Frau Müller zu Hause?« fragte ich, »ich möchte sie gern sprechen!«

»Irma, hier ist jemand für dich!« rief er.

Aus dem hinteren Zimmer hörte ich die mir nur zu vertraute Stimme.

»Ich komme sofort.«

Kurze Zeit später standen wir voreinander. Sie sah entsetzt aus. Sekunden verstrichen. Sie war zu überrascht, um etwas sagen oder nach dem Grund meines Besuches fragen zu können. Auch ich war sprachlos, Erinnerungen an ihre Schläge, die dicke Striemen auf meinem Gesicht hinterlassen hatten, kamen mir in den Kopf. Für einen Moment begann ich mich in Angst zu verlieren

Cecilie, Oktober 1945.

Cecilie mit ihrer Freundin Sabina (links) in Bergen-Belsen,
Sommer 1945.

und war zutiefst erleichtert, als ich die Schritte der Engländer hörte. Sie standen hinter mir, ihre Hände lagen griffbereit an ihren Waffen.

»Kommen Sie mit!« sagte einer von ihnen zu Frau Müller.

Sie starrte uns an, scheinbar in einer Art Schock, bewegungslos. »Bitte, übersetze es ins Deutsche«, bat einer der Engländer zu mir gewandt. Ich wiederholte seine Sätze auf deutsch.

Sie drehte sich zu ihm und schrie. Ich übersetzte ihre Lügen.

»Ich war immer gerecht und zurückhaltend«, jammerte sie, »ich habe nie einer etwas getan, wenn sie es nicht verdient hatte.«

Auf mich zeigend kreischte sie: »Die kann es bezeugen.«

Ich zuckte instinktiv aus Furcht zurück. Ich war mir nicht sicher, ob sie mich nicht erneut schlagen würde und war dankbar, daß die Engländer neben mir standen.

»Das ist unverschämt!« entgegnete ich.

»Du hast uns erbarmungslos geschlagen. Du warst eine Sadistin, ein grausames Biest ...«

Meine Wörter überschlugen sich, und ich drehte mich von ihr weg. Das alles war doch vorbei, ich hatte es geschafft. Ich versuchte, mich zu beruhigen und mir selbst zu sagen, daß ich keinen Grund mehr hatte, ängstlich zu sein. Aber die alten Ängste ließen sich nicht vertreiben.

Zurück im Lastwagen, saß jetzt Frau Müller unter Bewachung auf einer Bank auf der Ladefläche. Die Engländer machten weiter und verschwendeten keine Zeit damit, mich zu fragen, ob ich müde und angestrengt war oder nicht. Sie gingen ihrer Arbeit nach. Wir fuhren weiter zu dem nächsten Deutschen, dann wieder zum nächsten und so weiter. Jedesmal wiederholte sich die Prozedur: bei den SS-Leuten Paasch, Piertz, Müller, Himmel und den anderen. Allmählich wurde es für mich immer einfacher, besonders als alle Deutschen, Männer wie Frauen, wiederholten, daß er oder sie unschuldig seien, daß sie kein Unrecht begangen hätten — nur Befehle befolgt hatten.

Um sechs Uhr abends übergaben wir siebzehn Deutsche einem Militärgefängnis in Hamburg. Am nächsten Morgen und den darauffolgenden Tagen fuhren wir weiter durch die Straßen, um die SS-Leute aufzusuchen, bis wir vierzig Gefangene hatten. Die beiden noch auf der Liste fehlenden waren frühere Kommandanten, die nun in Süddeutschland lebten. Sie mußten von den Amerikanern gefaßt und nach Hamburg gebracht werden.

An unserem letzten Tag machten wir eine Mittagspause. Wir alle hatten einen kleinen Spaziergang, Abwechslung und Entspannung nötig. Ein leichter Nieselregen fiel auf unsere Regenmäntel. Wir gingen durch die Straßen in der Innenstadt, einer Stadt, die während des Krieges schwer bombardiert worden war, doch ich erinnerte mich daran, wie es hier früher ausgesehen hatte.

»Die Gegend hier war sehr schick, mit eleganten Geschäften und einem wundervollen Binnensee, der Alster«, erklärte ich.

Wir spazierten den Jungfernstieg entlang, bogen dann in den Neuen Wall und gingen ihn bis zum Ende hoch. Wir schlenderten, erzählend und lachend, und kümmerten uns nicht darum, daß wir den ganzen Bürgersteig versperrten. In entgegengesetzter Richtung ging ein Mann auf uns zu. Er hatte einen Trenchcoat an, trug eine dazu passende Mütze und unter seinem Arm eine Aktentasche. Wir machten ihm auf dem Gehweg Platz. Als er an uns vorbeikam, streiften sich unsere Blicke für den Bruchteil einer Sekunde. Ein augenblickliches Wiedererkennen... Doch bevor ich seinen Namen aussprechen konnte, rannte er die Straße hinunter und verschwand hinter der nächsten Ecke.

»War es jemand, den du kennst?« wollte der Major wissen.

»Nein.«

Ich log. Denn ich wußte, daß Leonhard Luft, der frühere Leiter der Getto-Arbeitsverwaltung, ein Jude, den Krieg überlebt hatte. Er hatte im Getto für die Deutschen die Deportationslisten zusammengestellt, er hatte mich aus seinem Büro geschmissen, als ich um Arbeit bettelte, er war bei allen verhaßt. Ich dachte einen Moment lang an Rache. Aber ich konnte ihn nicht denunzieren. Er war, trotz allem, ein Jude. Doch fragte ich mich, ob ihn seine früheren Taten verfolgten ... Ich beantwortete mir die Fragen selbst. Ich erinnerte mich, daß ihn die Vorgänge im Getto nicht geplagt hatten, und nahm an, daß sie ihn heute auch nicht störten, geschweige denn, ihn ändern könnten. Es gab nichts, was ich tun wollte.

Eine Woche später rief mich Colonel Tilling in sein Büro.

»Ich möchte Ihnen danken. Sie sind für uns eine große Hilfe gewesen. Kann ich auch etwas für Sie tun?« wollte er wissen.

Meine Antwort kam spontan und dringlich.

»Ich möchte endlich raus aus Deutschland! Wenn Sie mir dabei helfen könnten!«

»Ich kann es versuchen, aber viel werde ich nicht tun können!« Seine Antwort klang bedauernd. »Noch etwas anderes?«

»Ja, wenn Sie alle zweiundvierzig SS-Leute in Gewahrsam und hinter Gittern haben, möchte ich gerne an ihren Zellen vorbeigehen, um sie im Gefängnis zu sehen, während ich frei bin.«

Er nickte.

»Das verstehe ich. Wir werden Sie in der nächsten Woche abholen. Wir sind im Moment noch mit Verhören und Berichten beschäftigt. Und Ihren Bericht brauche ich übrigens auch noch.«

»Ich werde es für Sie aufschreiben, und wenn Sie weitere Fragen haben, dann lassen Sie es mich wissen.«

»Sehr gut, dafür danke ich nochmals.«

Er machte keine Angaben bezüglich eines Prozeßdatums, und ich wollte danach nicht fragen.

Eine Woche später, als ich mit meinem detaillierten Bericht erschien, wurde ich bereits von einem Corporal erwartet. Ich fühlte mich sicherer, doch immer noch nicht wirklich sicher. Die Angst war nach so vielen Jahren nicht einfach zu verbannen.

»Wir haben Order, Sie am Donnerstag ins Militär-Gefängnis zu bringen. Wir werden Sie morgens um neun Uhr abholen.«

Punkt neun Uhr warteten mehrere englische Offiziere in einem Jeep auf mich. Sie zeigten keinerlei Neugierde, und ich vermutete, daß sie eine entsprechende Anweisung erhalten hatten. Ich rauchte und dachte an die vergangenen Ereignisse. Einen Moment lang glaubte ich an ein Wunder, daß ich überlebt hatte, um sie gefangen zu sehen. Doch dann überwältigte mich wieder Zorn. Welche Verbrechen hatten die Deutschen begangen? An mir, meiner Familie? Das Leiden, die Demütigungen an Tausenden, Millionen von Juden ... alle tot.

Wir kamen in einem Gefängnis an, das schon von den Deutschen vor dem Krieg benutzt worden war. Aller Wahrscheinlichkeit nach waren auch Juden hier untergebracht gewesen, politische Gegner der Nazis und andere Deutsche, die als »unerwünscht« bezeichnet worden waren. Nun war es von deutschen

SS-Leuten belegt — und bewacht von englischen Soldaten. Die Engländer begleiteten mich auf meinem Weg durch ein langes Treppenhaus. Die Zellen waren normale Gefängniszellen. Die Eisengitter an der Vorderseite ließen genügend Raum, so daß ich durch sie hindurch in ihre Gesichter sehen konnte. Da standen sie, jede und jeder einzelne, böse Gesichter preßten sich gegen die Gitterstäbe, beobachtend. Sie bemerkten mich, als ich den Korridor vor ihren Zellen entlang ging.

»Bitte hilf uns!« riefen einige. »Wir haben doch nie etwas Böses getan!«

Ich konnte nicht antworten. Ich blickte in ihre eingeschüchterten Gesichter, alle Arroganz verflogen, und ging an ihnen vorbei. Ich empfand keine Freude dabei, sie in ihren Zellen zu sehen, nur Haß und Verachtung für sie und für jene, die so waren wie sie und die uns zu Tieren reduziert hatten. Sie hatten meine Eltern ermordet, unschuldige Kinder, unter ihnen auch meine Schwester. Am Ende des Zellentrakts wurde uns die Tür geöffnet, und wir gingen nach oben.

Draußen war es sonnig-warm, und ich fühlte mich erleichtert, wieder frische Luft atmen zu können. Ich wollte jetzt vergessen, weg, raus aus Deutschland, und die Deutschen für immer aus meinem Gedächtnis streichen. Ich mußte einen Weg finden.

Wochen später rief Colonel Tilling wieder an und ließ mir ausrichten, daß ich ihn in seinem Büro aufsuchen solle. Ich fragte mich, was er nun wohl wollte.

»Danke, daß Sie gekommen sind. Der Prozeß ist für Oktober in einem Militärgericht in Celle, etwa dreißig Kilometer von hier, angekündigt. Wir werden Sie als Zeugin brauchen«, sagte er.

Ich hatte gedacht, endlich mit diesen SS-Leuten fertig zu sein. Sie ins Gefängnis zu bringen war eine Sache, gegen sie auszusagen, eine andere. Ich wollte sie nicht wiedersehen. Ich wußte, daß ich in Sicherheit war, doch kamen jetzt wieder Scheu und Ängste in mir hoch. Ich wußte aber gleichzeitig, daß ich etwas begonnen hatte, dem ich nicht mehr ausweichen konnte. Ich mußte es beenden.

»Lassen Sie mich wissen, wann es ist, ich werde kommen«, entgegnete ich.

Meine Stimme klang fest, doch ich wäre am liebsten umgekehrt und fortgelaufen.

»Ich wußte, daß Sie mich nicht im Stich lassen!« lächelte er
erleichtert.

Die nächste telefonische Mitteilung sagte mir, daß man mich in
ungefähr zwei Wochen nach Celle bringen würde.

Schließlich kam der Tag; die Fahrt von Bergen-Belsen nach
Celle verlief ereignislos. Ich trug ein dunkles Kostüm und eine
weiße Bluse, die ich für Zigaretten eingetauscht hatte, die mir
englische und amerikanische Freunde geschickt hatten. Auf dem
Schwarzen Markt konnte man für eine einzige Zigarette eine Mark
bekommen; ein ganzer Karton mit Zigaretten hatte mich in die
Lage versetzt, mir bei einem Schneider ein Kostüm nähen zu
lassen. Es war eine drastische Veränderung im Vergleich zu meinen gestreiften Sträflingslumpen.

Wir betraten das städtische Gebäude in Celle. Ich wurde in
einen Raum geführt und gebeten zu warten. Ich saß still da,
rauchte eine Zigarette nach der anderen. Ich konnte mich nicht
konzentrieren, meine Hände zitterten. Endlich wurde eine Tür
geöffnet, und jemand in englischer Uniform rief meinen Namen.
Ich folgte ihm mechanisch in den Gerichtssaal. Ich registrierte
verschwommen acht bis zehn englische Offiziere, die an einem
langen, dunkelbraunen Tisch saßen. Ihre Gesichter waren mir
unbekannt. Dann glitten meine Augen über die Reihe Deutscher,
in Zivil gekleidet und von der Militärpolizei bewacht. Ich vermied
es, sie anzusehen.

»Bitte sagen Sie Ihren Namen«, verlangte einer der unifor-
mierten Offiziere hinter dem Tisch.

Ich fragte mich, wer er war, ob er auf meiner Seite oder auf der
Seite der Nazis war? Ich hielt ihn für eine englischen Staatsanwalt.

»Cecilie Landau«, erwiderte ich.

»Möchten Sie englisch oder deutsch sprechen?«

»Englisch bitte«, antwortete ich.

Im Raum war es heiß und sehr stickig, ich begann zu schwit-
zen. Mein Kopf begann zu dröhnen, und ich verlor langsam jedes
Gefühl für mich selbst, für die Zeit und meine Umgebung. Ich sah
nur die Deutschen, die früheren SS-Leute, vor mir sitzen, ihre

Gesichter haßerfüllt auf mich gerichtet. Ich hörte den englischen Offizier mich mit Fragen überschütten, doch war ich mir weder der Fragen noch meiner Antworten bewußt. Sie kamen roboterhaft aus mir heraus. Ich fühlte nichts mehr, bis eine Hand meinen Arm berührte und mich nach draußen zu dem wartenden Jeep brachte.

»Kommen Sie, wir bringen Sie zurück«, sagte Colonel Tilling, der meinen Arm festhielt.

»Danke«, sagte er. »Sie haben uns sehr geholfen.«

Ich nickte, doch ohne ein Gefühl von Zufriedenheit oder Freude, ich konnte mich an nichts erinnern. Während der folgenden Tage versuchte ich, mir Einzelheiten des Verhörs in Erinnerung zu rufen. Es gelang mir nicht. Mein Kopf war leer. Ich wußte, daß ich dagewesen war, aber ich hatte keine Erinnerung an das, was ich ausgesagt hatte.

Wochen später platzte Sabina in unseren Raum.

»Habt Ihr gehört? Das Urteil ist verkündet worden. Für vierzig von ihnen sind Haftstrafen zwischen zwei und zwanzig Jahren verhängt worden. Zwei, der Kommandant, der eine Frau totgeschlagen hat, und ein anderer hoher SS-Mann sind zum Tode verurteilt worden.«

Nun war es vorbei, endlich. Ich dachte, daß ich wenigstens jetzt ein Gefühl der Zufriedenheit haben, vielleicht sogar glücklich sein müßte, doch empfand ich nur Erleichterung und Trauer. Meine Nächte waren lang und dunkel, ich schlief immer nur in kurzen Etappen. Die Realität von einst wiederholte sich in einem immer wiederkehrenden Alptraum: Deutsche Stiefel verfolgten mich durch die Dunkelheit nachts, wo mich Taschenlampen aufzuspüren versuchten. Alle Schrecken blieben entsetzlich lebendig. Ich sah die Lager, meine Eltern, meine Schwester und ihre eingefallenen, von Angst gezeichneten Gesichter. Und dann die Schuldgefühle. Ich war am Leben – sie nicht.

Nur mit großer Mühe setzte ich mein Leben fort, einen Tag nach dem anderen. Wenn ich nur eine Chance hätte auszuwandern. Ich weigerte mich, geduldig zu warten. Das HIAS machte Versprechungen, und meine Freunde fanden sich damit ab. Doch ich war nervös, voller Spannung und besessen von dem Gedanken zu gehen. Es mußte doch einen Ausweg geben – jetzt!

Es war schon Anfang Dezember. Ich fand eines Tages eine gekritzelte Notiz, die jemand unter unserer Kasernentür hindurchgeschoben hatte. Sie war an mich adressiert. In großen, deutschen Buchstaben stand geschrieben:

»Dreckjude, wir werden dich finden. Du wirst nicht lange leben. Gezeichnet: SS«.

Aufgeregt rannte ich mit dieser Notiz zu Colonel Tilling und warf sie ihm auf den Schreibtisch. Er nahm den Zettel und bat mich, ihn zu übersetzen. Ich tat es. Seine Antwort kam sehr schnell, aber beherrscht und ruhig.

»Machen Sie sich keine Sorgen, es ist sicher nur eine spinnerte Notiz von einem Kind eines der verurteilten SS-Leute.«

»Woher wissen Sie, daß sie mich nicht verfolgen?«

»Machen Sie sich keine Sorgen, wir haben alles überprüft.«

Ich verließ sein Büro voller Zorn, denn ich wußte, was Colonel Tilling nicht wissen konnte, daß die Deutschen zu allem fähig waren. Würden die Engländer in der Lage sein, mich zu beschützen? ... Wieder guckte ich mir vorsichtig über die Schulter.

Eine Woche später fand ich einen zweiten Zettel, der fast mit dem ersten identisch war. Als ich diesmal Colonel Tillings Büro erreicht hatte, war ich hysterisch. Tränen der Wut, der Enttäuschung und Hilflosigkeit rannen mir übers Gesicht. Aus unerklärbaren Gründen hatte ich jetzt noch stärkere Angst als während des Krieges.

Colonel Tilling sah auf den Zettel.

»Was nun?« weinte ich.

»Ich denke, daß es jetzt Zeit ist für Sie zu gehen.«

»Gehen? Weg aus Deutschland? Ist das wirklich wahr?«

Colonel Tilling nahm das Telefon ab und verlangte, daß Captain Alexander hereinkommen sollte. Wenige Minuten später betrat er den Raum.

»Wir müssen sie aus Deutschland rausbringen«, sagte Colonel Tilling, »und zwar sofort. Hatten Sie nicht vor, drei andere Frauen nach Belgien zu bringen?«

»Ja, wir haben es geplant. Wir können sofort fahren, wenn Sie es wünschen. Aber wir brauchen Papiere, um die Grenzen zu passieren, ordnungsgemäße Papiere für einen Stabswagen und alles andere, was ein legales Passieren der Grenzen von Deutschland nach Holland, Belgien und Frankreich leichter macht.«

Colonel Tilling sah Captain Alexander und dann mich an.

»Wir werden die Papiere besorgen. Hoffentlich werden sie Sie nach Paris bringen. Dort werden Sie die Möglichkeit haben, ein Zertifikat für Palästina oder ein Visum für die USA zu bekommen. Seien Sie morgen früh um sieben Uhr reisefertig.«

Langsam ging ich zu meinem Raum zurück. Meine unmittelbare Freude war jetzt getrübt durch die Gedanken, meine einzigen Freunde verlassen zu müssen, allein an einem fremden Ort zu sein und an mögliche drohende Gefahren.

Ich dachte an die schicksalhafte Verknüpfung von Freiheit und Zwang in meinem Leben, die mich zu verfolgen schien. Es lag allerdings auch Ironie in der Tatsache, daß die Verhaftungen und die Todesdrohungen meiner Feinde genau das erfüllt hatten, was ich schon so lange sehnlichst wünschte.

Von Asche zum Leben

Frankreich – Amerika
1945 – 1956

Ich packte zwei kleine Pappkoffer mit den spärlichen Sachen, die ich während der letzten sechs Monate nach der Befreiung in Bergen-Belsen erstanden hatte: ein Paar Schuhe, einige Kosmetikartikel, etwas Unterwäsche, ein Kostüm, einen zusätzlichen Rock und einige Blusen. Ich hatte alle Zigaretten, die ich von ausländischen Freunden bekommen hatte, gegen Kleidung eingetauscht. Ich entschied mich, für die Reise meinen Fischgrätmantel anzuziehen. Hela und Sabina, meine Mitbewohnerinnen, sahen mir schweigend und traurig beim Packen zu. Seit unserer Befreiung hatte ich unaufhörlich Pläne geschmiedet, wie ich Deutschland verlassen könnte. Zuerst hatte ich herauszukommen versucht, indem ich meinen Onkel in Palästina bat, mich zu heiraten. Als daraus nichts wurde, wollte ich meinen Cousin heiraten, der auch aus Palästina war. Ich hatte sämtliche Freunde und Verwandte in den USA um ein Affidavit gebeten, auch das HIAS. Alles ohne Erfolg.

Unerwartet schien sich mein Schicksal jedoch zu wenden. Weil ich mitgeholfen hatte, zweiundvierzig SS-Leute aufzuspüren und gegen sie ausgesagt hatte, wollten mich die Briten aus Deutschland herausbringen. Außerdem hatten meine frühere Mitschülerin Lotte und ihr Mann Herb Strauss, die jetzt in New York lebten, mich im letzten Monat mit Hilfe des Internationalen Roten Kreuzes ausfindig gemacht und versprochen, mir ein Affidavit zu schicken. Ich hätte vor Begeisterung außer mir sein müssen.

Statt dessen stellte ich zur eigenen Überraschung fest, daß es schwierig, ja geradezu schmerzhaft war, die Freundinnen zu verlassen, die ich in den vergangenen vier Jahren gefunden hatte. Immerhin hatten wir gemeinsame Erfahrungen gemacht, die nur wenige andere Menschen begreifen konnten: die Lager, die Verluste geliebter Menschen, die Toten, der Hunger, die Mißhandlungen, die Entwürdigung – und schließlich die Befreiung.

Es klopfte an der Tür. Der diensthabende Offizier Colonel Tilling trat ein und sprach mich an. Ich wischte mir schnell die Tränen fort.

»Bitte folge mir ins Büro. Wir haben einige Dokumente für dich.« Ich folgte ihm wortlos.

Colonel Tilling saß hinter seinem Schreibtisch. Er überreichte mir einen Umschlag.

»Dieser Brief wird den Leuten in Paris deine besondere Lage erklären, daß du uns hier bei der Verfolgung von Kriegsverbrechen geholfen hast und daß du zu deiner eigenen Sicherheit das Land verlassen mußt. Die amerikanischen Behörden in Paris werden dir bestimmt helfen, wenn sie diesen Brief lesen. Komm bitte mit ins Nebenzimmer. Wir geben dir den Ausweis, den du für die Einreise nach Frankreich benötigst. Aber die Papiere, die du brauchst, um über die holländische Grenze zu kommen, können wir nicht beschaffen. Wir werden ein bißchen auf unser Glück zählen müssen.«

Als wir eintraten, stand ein junger Leutnant auf, salutierte und gab mir dann ein in französischer Sprache mit Maschine geschriebenes Dokument mit einem offiziell aussehenden Stempel. Dies sollte das Einreisevisum für Frankreich sein. Unten stand seine Unterschrift: H. François-Poncet. Ich dankte ihm, und wir schüttelten uns die Hände. Colonel Tilling erklärte, der Name sei in Frankreich wohlbekannt. Der junge Leutnant sei der Sohn eines französischen Politikers, und sein Name könne sich als äußerst nützlich erweisen.

Am nächsten Morgen wartete ein großes, dunkelgrünes Militärfahrzeug mit britischen Hoheitszeichen draußen vor unserer Baracke. Wieder gab es tränenreiche Umarmungen. Meine Freundinnen sahen zu, wie ich in den Wagen stieg. Ein Corporal saß am Steuer und neben ihm saß Captain Alexander. Ich setzte mich zu den drei jungen Frauen auf dem Rücksitz. Wir machten uns miteinander bekannt: Beatrice aus Brüssel, Anita und Renate, zwei Schwestern, die aus Breslau stammten. Wir unterhielten uns aufgeregt über die Aussicht, endlich aus Deutschland herauszukommen. Keine von uns konnte so recht glauben, daß es wirklich geschah. Anita, eine der Schwestern, hatte ein Cello dabei, das sie sanft und liebevoll an sich drückte.

»Ich habe im Auschwitz-Orchester gespielt«, erklärte sie bereitwillig, »und ich will Konzert-Cellistin werden.«

Sie war selbstsicher und entschlossen. Ich bewunderte ihre Entschiedenheit. Ich selbst war von vielerlei Zweifeln befallen, meine Gedanken und Hoffnungen richteten sich auf Arbeit, Heiraten, Kinder und ein Leben ohne die Schrecken der Vergangenheit.

Wir fuhren den ganzen Vormittag und den größten Teil des Nachmittags durch Deutschland in Richtung Holland. Die Landschaft sah zunehmend besiedelter, die Vegetation üppiger aus. Gelegentlich passierten wir Bauernhöfe.

»Still jetzt«, flüsterte Captain Alexander. »Wir sind kurz vor der holländischen Grenze. Kann sein, daß sie nach Zivilisten ohne Pässe fragen. Das Reden übernehme ich.«

Ich erschauderte bei dem Gedanken, abgewiesen zu werden und zurück ins D. P.-Camp zu müssen. Die Grenzposten sahen uns näherkommen und riefen: »HALT!« Unser Wagen kam abrupt zum Stehen. Alexander kurbelte das Fenster herunter und zeigte ein Bündel Dokumente vor. Der holländische Grenzposten sah sie aufmerksam durch, ein Papier nach dem anderen, und rief dann einen Vorgesetzten herbei. Die Dokumente wurden erneut einer eingehenden Prüfung unterzogen, dann wandte sich der Vorgesetzte an Captain Alexander.

»Tut mir leid, Kamerad, mit den Zivilisten kann ich Sie nicht durchlassen. Diese Militärpapiere gelten nur für die Einreise von militärischem Personal. Zivilisten brauchen Pässe und holländische Visa.«

»Diese Zivilisten stehen unter dem Schutz der britischen Militärregierung«, sagte Alexander mit fester Stimme. »Sie müssen uns durchlassen.«

Die holländischen Grenzposten waren nicht beeindruckt. Alexander argumentierte, bat und drohte schließlich. Es schien hoffnunglos zu sein. Dann drehte er sich zu seinem Fahrer um und zischte ihm leise etwas zu. Der Corporal legte plötzlich den Rückwärtsgang ein, ließ den Motor aufheulen, machte kehrt und jagte eine Uferböschung hinunter, durch ein ausgetrocknetes Flußbett und einen Hügel hinauf. Wir konnten die holländischen Grenzposten schreien hören.

»Runter auf den Boden!« rief Alexander, »die Bastarde greifen zu den Waffen!«

Wir kauerten ängstlich auf dem Boden, während der Wagen weiterraste. Fünf Minuten später sagte uns Alexander, daß wir uns wieder aufsetzen könnten. Von den holländischen Grenzposten war nichts mehr zu sehen. Vorn auf dem Beifahrersitz stieß Alexander einen Seufzer der Erleichterung aus.

»Das war knapp«, sagte er leise.

Sein Nacken war schweißnaß. Irgendwo und irgendwie hatten wir die Grenze nach Holland überquert. Wir machten uns Sorgen, aber niemand stellte Fragen.

Am frühen Abend hielten wir an der belgischen Grenze. Hier schenkten uns die Grenzposten wenig Beachtung; sie winkten uns durch, ohne Fragen zu stellen. Zwei Stunden später lag Brüssel vor uns. Leuchtend rote, blaue und gelbe Neonlichter tanzten und blinkten in der Ferne. Kurz darauf waren wir in der Stadt inmitten von Menschen, Geschäften, dichtem Verkehr und dem regen Treiben des normalen Lebens. Städte wie diese hatten wir zuletzt vor dem Krieg gesehen, und wir hatten vollständig vergessen, daß es sie gab. Wir kamen uns wie kleine Kinder in einem Märchen vor und begannen zu lachen und zu singen.

Unser Fahrer hielt vor einem alten, stattlichen Wohngebäude. Alexander teilte uns mit, daß wir für die Nacht bei Freunden seiner Eltern bleiben würden, Herrn und Frau Lazarus. Wir stiegen die Treppe zum dritten Stock hinauf und klingelten an der Tür. Frau Lazarus öffnete vorsichtig die Tür. Ein Lächeln breitete sich auf ihrem Gesicht aus, als sie Alexander sah – und die Kartons mit K-Rationen, die er dabeihatte.

»Wir sind für eine Nacht hier, mein Fahrer und ich und die vier Mädchen.« Er begann uns vorzustellen, aber Frau Lazarus unterbrach ihn: »Woher kommen sie?«

»Aus Bergen-Belsen«, antwortete Alexander.

»Oh mein Gott«, platzte sie heraus, »sie müssen ja furchtbar verlaust sein und alle möglichen Krankheiten haben. Sie müssen draußen auf dem Flur schlafen. Ich will sie nicht in den Zimmern haben.«

Alexander widersprach, konnte Frau Lazarus jedoch nicht dazu bewegen, ihre Meinung zu ändern. Wir mußten tatsächlich auf den harten Dielenbrettern im Flur schlafen. Am nächsten Morgen verließen wir das Haus noch vor dem Frühstück, setzten Beatrice beim Haus ihrer Freunde in Brüssel ab und brachten die beiden Schwestern dann zu Verwandten. Sie würden wahrscheinlich irgendwann zu ihren Familien nach London reisen.

Alexander, der Fahrer und ich setzten die Reise fort. An der Grenze nach Frankreich wollten die Posten mein Visum sehen. Ich zeigte ihnen meine Einreiseerlaubnis mit der Unterschrift von François-Poncet. Für diese Grenzposten genügte schon der bekannte Name des französischen Kabinettsmitglieds, um uns die Grenze passieren zu lassen. Sie winkten uns durch und wünschten uns gute Fahrt. Gegen Abend erreichten wir Lille. Wir waren müde und hungrig. Wir parkten den Wagen auf dem Marktplatz der Stadt in der Nähe eines kleinen Restaurants und gingen hinein.

Völlig ausgehungert schlangen wir ein Abendessen mit Hühnerfleisch hinunter, das einzige Angebot auf der Speisekarte. Brot sei immer noch rationiert und knapp, erklärte der Kellner. Aber er brachte uns drei kleine Stücke. Alexander bestellte Wein und einen klebrigen, süßen Nachtisch. Ein Mann, der in der Ecke saß, spielte Akkordeon, während mehrere Paare tanzten.

»Wie wär's mit einem Tanz?« fragte Alexander.

Ich lächelte. Wieder einmal fiel mir auf, wie gut Alexander aussah und wie lebenslustig er war. Ich hatte ihn gleich gemocht, als ich ihn in Bergen-Belsen zum erstenmal gesehen hatte. Aber dann hatte ich einen seiner Offizierskameraden sagen hören, daß er mit einem Mädchen aus London verlobt sei. Ich hoffte, daß es noch andere geben würde. Alexander und ich tanzten einen langsamen Foxtrott.

»Wir bringen dich noch zum Bahnhof und setzen dich in den Zehn-Uhr-Zug nach Paris«, sagte Alexander.

Er hatte alles genau geplant. Wir gingen zum Tisch zurück. Er bezahlte die Rechnung, und wir verließen das Restaurant. Aber von unserem Wagen war nichts zu sehen. Ich war entsetzt, aber Alexander lachte.

»Gestohlen«, sagte er. »C'est la vie!«

Der Pappkoffer mit all meinen Kleidungsstücken war fort! Die vielen Zigaretten – eingetauscht für nichts! Jetzt besaß ich nur noch das kleine Köfferchen, das ich bei mir getragen hatte. Nach meiner anfänglichen Panik fand ich mich mit dem Verlust ab. In den vergangenen Jahren war es immer so gewesen – man hatte etwas und verlor es wieder. Da war nichts, was ich mein eigen nennen konnte.

Wir gingen langsam zum Bahnhof. Alexander kaufte mir eine Fahrkarte dritter Klasse nach Paris und wartete auf dem Bahnsteig, bis ich ins Abteil gegangen und das Fenster heruntergedrückt hatte.

»Danke für alles«, sagte ich. »Ich werde es nie vergessen.«

»Nicht der Rede wert«, erwiderte er.

»Bitte sag mir eins«, begann ich, »ich muß einfach wissen, warum man dich ausgesucht hat, uns aus Deutschland rauszubringen? ... warum bist du an der holländischen Grenze nicht einfach umgekehrt? ... weshalb hast du dich so für uns eingesetzt? ... warum bist du das Risiko eingegangen?«

»Hast du es nicht erraten?«

Sein Gesicht war sehr ernst.

»Ich bin Jude wie du. Aber ich bin zum Glück 1936 aus Berlin weg und nach London gegangen.«

Der Schaffner ließ seine Pfeife ertönen, und der Zug setzte sich langsam in Bewegung. Wir gaben uns durchs offene Fenster die Hand. Alexander trat zurück, und ich winkte, bis ich ihn aus den tränennassen Augen verlor.

Als ich – wieder allein – im Zug saß, wurde mir klar, daß ich ein Kapitel meines Lebens abgeschlossen hatte und im Begriff war, ein neues aufzuschlagen. Ich hoffte, die Vergangenheit vergessen zu können, sie hinter mir zu lassen. Aber noch während ich schläfrig vor mich hindöste und der Zug ratternd durch die dunkle französische Landschaft fuhr, blitzten vor meinem geistigen Auge Bilder

der deutschen Viehwaggons auf, die mich während des Krieges von einem Lager zum anderen transportiert hatten. Sie hatten stets fürchterlich gestunken, waren überfüllt und von einer Atmosphäre aus Nervosität, Verwirrung und Hoffnungslosigkeit durchdrungen gewesen. Jetzt hatte ich ein ganzes Abteil für mich allein, und zum erstenmal seit fünf Jahren kannte ich mein Ziel. Um vier Uhr morgens rollte der Zug langsam aus und kam zum Stehen.

»PARIS!« rief der Schaffner.

Hatte ich es wirklich geschafft? Konnte ich wahrhaftig ein neues Leben anfangen? Ich nahm meinen kleinen Pappkoffer und ging in den matt erleuchteten Wartesaal des Bahnhofs.

Der Raum war leer, bis auf ein paar arme, zerlumpte Männer, die in der Ecke vor sich hinschnarchten. Ein Blick auf das Eisentor auf der anderen Seite des Metroeingangs warf mich wieder einmal in die Vergangenheit zurück – zu den Eisentoren und Stacheldrähten der Lager. Ich zitterte buchstäblich. Auf dem Schild über der Metro stand, daß die Tore um sechs Uhr morgens aufgehen würden. Ich hatte eine Wartezeit von zwei Stunden vor mir, aber ich traute mich nicht, in die Dunkelheit hinauszugehen. Mit dem kleinen Koffer auf den Knien setzte ich mich auf eine lange Bank und döste im Halbdunkel. Ich schreckte hoch, als sich ein Leutnant der englischen Armee neben mich setzte.

Wir unterhielten uns ein wenig, und er half mir, die jüdische Jugendherberge in der Rue des Rosiers 4 auf seiner Karte zu finden. Schließlich erschienen die Bahnwärter und schlossen die Eisentore der Metro auf. Unten nahm ich den ersten Zug zur Haltestelle St. Paul. Bis zur Rue des Rosiers 4 war es nur ein kurzer Fußmarsch. Ich drückte auf den Klingelknopf, und die Tür des alten, grauen Gebäudes öffnete sich. Die Frau an der Rezeption sah mich an.

»Was wünschen Sie?« fragte sie auf französisch.

»Die Engländer haben mich von Bergen-Belsen hierhergeschickt. Ich brauche ein Bett, bis ich ein Visum für die Vereinigten Staaten bekomme«, antwortete ich auf jiddisch, was mir leichter fiel als französisch. Sie zog einen Plan auf dem Pult zu Rate.

»Wir sind überfüllt. Aber ich glaube, ich habe ein Bett im Schlafsaal im dritten Stock für Sie. Kommen Sie mit.«

Wir stiegen drei enge Treppen hinauf. Sie machte die Tür zu einem großen, halbdunklen Raum auf, in dem dreißig oder vierzig Feldbetten standen, die meisten von schlafenden Frauen belegt. Am Ende der vierten Reihe fand sie ein leeres Bett.

»Das hier können Sie haben. Kommen Sie, ich zeige Ihnen den Waschraum.«

Ich ließ rasch mein Köfferchen auf das Bett fallen und folgte ihr über den Flur zu einem kleinen, gefliesten Raum mit einer Reihe von Waschbecken und Wasserhähnen. »Auschwitz!« dachte ich sofort. Aber als ich an einem der Hähne drehte, stellte ich fest, daß es hier reichlich Wasser gab. Doch fragte ich mich, wie lange ich brauchen würde, um dem Ansturm von Bildern aus der Vergangenheit Einhalt zu gebieten.

»Wo sind die Duschen?« erkundigte ich mich.

»Gibt keine«, antwortete sie. »Sie müssen ins Badehaus ein Stück die Straße runter gehen und zwei Francs bezahlen, dann bekommen Sie ein Handtuch und eine Wanne mit heißem Wassser für zwanzig Minuten.«

Ich war verblüfft.

»Und Toiletten?«

»Drei Treppen runter im Hinterhof sind Außentoiletten.«

Sie klang bestimmt.

Das Leben wurde nicht einfacher, und ich fragte mich, ob ich wohl je wieder an einem normalen Ort unter normalen Bedingungen leben würde.

Ich ging in den Schlafsaal zurück und setzte mich auf das leere Bett. Die Frauen hatten bereits mit dem Aufstehen begonnen. Ich stellte mich der Rothaarigen vor, die das Bett neben mir hatte. Sie hieß Doris.

»Eigentlich bin ich aus Wien«, sagte sie mit einem freundlichen Lächeln, »aber vor einigen Wochen bin ich aus Bergen-Belsen hierhergekommen.«

Ich erinnerte mich, sie nach der Befreiung im Lager gesehen zu haben. Sie mußte etwa fünfunddreißig bis vierzig sein, und sie war ein bißchen mollig.

»Ich zeige dir alles. Wir müssen zur amerikanischen Botschaft, um dich registrieren zu lassen. Das ist eine lange Prozedur. Es zieht sich lange hin, und du mußt dich in vielen Schlangen anstellen. Sie machen es uns nicht leicht.«

Ich nickte dankbar, aber ich machte mir Sorgen wegen des Geldes.

»Wieviel kostet es, dorthin zu kommen? Ich habe gerade genug Francs für zwei Fahrten mit der Metro.«

Sie musterte mich eingehend.

»Keine Sorge, ich habe eine Idee. Deine schwarzen Stiefel brauchst du hier nicht. Die können wir leicht verkaufen, und das Geld wird dich eine Zeitlang über Wasser halten. Wir brauchen nicht viel. Nur Metro-Fahrkarten und ein paar Francs für Kleinigkeiten. Abends bekommen wir in der Herberge eine Suppe. Die ist gar nicht so schlecht. Außerdem kriegst du Rationsgutscheine, und in der hiesigen Bäckerei kannst du Brot kaufen.« Sie bemühte sich, ihrer Stimme einen zuversichtlichen Klang zu verleihen.

Es war ein grauer, bewölkter Morgen, aber Paris war zum Leben erwacht. Geschäfte machten auf, Leute gingen zur Arbeit, gestikulierten und unterhielten sich miteinander. Und obwohl ihre Kleidung abgetragen war, machten sie einen glücklichen Eindruck. Die Straßen waren breit; es hatte geschneit, und der Boden war fast überall weiß.

Die Stadt hatte jedoch keine Ähnlichkeit mit dem Paris meiner Träume. Ich hatte mir Paris als eine Stadt voller modischer Menschen vorgestellt, als eine Stadt der Eleganz. Ich hatte völlig vergessen, daß der Krieg und die Besatzung auch hier ihre Spuren hinterlassen hatten. Das Land und seine Menschen waren von den Deutschen okkupiert worden, und ihr Leben war ganz bestimmt nicht leicht gewesen.

Auf dem Weg zur Metro zeigte mir Doris wichtige Plätze, Gebäude und Richtungen. Wir fuhren zum Place de la Concorde. Als wir aus der Bahn herauskamen, hatte ich Gelegenheit, mich umzuschauen. Da war ein prächtiger Brunnen, und um den Platz herum standen alte, stattliche Gebäude. Hier war nichts beschädigt worden, und es schien, als ob der Krieg vollständig an diesem Teil der Stadt vorbeigegangen wäre. Die Straßen waren breit, und die Bäume waren jetzt zwar kahl, würden im Frühling jedoch üppiges Grün tragen.

196

Wir überquerten die Straße und standen direkt vor der amerikanischen Botschaft. Draußen bemühte sich ein Wachposten, die lange Menschenschlange halbwegs ordentlich aussehen zu lassen. Wir erhielten beide einen Zettel mit einer Nummer und mußten warten, bis wir an der Reihe waren. Als wir das Gebäude betraten, war es schon Nachmittag. Trotz des kalten Wetters leistete mir Doris beim Warten geduldig Gesellschaft. Sie hatte die Registrierung vor etlichen Wochen hinter sich gebracht und kannte den Ablauf.

»Wahrscheinlich mußt du fast jeden Tag wiederkommen, bis du endlich dein Visum kriegst«, sagte sie. »Sie sind langsam und nehmen es mit den Hintergrundinformationen sehr genau.«

Als ich endlich an dem Schreibtisch mit der jungen Sekretärin angelangt war, gab ich ihr meinen Zettel mit der Nummer und nannte ihr meinen Namen. Ich erkundigte mich, ob das Affidavit von meinen Freunden in New York, Lotte und Herb Strauss, in der Botschaft eingetroffen sei. Die Sekretärin sah in ihren Unterlagen nach und teilte mir zu meiner großen Erleichterung mit, daß es da war. Dann gab sie mir eine lange Liste mit zusätzlich erforderlichen Dokumenten: ein Gesundheitsattest... würden sie merken, daß ich während des Krieges Tuberkulose gehabt hatte? ... ein gültiger Paß... ob die Polen wohl bereit waren, mir einen Paß auszustellen?... ein zweites Affidavit... ob der Bruder meiner Mutter, Onkel Adolf in San Francisco, es schicken würde?... schließlich mußte der Fahrpreis für die Schiffspassage nach New York im voraus entrichtet werden. Ich hatte noch eine Menge zu tun!

Sobald wir wieder draußen waren, schlenderten Doris und ich die breiten Boulevards entlang und bewunderten die alte, herrliche Stadt. Mir fiel wieder ein, daß Mutter und ich 1936 anläßlich der Weltausstellung für ein paar Tage hier gewesen waren. Es war eine wundervolle Reise gewesen, und wir waren in einem luxuriösen Hotel abgestiegen. Mutter war damals glücklich gewesen. Sie sprach fließend Französisch und liebte die Anregungen, die Paris zu bieten hatte. Das schien alles so schrecklich lange her zu sein. Vergangen und vorbei. Ich mußte an die Zukunft denken.

Langsam und planmäßig machte ich mich daran, die nötigen Dokumente für meine Abreise in die Vereinigten Staaten zu sammeln. Als erstes schrieb ich dem älteren Bruder meiner Mutter in San Francisco und bat um ein zweites Affidavit. Ich stattete der polnischen Botschaft mehrere Besuche ab, um einen Paß zu beantragen, der mir mit der Begründung verweigert worden war, daß ich in Deutschland geboren war und nicht fehlerlos Polnisch sprach. Dann ging ich zu der amerikanischen Reederei. Hier versprach man mir eine Passage auf einem leeren Schiff der Handelsmarine, wenn ich 600 Dollar und ein Visum für die USA vorweisen könnte. Ich schrieb dem Bruder meines Vaters in Palästina, fragte, ob er mir vielleicht 600 Dollar schicken könnte, und versprach, ihm das Geld zurückzuzahlen, sobald ich Arbeit hätte.

Während der nächsten acht Wochen ging ich jeden Morgen von Montag bis Freitag zur amerikanischen Botschaft, nur um mich zu vergewissern, daß mein Name auf der Liste stand und daß ich eine deutsche Quotennummer bekommen hatte. Diese richtete sich nach dem Geburtsort. Ich hatte Glück. Die deutsche Quote war seit über vier Jahren nicht mehr ausgenutzt worden, und meine Nummer war sehr niedrig. Ich überließ ihnen auch Colonel Tillings Brief, in dem meine Mitwirkung beim Aufspüren der zweiundvierzig SS-Leute und meine Zeugenaussage gegen sie vor dem British War Crimes Department erwähnt wurde. Die Amerikaner schienen beeindruckt zu sein und versprachen, daß sie mir das Visum ausstellen würden, sobald ich alle Formalitäten erledigt hätte.

In der Zwischenzeit lief mein Visum für Frankreich ab. Es war als Transitvisum für nur zwei Monate ausgestellt worden, und diese zwei Monate waren um. Ich brauchte jedoch eine längere Frist, um den Anforderungen der amerikanischen Behörden entsprechen zu können. Ich wandte mich an die Präfektur und bat um eine Verlängerung, wurde jedoch immer wieder abgewiesen. Die Möglichkeit, nach Deutschland zurückgeschickt zu werden, stand drohend vor mir. Was konnte ich tun? Ich zerbrach mir den Kopf, um mir etwas einfallen zu lassen. Nach allem, was ich während des Krieges durchgemacht hatte, wußte ich, daß »Kontakte« immer hilfreich waren. Aber was für Kontakte hatte ich in Frankreich? Plötzlich erinnerte ich mich an Léon Blum, den ehemaligen Premierminister. Angeblich war er Häftling im KZ Neuengamme gewesen, wo ich 1944 aufs Krankenrevier gekommen war. Ein anderer Häftling hatte mir zugeflüstert, daß er dort sei, und mir einen Mann gezeigt, einen einsamen Häftling, der unter Bewachung auf dem Appellplatz herumging. Vielleicht würde er Mitgefühl und Verständnis für einen ehemaligen Mitgefangenen haben. Es war einen Versuch wert.

Es war nicht schwierig, Informationen über seine gegenwärtige Adresse zu bekommen, und ich beschloß, einfach zu seinem Haus zu gehen und es zu probieren. Ich nahm die Metro. Als ich ausstieg, sah ich zu meiner Überraschung schöne, breite, von Bäumen gesäumte Straßen mit alten, herrschaftlichen Wohnhäusern, die keinerlei Ähnlichkeit mit der Rue des Rosiers hatten, wo ich jetzt wohnte. Ich überprüfte die Adresse, betrat das Haus und stieg mehrere Treppen hinauf. Ich klingelte, und eine ältere Dame machte die Tür auf. Ich fragte in meinem schlechten Französisch, ob ich bitte Herrn Blum sprechen könne.

»Herr Blum ist krank. Er kann niemanden empfangen«, gab sie zurück.

»Bitte«, flehte ich, »sagen Sie ihm nur zwei Worte: Auschwitz und Neuengamme!«

Kurz darauf kam sie zurück. »Er wird Sie empfangen, aber bleiben Sie nicht lange, es ist zuviel für ihn.«

Ich nickte.

Sie ging mir voran über einen matt erleuchteten Flur zu einer Tür und öffnete sie. In dem Zimmer war es dunkel; nur auf dem Schreibtisch stand eine kleine Lampe. Hinter dem Schreibtisch saß ein weißhaariger Herr, der ein weißes Hemd, eine Krawatte und ein dunkles Jackett trug. Er sah alt und müde aus und schien krank zu sein. Ich stand ehrfurchtsvoll vor ihm.

»Darf ich deutsch sprechen, Herr Minister?« fragte ich schüchtern. Er nickte kurz.

»Mein Name ist Cecilie Landau. Die Briten haben mich mit dem Auto von Bergen-Belsen nach Frankreich gebracht. Ich habe ein Visum für die Vereinigten Staaten beantragt, aber mittlerweile ist mein Transitvisum abgelaufen, und man will es mir nicht verlängern«, erklärte ich.

»Wo haben Sie den Krieg verbracht?« fragte er.

Dan Eichengreen als Soldat der US-Armee, 1940.

Julie und Julius Eichengrün, Hamburg 1938.

»Im Getto von Lodz, in Auschwitz, Neuengamme und Bergen-Belsen.«

Er sah mich schweigend an, nahm den Telefonhörer auf,
wählte eine Nummer und sprach in einem schnellen Französisch,
dem ich nicht folgen konnte. Als er fertig war, wandte er sich mir zu.

»Es ist alles geregelt. Gehen Sie wieder zur Präfektur und
fragen Sie nach Mr. Rousseau, dann bekommen Sie Ihre Aufent-
haltsgenehmigung.«

Ich dankte ihm. Wir reichten uns die Hände, und ich machte
mich sofort auf den Rückweg zur Präfektur. Die Dokumente
waren fertig und lagen schon bereit. Genau wie im Getto, dachte
ich. Man mußte jemanden kennen, um das Unmögliche zu erreichen: Die Welt hatte sich verändert und war doch so sehr die alte
geblieben.

Ein paar Wochen später, Anfang März 1946, traf das Affidavit
von meinem Onkel aus San Francisco ein. Außerdem erhielt ich
die 600 Dollar von meinem Onkel Herschel in Palästina. Zu guter
Letzt wurde mir auch noch mein polnischer Paß ausgestellt. Um
ihn zu bekommen, mußte ich jedoch einen Brief von jemandem
vorlegen, der meinen Vater kannte und sich dafür verbürgte, daß
er Pole war. Ich wußte, daß dies unmöglich war. Trotzdem ging ich
zum Jüdischen Gemeindezentrum, um mir jemanden zu suchen,
der bereit wäre, eine Erklärung diesen Inhalts zu unterschreiben.
Ein kleiner, älterer Herr trat auf mich zu und fragte, was ich auf
dem Herzen habe. Obwohl er meinen Vater natürlich nicht
gekannt hatte, erklärte er sich rasch einverstanden, mir in der Not
zu helfen. Wir gingen sofort ins Büro, ließen die Aussage tippen,
und er unterschrieb sie. Ich dankte ihm dafür, daß er mir half, dem
polnischen Konsulat einen Streich zu spielen.

Die Amerikaner in der Botschaft sahen sich meine Dokumen-
tensammlung an und versprachen mir das Visum für die nächste
Woche. Am Dienstagmorgen ging ich wieder einmal zur Botschaft. Ich wurde ins Büro des Vizekonsuls gerufen, und er bat
mich, Platz zu nehmen. Er brachte ein großes, buchähnliches
Dokument zum Vorschein, das auf dickem, weißem Papier gedruckt war. Ganz oben stand deutlich sichtbar »The United States
of America«, gefolgt von Kleingedrucktem und schließlich mei-

nem Namen. Unten befand sich ein riesiges, rotes Siegel mit langen, roten Bändern. Der Vizekonsul überreichte es mir und wünschte mir alles Gute. Ich verstaute das große Dokument sorgfältig in meiner Handtasche und dankte ihm.

Jetzt fehlte nur noch die Passage nach New York. Ich begab mich sofort zu der amerikanischen Reederei. Nach etlichem Gefeilsche und Gebettel bekam ich eine Koje auf einem Handelsschiff zugeteilt. Ich händigte ihnen die 600 Dollar aus und bekam mein Ticket.

»Wir fahren am 4. März von Bordeaux ab, mit der MS Anson Mills. Sie müssen am Morgen mit ihrem ganzen Gepäck und allen Dokumenten da sein. Die Fahrt wird etwa zwanzig Tage dauern.«

Ich konnte es nicht glauben! Ich reiste ab. In zwanzig Tagen würde ich in New York sein!! Bei dem Gedanken fielen mir meine alten Freunde Julie und Julius ein, und ich konnte Julies Stimme hören:»Wenn du nach New York kommst, dann denk daran, dich nach meinem Sohn umzusehen...«

Nach einundzwanzig Tagen Seekrankheit stand ich an Deck der Anson Mills und sah die Skyline von New York City vor mir. Ich hatte eine sehr lange Reise hinter mir, in Kilometern und in Zeit, und ich hoffte auch, meine seelische Verfassung betreffend. Ich konnte es kaum erwarten, ein neues Leben zu beginnen, und glaubte immer noch, die Vergangenheit hinter mir lassen zu können. Das Schiff legte in der Nähe des Fulton-Fischmarktes an – so stand es auf dem Schild –, und der Gestank reichte, um mich zu überzeugen. Ich knöpfte meinen neuen, braunen Mantel zu, warf einen Blick in den Spiegel auf meine »fast langen« Haare, die mir jetzt knapp über die Ohren gingen, setzte den beigen Hut auf, den ich mir in Paris gekauft hatte, umklammerte meine Handtasche und das kleine Köfferchen – mein einziges Gepäckstück – und wartete darauf, an Land gehen zu können. Endlich wurde die Gangway festgemacht, und ich ging hinunter, wobei ich meinen Blick suchend über die wenigen Leuten am Kai schweifen ließ. Ich entdeckte meine Schulfreundin Lotte und ihren Mann Herb, die schon auf mich warteten. Ihre Begrüßung war warm und freundlich, und ich fühlte mich gut. Ein Mann hielt mich an.

»New York News«, sagte er. Ich sah Lotte an.

»Die Presse«, flüsterte sie mir zu.

»Würden Sie mir bitte erzählen, woher Sie kommen, und außerdem alles, was Sie sonst noch gern loswerden möchten?«

Ich schüttelte den Kopf. Ich wollte nicht über die schreckliche Vergangenheit reden.

»Kein Kommentar«, erwiderte ich und ging weg.

Wir fuhren nach Sunnyside auf Long Island, wo Herr und Frau Rosenberg, Lottes Eltern, lebten. Vor Jahren hatten sie ebenfalls in Hamburg gewohnt und meine Eltern in der Schule kennengelernt, die Lotte und ich damals besuchten. Ich sollte fürs erste bei ihnen bleiben. Mein Schlafplatz war ihre Wohnzimmercouch, die ich jeden Abend zum Bett umwandelte. Sie waren freundlich und nett. Aber ich merkte rasch, daß sie sich in meiner Anwesenheit unbehaglich fühlten. Sie wußten nicht so recht, was sie zu diesem »Geschöpf« aus den Lagern und aus dem Krieg sagen sollten. Die meiste Zeit verbrachten wir in unangenehmem Schweigen.

In den ersten Tagen in New York ging ich tagsüber spazieren und machte mich mit der U-Bahn und den Bussen vertraut. Hin und wieder wagte ich mich auf die Fifth Avenue, bekam es jedoch schnell mit der Angst. Sie war zu betriebsam, zu überwältigend. Ich kam mir vor, als wäre ich aus einem kleinen Dorf gekommen. Ich würde Zeit brauchen, mich an dieses Lebenstempo zu gewöhnen. Amerika war so anders als alles, was ich kannte. Zu meiner großen Überraschung vermißte ich Europa. Obwohl Lotte und ich fast täglich miteinander redeten und wir uns an den Wochenenden entweder im Haus ihrer Eltern oder in Lottes Studiowohnung in Rego Park sahen, war ich einsam und fühlte mich sehr verlassen. Lotte und Herb waren freundlich und aufgeschlossen, aber wir hatten unterschiedliche Interessen. Ich wollte mir Museen anschauen und Konzerte besuchen. Ich dachte daran, wieder auf die Schule zu gehen, aber sie meinten, ich sollte mir Arbeit suchen und Geld verdienen.

Kaum zwei Wochen nach meiner Ankunft begannen meine Alpträume. Jene Erlebnisse der Vergangenheit, die ich aus meinem Bewußtsein im Alltag aussperren konnte, fanden ein Ventil in meinen Träumen: Wieder und wieder lief ich, ich lief nach Einbruch der Dunkelheit – nach der Sperrstunde – durch die Straßen von Hamburg, die Lichtkegel der Taschenlampen der Deutschen suchten nach mir und meiner Mutter. Ich verstauchte mir den Knöchel und fiel mit dem Gesicht voran in den stinkenden Schmutz im Rinnstein … die Deutschen kamen… ich hörte das Klappern ihrer Stiefel, immer näher… näher… näher… Ich wachte von meinem eigenen Geschrei auf… Herr und Frau Rosenberg standen an meinem Bett, sprachlos vor Angst und Hilflosigkeit.

Bald darauf – vielleicht war es nur ein Zufall – schlugen Lotte und ihre Eltern vor, daß ich mir eine eigene Unterkunft suchen sollte. Ich sah mich um, aber 1946 gab es in New York nur wenig freien Wohnraum. Ich hatte jedoch Glück: Beim Lesen der Lokalanzeigen fand ich ein kleines, möbliertes Zimmer für acht Dollar die Woche in einem Zweifamilienhaus in Woodside. Ich durfte das gemeinsame Badezimmer und die Küche mitbenutzen. Bettzeug und Handtücher wurden gestellt. Ich sagte mir immer wieder, was für ein Glückspilz ich sei. Aber ich war nicht glücklich. Ich fühlte mich einsam und verloren in einem fremden Land.

Da ich nun ein Zimmer hatte, war es nach Lottes Ansicht unbedingt erforderlich, daß ich so bald wie möglich Arbeit fand. Herb war Handelsvertreter, und Lotte entwarf Sportartikel. Aber sie hatte einmal in einer Handschuhfabrik in Queens gearbeitet. Sie setzte sich mit ihrem alten Arbeitgeber in Verbindung und vereinbarte mit ihm, daß er mich in der alten Fabrik mit der Schaufensterfront auf der Industrieseite des Queens Boulevard in Sunnyside einstellte.

Es war eine kleine Werkstatt voller Frauen, die in Handarbeit Lederhandschuhe nähten. Der Lohn betrug ein Dollar fünfundzwanzig Cents pro Paar. Wenn ich schnell war, konnte ich an einem Arbeitstag sieben Paar schaffen. Am ersten Freitag hatte ich nach Abzug der Steuern achtundzwanzig Dollar in der Lohntüte. Nachdem ich die Miete bezahlt und mir etwas zu essen sowie ein paar amerikanische Kleider gekauft hatte, war kaum noch etwas übrig. Immer wenn mir das Geld ausging, kaufte ich mir für fünf Cents einen Schokoriegel; der war dann mein Mittag- oder Abendessen. Irgendwie gingen die Wochen ins Land. Ich vermißte meine Freunde in Europa, und in New York neue Freunde zu finden, war nicht einfach. Ich hatte keinen Kontakt mit anderen jungen Leuten und war zu schüchtern, um auf andere zuzugehen. Ich fragte mich, ob das Leben in New York so weitergehen würde.

»Baruch, Ata, adonaj...«

Rose Rosenberg rezitierte den Segensspruch über den Sabbatkerzen. Max, der am anderen Ende des Tisches saß, lächelte. Meine Ankunft in New York lag nur acht Wochen zurück. Ich sah auf die Kerzen, die weiße Tischdecke, das glänzende Porzellan und die Challah vor Max. Um den ganzen Tisch herum nur fröhliche Gesichter. Ich dachte an mein früheres Zuhause, an die Freitagabende im Haus meiner Eltern vor so vielen, vielen Jahren. Die Vergangenheit schien in weiter Ferne zu liegen und war doch immer präsent... ein Teil der Gegenwart.

Ich sah Rose und Max im Kreis ihrer Familie an. Sie waren glücklich. Sie waren nur zwei Wochen vor Kriegsausbruch aus Europa entkommen. Ihr Sohn Howard und seine Frau Anne sowie natürlich Lotte und ihr Mann Herb waren zum Sabbatessen am Freitagabend gekommen. Mir gegenüber saß ein junger Mann, ein Freund der Familie, wie man mir gesagt hatte. Er war um die dreißig, groß und schlank, mit heller Haut, blauen Augen und kurzen, rötlichen Haaren. Seine Gesichtszüge waren ebenmäßig, beinahe symmetrisch. Er lächelte. Ein nettes, hübsches Gesicht. Er trug einen braunen Anzug, ein weißes Hemd und eine braungestreifte Krawatte. Er war ziemlich still, schien sich jedoch wohlzufühlen und alle gut zu kennen.

»Celia«, begann Lotte, »kennst du Dan Eichengreen schon? Er ist ein alter Klassenkamerad von Howard aus Hamburg, hat Deutschland aber 1939 verlassen.«

Beim Klang des Namens liefen Schockwellen durch meinen Körper – der gleiche Name wie der meiner Freunde, die ich im Getto getroffen hatte. Konnte dies der Sohn sein, den ich auf Wunsch meiner älteren Gettofreunde Julie und Julius in New York ausfindig machen sollte? Traurig erinnerte ich mich an meine innige Freundschaft mit Julie, an unseren tränenreichen Abschied, als sie und Julius aus dem Getto deportiert wurden, und an mein Versprechen, ihren Sohn zu suchen, falls ich vor ihnen nach New York käme. Ich schob den Gedanken beiseite. Nur weil er den gleichen Namen hatte, hieß das nicht, daß er Julies Sohn war. Dennoch konnte ich meine Ahnungen nicht verleugnen! Ich fühlte, dies war die Person, die ich zu suchen versprochen hatte. Selbst seine Gesichtsfarbe war so blaß wie die seiner Mutter. Obwohl er kein Rotschopf wie Julie war, konnte ich sehen, daß er als Kind rote Haare gehabt haben mußte. Aber ich freute mich nicht auf die Aufgabe, die nun wahrscheinlich vor mir lag – ihm von der Deportation seiner Eltern aus Lodz und von ihrem sicheren Tod zu berichten.

Während des ganzen Abendessens war ich nervös. Ich hoffte, daß niemand etwas über mich oder über meine Erlebnisse im Krieg erzählen würde. Das tat auch keiner. Aber als alle gegangen waren und Rose und ich den Tisch abräumten und das Geschirr abzuwaschen begannen, mußte ich die Wahrheit erfahren.

»Kennst du Dans Familie?«

Frau Rosenberg machte ein überraschtes Gesicht.

»Ja, wieso, seine Eltern haben uns oft zu Hause besucht.«

»Können Sie sich noch genau an sie erinnern?«

»Ja, sie waren nett und klug und eine angenehme Gesellschaft. Aber warum fragst du?«

»Sagen Sie mir noch eins. Hießen sie Julie und Julius?«

»Ja. Aber sag mir – warum diese Fragen?«

Unfähig, ihr sofort zu antworten, fuhr ich fort, stumm das Geschirr abzutrocknen.

»Celia«, beharrte Frau Rosenberg, »hast du sie auch gekannt?«

»Ich war mit ihnen im Getto von Lodz. Wir sind zusammen aus Hamburg deportiert worden, und ich habe sehr an ihnen gehangen, besonders an Julie. Wir waren enge Freunde. Aber dann sind sie aus dem Getto deportiert worden, und man hat von keinem, der mit ihnen zusammen abtransportiert wurde, je wieder etwas gehört.«

Frau Rosenberg war schockiert.

»Glaubst du, daß Dan davon weiß? Hast du mit ihm geredet?« fragte sie.

Ich schüttelte den Kopf.

»Ich glaube nicht, daß ich den Mut habe, ihn mit so traurigen Nachrichten zu konfrontieren.«

Frau Rosenberg nickte, und wir sprachen nicht weiter darüber.

Etliche Wochen später traf ich Dan wieder, diesmal daheim bei meiner Freundin Lotte. Erneut fielen mir seine blauen Augen und das empfindsame Lächeln auf. Ich wußte, wie schwer es mir fallen würde, ihm von seinen Eltern zu erzählen. Der Abend verlief sehr angenehm. Wir aßen, plauderten und hörten uns Platten an. Als wir uns schließlich verabschiedeten, fragte Dan, ob er mich nach Hause bringen könne. Ich stimmte zu, froh darüber, daß er mich begleiten würde. Aber gleichzeitig wußte ich, daß die schmerzhafte Wahrheit nicht viel länger verborgen bleiben konnte. Ich holte tief Luft, als wir die Treppe hinuntergingen.

Draußen gingen wir an der U-Bahn-Station von Rego Park vorbei und machten uns zu Fuß auf den Weg nach Woodside, wo ich wohnte. Wie ich befürchtet hatte, begann Dan die Unterhaltung mit dem Thema, das ich am liebsten vermieden hätte.

»Ich habe von Rose gehört, daß du während des Krieges meinen Eltern begegnet bist. Willst du mir von ihnen erzählen? Ich war die letzten vier Jahre als amerikanischer Soldat in Europa und habe versucht, sie ausfindig zu machen. Aber ohne Erfolg. Leben sie noch?«

»Soweit ich weiß, sind deine Eltern nicht mehr am Leben.«

Ich konnte Dan nicht ansehen. Aber ich begann, ihm davon zu erzählen, wie ich seine Eltern auf dem Transport von Hamburg ins Getto von Lodz kennengelernt hatte und wie sie sich bei den Händen gehalten, gelächelt und Geduld bewahrt hatten. Ich erzählte ihm, wie sich meine Freundschaft mit Julie während der ersten sechs Wochen im Getto entwickelt hatte:

»Wir waren in einer leeren, alten und schmutzigen Schule untergebracht, wo wir auf dem kalten, harten Fußboden schlafen mußten. Es gab nur sehr wenig zu essen. Mutter, meine Schwester Karin und ich hatten Glück und fanden einen Platz in einer Ecke beim Fenster. Deine Eltern waren direkt neben uns. Mutter und Karin wurden von Erschöpfung übermannt und fielen in einen unruhigen Schlaf. Ich begann zu weinen und dann zu schluchzen. Als deine Mutter mich hörte, kam sie langsam herüber und legte mir den Arm um die Schultern. Ich war so dankbar und empfand große Zuneigung zu ihr.«

Dan sah mich an. Er spürte meinen Schmerz und meine Erschöpfung.

»Ich sehe, daß du erschöpft bist. Möchtest du jetzt aufhören zu reden?«

»Ich bin müde«, sagte ich, »aber es wäre mir lieber, wenn ich alles sagen und hinter mich bringen könnte.«

»Was hieltest du von meiner Mutter?« fragte Dan.

Ich nahm meinen ganzen Mut und mein Durchhaltevermögen zusammen und fuhr fort.

»Während dieser sechs Wochen in der Schule waren sie und ich unzertrennlich. Wir unterhielten uns, wir kicherten miteinander. Ich bewunderte ihr ruhiges, geduldiges Wesen. Ihre Haare waren immer noch rötlich, mit ein paar grauen Strähnen dazwischen. Mir gegenüber war sie liebevoll, sanft und freundlich. Sie sprach oft von ihrem einzigen Sohn, der 1939 von Deutschland nach Kuba gegangen war und irgendwann nach New York kommen würde.«

»Ja, ich bin im Frühjahr 1939 nach Kuba ausgewandert. Da ich im Grunde illegal eingereist bin, stand mir und den anderen auf meinem Schiff nur eine Arbeitsmöglichkeit offen, nämlich in der Landwirtschaft. Ein junger Ingenieur, ein Arzt und ich pachteten einen kleinen Hof und bauten eineinhalb Jahre lang Kartoffeln, Mais und Bananen an. Es war harte Arbeit, aber wir hatten genug zu essen, und es machte uns nichts aus. Die Lebensbedingungen waren primitiv, und wir führten ein ganz anderes Leben als in den Jahren davor. Ich hörte regelmäßig von meinen Eltern, bis der Krieg ausbrach. Dann kamen keine Briefe mehr.« Dan klang traurig.

»Aber deine Mutter hat ständig von dir geredet! 'New York', seufzte sie oft mit einem verträumten, entrückten Blick in den Augen, 'wir werden dort sein, du und ich, und dann lernst du meinen Sohn kennen, und wir gehen auf dem Broadway spazieren.' Dann bat sie mich immer darum, ihr zu versprechen, dich zu suchen, wenn ich vor ihr nach New York käme, und dir zu sagen, daß deine Eltern so bald wie möglich kämen. Ich versprach es ihr.«

Nun sah ich Julies Sohn im Licht der Straßenlaternen an. Er ging weiter, den Kopf gesenkt, und starrte aufs Pflaster. Ich konnte seine Augen nicht sehen.

»Wie sahen meine Eltern aus, als du sie zum letztenmal sahst?«

»Dünn und abgehärmt. Einen Tag nach meinem letzten Besuch – am 4. Mai 1942 – wurden sie zusammen mit mehreren tausend anderen aus dem Getto deportiert.«

»Wohin?«

»Das wußten wir damals nicht. Ich wartete auf die Postkarte, die mir deine Mutter zu schicken versprochen hatte, aber ich bekam sie nie, und niemand hat je wieder etwas von einem gehört, der auf diesem Transport dabei war. Später, viel später erfuhren wir, daß sie nach Chelmo gebracht worden sind. Niemand hat überlebt.«

Wir waren fast in Woodside. Ich war ausgelaugt und hatte nichts mehr zu sagen.

»Danke«, sagte Dan leise.

» ‘Gern geschehen’ wäre wohl kaum die richtige Antwort«, gab ich traurig zurück. Nach einer Pause fuhr Dan fort:

»Darf ich dich anrufen? Ich möchte dich wiedersehen – aber nicht, weil du meine Eltern kanntest.«

Ich nickte.

In der nächsten Woche rief Dan mich an. Ich war aufgeregt, daß er etwas von sich hören ließ, und fragte mich, wie es wohl sein würde, ihn zu treffen – nicht wegen seiner Eltern. Er hatte Konzertkarten besorgt und einen Tisch fürs Abendessen reserviert. Während des Abendessens im Russian Tea Room in der Siebenundfünfzigsten Straße sprachen wir über seine Arbeit bei einem Verlagsgroßhändler sowie über meine Arbeit, die ich mittlerweile haßte, und beeilten uns dann, in die Carnegie Hall zu kommen. Es war ein wundervolles Konzert! Ich hatte mein neues, schwarzes Seidenkleid an und kam mir sehr elegant vor – als ob ich tatsächlich in diese Umgebung gehörte. Endlich! Mein Leben schien sich zum Besseren gewendet zu haben.

In der folgenden Woche gingen wir wieder zusammen essen und dann ins Kino. Mitte der Woche darauf begannen Bücher, Blumen und Süßigkeiten einzutreffen. Und ich begann mich richtig auf Dans Anrufe zu freuen; ich spürte, wie meine Lebensgeister wieder erwachten, wie eine neu aufflammende Erregung und Lebensfreude von mir Besitz ergriffen.

Wir sahen uns von nun an fast jedes Wochenende, und ich wußte, daß ich drauf und dran war, mich zu verlieben. Wir gingen in Konzerte, in die phantastischen Museen von New York und ins Theater, und wenn es warm war, fuhren wir nach Jones Beach. Die Ideen schienen Dan nie auszugehen. Er war ruhig, klug und zuverlässig. Außerdem war er höflich und freundlich. Wie ich liebte er Bücher und Musik und interessierte sich für Politik. Am meisten liebte ich die gelben Rosen, die er mir schickte. In den Kriegsjahren hatte es keine Rosen gegeben – nur Asche.

Da Dan kein Auto hatte und in Washington Heights wohnte, mußte er die lange Fahrt mit der U-Bahn machen, um mich abzuholen. Er war immer gut gekleidet und trug einen Anzug, außer bei unseren Ausflügen zum Strand; dann trug er nur ein Sporthemd und eine Hose. Manchmal machte ich mir Sorgen, daß er zuviel Geld ausgab. Aber wenn ich ihn darauf ansprach, lachte er nur und sagte, ich solle mir keine Gedanken machen.

Von Zeit zu Zeit mußte ich an Szaja denken. Erst jetzt, wo ich Dan kannte, wurde mir klar, wie egoistisch, ichbezogen und unzuverlässig Szaja gewesen war. Dan war fürsorglich, zuverlässig und nicht ausschließlich mit sich beschäftigt, sondern mit mir! Ich wußte, daß ich ihn liebte und daß er mich liebte. Er verstand mich. Er sorgte sich darum, was ich empfand, und stellte mir keine Fragen mehr über den Krieg. Wir hielten uns an der Hand, wir umarmten uns, wir küßten uns.

Er hatte vor, mit dem Zug nach Californien zu fahren, und schlug mir vor, ihn zu begleiten. Vielleicht könnte ich den Bruder meiner Mutter besuchen, Onkel Adolf in San Francisco, und dann weiterfahren nach Los Angeles, um Dans Cousins kennenzulernen. Ich überlegte es mir, aber ich war nicht besonders froh darüber, den Onkel zu besuchen, der sich vor dem Krieg geweigert hatte, unserer kleinen Familie Affidavits zu schicken. Trotzdem entschied ich mich, mit Dan zu fahren.

Ende Juli machten wir die Zugreise nach Californien. Wir kannten uns nun vier Monate. Ich war glücklich; ich gehörte zu jemandem, und jemand gehörte zu mir. Das Leben war voller Versprechungen! Am ersten Tag unserer Reise saßen wir nach dem Mittagessen im Salon und genossen den Ausblick und Dan

Cecilie, New York 1946.

212

Cecilie und Dan an ihrem Hochzeitstag im Hause von Rabbiner Lieber, New York am 7.11.1946.

hielt meine Hand. Er drehte seinen Kopf zu mir, sah mich unvermittelt an und sagte in seiner offenen, direkten Art:

»Ich liebe dich. Willst du mich heiraten?«

Ich war überwältigt, wenn auch nicht gänzlich überrascht. Ich sagte »Ja«, aber ich mußte eigentlich gar nichts sagen. Dan wußte, wie glücklich ich war. Wir küßten und umarmten uns; dann saßen wir dicht beieinander und lauschten den rhythmischen Geräuschen des Zuges.

Ein paar Minuten später hatte Dan eine Überraschung.

»Ich habe diesen Ring aufbewahrt. Er hat meiner Mutter gehört. Ich möchte ihn dir geben.«

Ich steckte mir den Ring an den Finger und dachte sofort an Julie. Was sie wohl gesagt hätte? Sie wäre sicher sehr glücklich über uns gewesen.

Ich war glücklicher, als ich mir je erträumt hatte. Wir wurden in New York am 7. November 1946 getraut, im Arbeitszimmer von Rabbi Lieber. Nur ein paar Freunde und einige Verwandte von Dan waren anwesend. Als ich unter der Chupa stand, verklang die Stimme des Rabbi. Ich fühlte mich glücklich in diesem Moment. Und doch war ich noch nie trauriger gewesen. Noch nie war mir das Fehlen einer vertrauten, liebevollen Familie, die unsere Freude hätte teilen können, so schmerzhaft bewußt gewesen wie in diesem Augenblick. Ich dachte an meine Mutter, meinen Vater, meine Schwester Karin und an Dans Eltern, die von den Nazis gefoltert und ermordet worden waren. Warum? Warum waren sie getötet worden?

Die späten vierziger Jahre waren eine gute Zeit für mich. Ich hatte einen wundervollen Mann und führte das normale Leben, das ich mir immer gewünscht hatte. Von Dan ermutigt, wechselte ich die Arbeitsstelle und arbeitete in einem Büro; ich schrieb mich auch auf der Abendschule ein und belegte die Fächer Maschineschreiben, Englisch und Geschichte. Obwohl wir nicht reich waren, eröffnete sich mir ein wunderbares Leben. Wir konnten es uns leisten, ins Theater, zu Konzerten und in die Oper zu gehen.

Aber gerade, als sich die Hoffnung auf ein neues Leben zu erfüllen begann, drohte die Asche aus der Vergangenheit von neuem, meine Hoffnungen zu ersticken, meine Träume in Brand zu stecken und in Flammen aufgehen zu lassen. Mein Alptraum kam immer wieder: das Laufen, die Taschenlampen, die Angst, ich stürzte und schrie – die Deutschen! Dan weckte mich jedesmal, hielt mich fest und versicherte mir, daß es nur ein Alptraum war. Dann fühlte ich mich sicher – aber nur bis zum nächsten Mal. Und meine Alpträume, meine Erinnerungen waren nicht die einzigen Mahnungen aus der Vergangenheit.

Eines Tages traf ein Brief von der Jüdischen Gemeinde in Lodz ein. Ich hatte vor zwei Monaten nach Polen geschrieben und um Informationen über meine Schwester Karin gebeten. Die Antwort besagte, daß sie 1942 zusammen mit den anderen Kindern auf ihrem Transport von Lodz umgebracht worden war. Obwohl dies die Bestätigung für Karins Tod war, konnte ich ihn nicht als feststehende Tatsache akzeptieren. Dann sah ich die Unterschrift unter dem Brief: Szaja Spiegel. Ich wußte, daß Szaja bestimmt gründlich nachgeforscht hatte, bevor er mir diesen endgültigen, schmerzhaften Brief geschrieben hatte. Ich war am Boden zerstört. Karin war wirklich tot. Dan hielt mich ganz fest. Keiner von uns sagte ein Wort. Aber ich wußte, daß Dan den Schmerz über den Verlust meiner kleinen Schwester mit mir teilte.

Von der Jüdischen Gemeinde in Hamburg kam die erste von vielen Rechnungen. Sie schickten eine Auflistung der Beträge für die Pflege und die Wartung des Grabes meines Vaters. Ich hatte gemischte Gefühle. Was war in dem Grab? Asche. Wessen Asche? Nicht die meines Vaters, da war ich sicher. »Asche aus Dachau« hatte die Gestapo gesagt. Die Asche derjenigen, die dort umgebracht worden waren. Nach eingehender Gewissensprüfung beschloß ich, die Rechnung zu bezahlen. Vielleicht war es wirklich gleichgültig, wessen Asche unter dem Stein mit der Aufschrift »Benjamin Landau« begraben war.

Eines Tages, kurz nachdem ich von Karins Tod erfahren hatte, erhielt ich einen Brief mit Hamburger Poststempel. Der Name auf dem Umschlag sagte mir gar nichts. Aber soweit es mich betraf, war alles aus Deutschland verdächtig. Ich machte den Umschlag langsam auf. Darin war ein Briefchen von Wolfgang, dem ehemaligen SS-Wachmann aus dem Arbeitslager des KZ Neuengamme. Er erinnerte mich an das Abkommen, das ich ihm vorgeschlagen hatte: daß ich ihm ein Haus schenken würde, wenn er mir zur Flucht aus dem Lager in Sasel verhalf. Jetzt wollte er das Haus haben. Die Tatsache, daß er seinen Teil des Abkommens nicht eingehalten hatte, erwähnte er mit keinem Wort. Ich schob Dan den Brief über den Tisch hin. Er schüttelte nur den Kopf. Ich war wütend. Ich zerriß den Brief in kleine Stücke, warf sie in einen Aschenbecher und zündete sie an. Wolfgang, dieser Feigling, verdiente keine Antwort.

Ich sehnte mich danach, daß die Vergangenheit mich in Ruhe lassen würde, aber ich wußte, daß sie mir bis ans Ende meines Lebens folgen würde. Ich mußte lernen, mit ihr auszukommen – und zugleich daran arbeiten, mein Leben in der Gegenwart zu leben. Aber das würde nicht leicht sein.

Ein anderer Brief kam von Kommandant Starks Sohn. Ich hatte seinen Vater zusammen mit den anderen einundvierzig SS-Leuten aus dem Lager in Sasel angezeigt. Er bat mich um Hilfe, wobei er an meinen Anstand und meine Fairneß appellierte. Sein Vater saß im Gefängnis; er wünschte und brauchte ein paar positive Aussagen über seinen Charakter und sein Vorleben, um ihn freizubekommen. Ich konnte nur bitter lachen. Ich hätte gern gewußt, was aus dem Anstand und der Fairneß seines Vaters geworden war. Ich erinnerte mich an seine Prügel, an unsere übel zugerichteten, geschwollenen Gesichter, an seine Tritte gegen unsere Schienbeine, bis sie blau und grün waren. Seine Mißhandlungen waren unmenschlich gewesen! Auch dieser Brief wurde zu Asche.

Meine Freundin Sofie aus dem Büro in Sasel schrieb aus Deutschland. Sie war vor dem Krieg zur Anwältin ausgebildet worden. Jetzt war sie verheiratet und Mutter eines kleinen Jungen, und sie und ihr Mann hatten beschlossen, in Deutschland zu bleiben. Sie erinnerte mich daran, wie wir Lebensmittel aus dem Lager neben unserem Büro gestohlen hatten. Oberscharführer Pelz, ein kräftiger, mittelgroßer Mann, hatte die Schlüssel an einer Schnur um sein Handgelenk herum getragen, außer wenn er Urlaub hatte und nach Hause fuhr, was ungefähr alle drei Wochen der Fall war. Dann pflegte er die Schlüssel in einer Schublade zu verstecken. Seine Verwaltung war äußerst akkurat, aber wir bemerkten, daß er sich jedesmal, wenn er an seinem freien Tag nach

Hause fuhr, die Taschen seines Mantels mit gestohlenen Lebensmitteln für seine Familie vollstopfte. Seine Verhaltensweisen und sein Zeitplan ließen sich ziemlich leicht vorhersagen.

Sofie sollte Schmiere stehen, während ich ein paar Nahrungsmittel stahl. Natürlich nicht so viele, daß jemand sie vermissen würde. Alles, was ich stahl, wollten wir uns jedoch teilen. Unser Diebstahl ging problemlos über die Bühne, und wir teilten die Beute gleichmäßig auf: Blutwurst, Marmelade und eine trockene Brotkruste. Wir schlangen alles hinunter. Aber ohne es zu schmekken, ohne es zu genießen. Das einzige, was wir schmeckten, war die Angst, erwischt zu werden. Aber wenigstens verspürten wir die Befriedigung, die Deutschen überlistet zu haben – dies eine Mal!

Meine Freundin Elli, die mit mir von Lodz nach Auschwitz, Neuengamme und Bergen-Belsen deportiert worden war, schrieb aus Israel. Sie hatte geheiratet. Ihr Gesundheitszustand hatte sich gebessert, nachdem man ihr einen Lungenflügel entfernt hatte, und sie war schwanger mit ihrem ersten Kind. Ich freute mich für sie. Dan lernte meine Freunde aus der Kriegszeit nach und nach kennen und begriff, daß diese Freundschaften unser Leiden gemildert und uns vielleicht sogar geholfen hatten, zu überleben.

Szaja schrieb aus Israel. Er hatte Polen 1948 verlassen und fand das Leben in Israel viel leichter. Er war glücklich mit einer Lehrerin verheiratet. Er arbeitete weiter an seinem Lebenswerk und veröffentlichte im Laufe der nächsten Jahre mehr als zwanzig Bücher – Gedichte und Prosa -, die vom Getto erzählten, vom Schmerz und vom Hunger, von der Liebe und vom Verlust. Er schickte sie mir, damit ich sie las. Ab und zu rief er an, und wir redeten über die Gettojahre. Bei unseren häufigen Besuchen in Israel verbrachten Dan und ich viel Zeit mit ihm und seiner Frau. Wir blieben Freunde bis zu seinem Tod im Juni 1990.

Es war Februar 1949, und in New York war es kalt. Am Samstagvormittag gingen Dan und ich zu Altman's auf der Fifth Avenue, damit ich mir ein Paar Handschuhe kaufen konnte. Dan beschloß, draußen im Vorraum zu warten. Es gab eine große Auswahl an gefütterten Lederhandschuhen; ich probierte mehrere Paare, konnte mich jedoch nicht entscheiden, ob ich die schwarzen mit dem Wollfutter oder die weinroten mit dem grauen

Kaninchenfell nehmen sollte. Die Frau neben mir lächelte. Automatisch bemerkte ich ihre großen, knochigen Hände, die langen Finger und die hell lackierten Fingernägel. Dann schaute ich ihr ins Gesicht. Sie hatte tiefliegende, dunkelbraune Augen, breite, slawische Züge mit hohen Wangenknochen und ein spitzes Kinn. Ihr kurzes schwarzes Haar war zum Hinterkopf hin zu modischen Wellen gekämmt. Sie kam mir irgendwie bekannt vor... Ja, es war Maja!... Auschwitz!... Herbst 1944... wir waren kahlgeschorene, zerlumpte Frauen... ein Lager mit Baracken, Wachtürmen und unter Strom stehendem Stacheldraht... Prügel, rauchende Schornsteine – und Maja – der KAPO! Sie war unsere von den Deutschen ernannte Aufseherin über die Häftlinge gewesen und hatte für sich das Beste aus ihrer Position gemacht: Sie hatte herumgeschrien, Befehle und Drohungen gebrüllt. Sie hatte mit dem knorrigen Stock, den sie bei sich trug, nach Lust und Laune auf unsere dürren Rücken eingeschlagen. Die von den Deutschen befohlenen Prügel hatte sie mit noch mehr Ingrimm und grenzenlosem Eifer ausgeteilt; sie hatte weder Mitleid noch Gnade gekannt.

»Maja! Auschwitz!« platzte ich heraus.

Ihr Lächeln verschwand; ihr Gesicht wurde aschgrau.

»Woher wissen Sie das?« stammelte sie.

Meine Stimme krächzte, als ich antwortete.

»Ich war dort; du hast zur Lagerpolizei gehört – du warst ein KAPO. Ich habe nie mit dir gesprochen, aber ich werde es nie vergessen. Du bist es... deine Stimme... dein Gesicht...«

Sie sah wie betäubt aus, leugnete es jedoch nicht.

»Oh mein Gott, was erinnern Sie sonst noch von mir?« Sie sah verstört aus.

»Ich erinnere mich an den Stock, an die Prügel und deine gebrüllten Befehle.«

Ich konnte sehen, daß sie zitterte. Für einen Moment verschwand der harte, grausame Mensch, den ich gekannt hatte.

»Ich erinnere mich an Gerüchte über den SS-Mann, der dich nachts in deiner privilegierten Privatunterkunft besuchen kam. Es muß der blonde, große gewesen sein, der tagsüber zurückkam, um uns zu schlagen und mit sadistischem Vergnügen über unser Leid zu lachen. Wir hatten ihm den Spitznamen Siegfried gegeben.«

218

Damals hatte ich Maja sogar noch mehr verabscheut als den SS-Mann und mich gefragt, welchen Preis sie für ihr Überleben bezahlte. Aber ich konnte sie nicht verurteilen... der Wille zu überleben... was hätte ich an ihrer Stelle getan? ...

Maja sah mich flehend an und begann in einem brüchigen Flüsterton zu sprechen.

»Bitte geben Sie mir eine Chance, es zu erklären...«

»Was gibt's da zu erklären?« fragte ich.

Ich warf noch einmal einen raschen Blick auf ihre Hände. Sie trug einen Ehering am Ringfinger.

»Du bist verheiratet, wie ich sehe«, sagte ich. Sie nickte.

»Wer ist dein Mann?« fragte ich grob.

Sie zögerte lange, bevor sie antwortete.

»Der Deutsche...«

»Der ehemalige SS-Mann?« fragte ich ungläubig. Sie nickte.

Ich war fassungslos. Wie konnte sie das tun? Ich betrachtete ihr Gesicht, das jetzt ausdruckslos und bleich war, und für einen flüchtigen Moment tat sie mir beinahe leid; sie war auch nur ein Mensch ... ich hätte ihre damaligen Handlungen verstehen können ... aber einen deutschen SS-Mann zu heiraten – nach dem Krieg – das war unbegreiflich.

»Lassen Sie mich erklären«, setzte Maja von neuem an.

»Sie beurteilen mich nach der Vergangenheit, und dazu haben Sie kein Recht. Die Umstände waren damals nicht normal. Ich habe mich nicht darum geschert.«

Sie klang sehr zornig und selbstgerecht.

»Jetzt bin ich in den Augen derjenigen, die mich von damals her kennen, eine Geächtete, eine Verbrecherin. Es gab andere, die waren in diesen Jahren viel schlimmer als ich!

Sie haben ein sehr gutes Gedächtnis«, fuhr sie in abgehacktem Ton zornig fort.

»Ein namenloser, gesichtsloser SS-Mann kam jede Nacht. Ich hatte Angst um mein Leben und dachte, es würde mein Überleben in Auschwitz sichern. Damals habe ich ihn gehaßt. Ich wußte, daß er ein Verbrecher und Mörder war. Aber im Lauf der Monate habe ich mich an ihn gewöhnt. Er hat mich vor der Gaskammer bewahrt. Er hat mir zu essen gegeben. Damals habe ich nicht an die

Zukunft gedacht. Ich habe von einem Tag zum nächsten gelebt. Was immer ich tat, war mein Weg zu überleben.« Sie machte eine Pause und sprach dann weiter. Es schien eine große Anstrengung für sie zu sein.

»Nach dem Krieg bin ich zwei Jahre in Deutschland gewesen, in einem Lager für Vertriebene. Dort hat er mich gefunden – aber ich wollte ihn weder sehen noch mit ihm sprechen. Dann kam ich nach New York. Er ist mir wieder gefolgt. Er trat immer wieder in mein Leben. Ich kannte seine Vergangenheit, und er kannte meine. Ich war es müde, wegzulaufen und mich zu verstecken. Wir beschlossen, zusammen ein neues Leben anzufangen. Können Sie das verstehen? Ich habe nichts Unrechtes getan!«

Ich wollte kein Urteil über sie fällen. Aber ich konnte nicht anders.

»Hast du Kinder?«

Wieder zögerte sie lange.

»Nein, noch nicht. Vielleicht in ein paar Jahren...«

»Und du kannst daran denken, Kinder von ihm zu bekommen? Er war ein Kriegsverbrecher – und ist es noch –, und du bist ein Teil des Verrats an allem, was menschliches Leben und menschlicher Anstand bedeuten!«

Obwohl ich sie eigentlich anzeigen konnte, wußte ich, daß ich es nicht tun würde. Aber zum erstenmal spiegelte sich Furcht in ihren Augen – fast so, als ob sie meine Gedanken lesen könnte: Ich konnte sie und ihren Mann den amerikanischen Behörden melden! Zudem war ich außerstande, ihr zu sagen, was sie hören wollte, nämlich, daß ich sie verstand, daß ich ihr verzieh und daß sie nichts Unrechtes getan hatte. Vier Jahre danach war Auschwitz immer noch sehr real, und sie und ihr Mann waren ein häßlicher Teil davon. Unfähig zu sprechen, schüttelte ich nur den Kopf. Ich mußte weg – nicht von der angsterfüllten, weinenden Frau, sondern von der gräßlichen Vergangenheit und von Maja, dem Baracken-Kapo. Ich lief hinaus und warf mich schluchzend in Dans Arme. Wann würde es enden, wann?

1949 nahmen wir beide eine Arbeit in San Francisco in Californien an. Niemand in Californien wußte über mich Bescheid oder stellte mir Fragen über meine Vergangenheit. Mir war es lieber so.

Das Klima, die Palmen, unsere neuen Jobs, unser neues Auto und unser neues Haus hielten mich auf Trab. Und obwohl ich immer noch meine Alpträume hatte (und bis auf den heutigen Tag habe), begann ich mich sicher und glücklich zu fühlen. Vielleicht war ich endlich zu Hause angekommen.

Dan und ich sprachen über Kinder. Doch wieder einmal kam mir meine Vergangenheit dazwischen. Wer will schon Kinder in eine so schreckliche Welt setzen? Sechs Millionen Juden – und nichts als Asche! Dennoch, da war die Gegenwart und die Zukunft. Und da war Liebe, und, ja – sogar Hoffnung!

Unsere beiden Söhne wurden 1952 und 1956 geboren. Und ich, die ich kein neues Leben in eine derart degenerierte Welt setzen wollte, fand große Befriedigung und Freude daran zu sehen, wie zwei kleine Seelen ihren Platz einzunehmen begannen, als Juden, und ihr altes, reiches Erbe weitertragen.

Wir gaben ihnen die hebräischen Namen ihrer ermordeten Großväter: Benjamin und Mosche.

Fünfzig Jahre später.

Reise nach Deutschland und Polen
Herbst 1991

Die Einladung des Senats der Stadt Hamburg, unterzeichnet von Bürgermeister Dr. Voscherau, kam unerwartet. Mein Foto in der Ausstellung »Jüdisches Leben am Grindel«, die 1986 im Museum für Hamburgische Geschichte gezeigt worden war, war identifiziert worden. Mein Name, auch nach der Ausstellung gelegentlich erwähnt, hatte zu der offiziellen Einladung geführt, sechs Tage in Hamburg als Gast der Stadt zu verbringen. Das Programm beinhaltete auch einen Empfang im Rathaus, ein sogenanntes »Senatsfrühstück«, vorgesehen für den zweiten Tag nach unserer Ankunft.

Die Einladung anzunehmen war keine leichte Entscheidung. Ich hatte beabsichtigt, nie wieder nach Deutschland oder Polen zurückzukehren. Beide Länder hatte ich einst Zuhause genannt.

Schon mehrmals hatten mein Mann Dan und ich Buchungen vorgenommen, doch nur, um sie wieder abzusagen. Zu viele Gefühle, zu viele Erinnerungen – alle schmerzlich – standen als Barrieren vor unserer Rückkehr. Nicht nur, daß die deutsche Regierung versucht hatte, alle europäischen Juden auszurotten, auch viele der Konzentrations- und Vernichtungslager befanden sich auf deutschem und polnischem Boden. Niemand aus der Bevölkerung beider Länder hatte mir geholfen, als ich es am meisten gebraucht hatte. Und obwohl vielleicht niemand für die Politik seiner Regierung verantwortlich gemacht werden kann, muß sicherlich jeder von uns für seine individuellen Handlungen Verantwortung übernehmen.

Als die Einladung eintraf, fünfzig Jahre nachdem ich Deutschland und Polen verlassen hatte, gab es niemanden mehr, den ich

222

hätte anrufen oder mit dem ich hätte in Verbindung treten können. Niemanden. Keine Freunde aus der Vergangenheit, keine Nachbarn, nicht einmal jemanden von den früheren Geschäftspartnern meines Vaters.

Dan und ich bedachten alle Umstände sorgfältig. Es gab viele Gründe, besorgt zu sein: der Schmerz der Vergangenheit, die Ermordung unserer Eltern und meiner kleinen Schwester, und unsere starke Abneigung gegenüber den Deutschen und den Polen während der NS-Zeit. Aber dann wiederum überlegten wir, daß jetzt 1991 war, sicherlich hatte sich einiges geändert. Jedenfalls könnten wir zu jeder Zeit wieder abreisen, wenn wir dies wünschten. Schließlich gab unser Bedürfnis, Genaueres zu erfahren, den Ausschlag. Wir hatten viele unbeantwortete Fragen, einige Hoffnungen und einige Erwartungen: Hatten sich die Deutschen und Polen in ihrer Haltung gegenüber Juden verändert? Hatten Sie Reue und Bedauern gelernt? Wie war der gegenwärtige Zustand jüdischen Lebens und jüdischer Kultur in Deutschland und Polen? Waren noch einige der Gebäude, die wir als Kinder kannten, erhalten geblieben? Wir erwarteten, Freiheit und offene Anerkennung jüdischer Kultur und religiöser Traditionen gegenüber zu finden. Ich wollte mir außerdem einen persönlichen Wunsch erfüllen: die Gräber meiner Eltern zu besuchen. Bis zu diesem Zeitpunkt war ich nicht bereit gewesen, mich mit der Tatsache zu konfrontieren, daß sie sinnlos ermordet worden waren. Wir nahmen die Einladung an und entschlossen uns, nach Hamburg und dann nach Polen zu fahren.

Der Flug mit der Lufthansa war ruhig und ereignislos. Aber sobald wir auf dem Flughafen in Hamburg landeten, löste schon das erste Schild, »Fuhlsbüttel«, der Name des Bezirks, in dem der Flughafen liegt, bittere Erinnerungen aus. Dies war der Ort, der einst durch sein Konzentrationslager berüchtigt gewesen war. Dan war 1933 und auch 1937 hinter seinen Mauern inhaftiert gewesen, ebenso mein Vater 1939. Juden waren gefangengenommen und wie Kriminelle behandelt worden. Ihr Verbrechen: als Juden geboren zu sein.

Das Taxi fuhr Richtung Innenstadt. Wir passierten die Gärtnerstraße, wo mein Vater und mein Onkel ein Mehrfamilienhaus mit der Hausnummer 57 besessen hatten. Es stand immer noch. Das Taxi hielt am »Baseler Hof«, einem Hotel nahe der Alster, einem wunderschönen See mitten in der Stadt. Die Unterbringung war angemessen. Das Personal an der Rezeption war etwas barsch und sehr förmlich. Ich argwöhnte, daß sie über die Ankunft von Juden aus dem Ausland informiert worden waren. Ich fühlte mich nicht wohl. Ich sah mich unter den Deutschen um. Die Älteren, meines Alters oder älter, sahen wohlgenährt aus, gutgekleidet, klangen laut und arrogant, ebenso wie ich sie vor dem Krieg erlebt hatte. Ich war mir bewußt, daß ich besonders kritisch war. Konnte ich überhaupt objektiv sein? Und obwohl fünfzig Jahre vergangen waren, passierte es mir, daß ich mich ständig mißtrauisch umsah. Würde jemand aus meiner Vergangenheit unter diesen Menschen sein? Ein Wächter aus einem der Lager? Unser Nachbar, Brinkschneider, ein Mitglied der SA?

Am folgenden Tag verließen wir gegen Mittag unser Hotel, um zu dem offiziellen Empfang ins Rathaus zu gehen. Das Gebäude war noch immer prachtvoll. Auf dem Rathausplatz stand ein Denkmal Heinrich Heines, des jüdischen Dichters. Es ist nach dem Krieg errichtet worden. Ich erinnerte mich, daß während meiner Schulzeit auf Veranlassung offizieller deutscher Stellen der Name Heines unter seinen Gedichten weggelassen werden mußte. Anstelle dessen konnte man am Ende eines jeden Gedichtes lesen: »Dichter unbekannt«.

In der Empfangshalle war dichtes Gedränge. Jedoch waren es nur ca. zwanzig jüdische Menschen aus aller Welt, die zu einem Wiedersehensbesuch gekommen waren. Die meisten von ihnen waren achtzig Jahre alt oder älter, nur einige waren um die Sechzig. Seit dem Krieg waren viele frühere jüdische Bürger eines natürlichen Todes im Ausland gestorben. Einige waren wie wir gekommen, um sich zu informieren, einige aus Sentimentalität. Für mich gab es nichts Sentimentales in Verbindung mit der Vergangenheit.

Auf der gegenüberliegenden Seite der großen Halle stand eine Gruppe deutscher Offizieller, einige Lehrer, Forscher und andere, die ebenfalls eingeladen waren. Keiner der Deutschen kam herüber, um sich vorzustellen, oder machte den Versuch, uns zu begrüßen, es gab kaum unmittelbare menschliche Kontakte zwischen den Deutschen und unserer kleinen Gruppe, den jüdischen Gästen. Während des Senatsfrühstücks sprach einer der Senatsvertreter einen Willkommensgruß, jedoch ohne würdiges Gedenken an die jüngste Geschichte der Juden noch der der Deutschen. Es wurde gesagt, daß man über unseren Besuch froh sei, und man hoffe, daß wir unseren Aufenthalt genießen könnten. Aber kein Bedauern wurde erwähnt. Es wurden keine Stellungnahmen abgegeben, die sagten, daß die Verfolgung und Ermordung von Juden oder anderen Menschen nicht wieder passieren dürfen oder daß sie, die Deutschen, dafür kämpfen würden, die Wiederholung dieser Geschichte zu verhindern.

Wären da nicht das junge Paar, das wir kennengelernt hatten, Ursula und Wilfried, beide Historiker, und ein alter Bekannter Dans gewesen, der nach England geflohen und zurückgekehrt war, um wieder in Deutschland zu leben, ich glaube nicht, daß ich diese zwei Stunden durchgehalten hätte. Obwohl alles perfekt und »ordentlich« verlief, war der Empfang kühl und unpersönlich, eine leere Geste, vielleicht eher für die Öffentlichkeit gemacht. Dan und ich verließen den Empfang mit den Gefühlen von Außenseitern, die wir waren.

Am folgenden Tag besuchten Dan und ich die Synagoge. Sie war nach dem Krieg als Ersatz für die große Synagoge errichtet worden, die am Bornplatz gestanden hatte und die in der Kristallnacht am 9./10. November 1938 geschändet und teilweise zerstört worden war. Die neue Synagoge stand in einer völlig anderen Umgebung, in der Straße Hohe Weide, umgeben von einem hohen Metallgitterzaun. Es gab eine Klingel und eine Gegensprechanlage am Eingang, so daß es ohne vorhergehende Ankündigung unmöglich war, hineinzugelangen. Nach wiederholtem Klingeln, Klopfen und Rütteln an der Eingangspforte kam jemand heraus und war schließlich bereit, uns hereinzulassen, jedoch nicht ohne vorher unsere Ausweise überprüft zu haben! Warum war es so schwierig, 1991 eine Synagoge in Hamburg zu besuchen ?

Ich fragte den Geschäftsführer, ob er mir einige Fragen beantworten würde. Er nickte zustimmend. Ich wollte wissen, warum dieser Platz für den Gottesdienst so bewacht und gesichert war und warum die Synagoge nicht am alten Ort, dem Bornplatz, errichtet worden war? Seine Antworten waren kurz und sachlich. Die Sicherheitsmaßnahmen dienten dazu, Angriffe arabischer Terroristen und antisemitischen Wandalismus abzuwehren. Wegen der zu großen Nähe zur Universität hätte man die Synagoge nicht am Bornplatz wieder aufgebaut. Ich konnte nicht verstehen, was die Nähe zur Universität mit der Synagoge zu tun haben sollte. Wir schrieben das Jahr 1991. Wollte er andeuten, daß man antisemitische Zwischenfälle von Studenten befürchtete? Als ich ihn verständnislos anblickte, wiederholte er seine Antwort: »Furcht vor Antisemitismus und seinen Folgen.« Ich war sprachlos. Waren junge Universitätsstudenten eine mögliche Bedrohung? Die älteren Deutschen möglicherweise -, aber die jüngeren... heute, 1991?

Es war schockierend und traurig, erfahren zu müssen, daß die Juden von Hamburg allem Anschein nach selbst heute noch Angst vor antisemitischen Zwischenfällen hatten – und nicht nur vor arabischem Terrorismus, sondern vor jungen deutschen Menschen! Sie fürchteten immer noch, Aufmerksamkeit auf sich zu ziehen, wurden immer noch als Außenseiter angesehen und waren immer noch verschmäht. Dies schien fast eine Wiederholung der Situation vor fünfzig Jahren zu sein. Hatte man nicht aus den vergangenen Jahren gelernt? Hatten sie nicht von den Israelis gelernt, daß man zurückschlagen muß, wenn man angegriffen wird? Hatten sie nicht von ordentlichen Verfahren vor den Gerichten gehört?

Ich hatte gehofft, daß sich die Situation im Vergleich zu 1942 grundlegend geändert hatte. Ich war doppelt enttäuscht. Erstens, weil einige Deutsche, junge und alte, immer noch an ihrer alten antisemitischen Häßlichkeit festhielten. Zweitens, die Juden hatten sich den deutschen Gegebenheiten angepaßt. Und indem sie sich so verhielten, opferten sie ihre Menschenwürde ebenso wie ihre Selbstachtung und den Respekt, den sie von anderen verdienten.

Wir verließen die Synagoge und gingen zum Haus Hohe Weide 25, wo meine Familie von 1928 bis 1937 gelebt hatte – bevor wir gezwungen worden waren, in sogenannten »Judenhäusern« zu leben. Das Haus war immer noch erhalten. Es sah zwar etwas älter aus, wirkte aber gut gepflegt. Die Gardinen in den Fenstern des zweiten Stocks, dort wo einst unser Eß- und Wohnzimmer gewesen war, waren weiß und mit Spitzen besetzt. Ganz anders als die, die meine Eltern benutzt hatten. Dan fragte mich, ob ich nach oben gehen mochte. Ich hatte aber nur einen Wunsch: wegzugehen.

Im Februar 1941 hatten meine Mutter, meine Schwester und ich Vater auf dem jüdischen Friedhof in Ohlsdorf beerdigt. Genauer gesagt, »Asche aus Dachau« in einer Zigarrenkiste. Ich war nie wieder hierher zurückgekehrt. In diesen vielen Jahren hatte ich mich schuldig gefühlt. Nach jüdischem Gesetz sind jährliche Besuche vor besonderen Hohen Feiertagen vorgeschrieben. Obwohl ich schon vor Jahren damit angefangen hatte, Rechnungen für die Instandhaltung des Grabes zu bezahlen, war ich weder bereit gewesen, das Grab selbst in Augenschein zu nehmen, noch den Schmerz und den Zorn zu ertragen, den dieses in mir auslösen würde. Aber nun, fünfzig Jahre später, war die Zeit dafür gekommen. »Wann – wenn nicht jetzt?« Ich zweifelte, jemals wieder zurückzukommen.

Der Grabstein war verwittert. Verblaßte Buchstaben ergaben den Namen meines Vaters, sein Geburts- und Todesdatum. Ich brach zusammen und weinte. Ich dachte daran, das Kaddish, das hebräische Gebet für die Toten zu sprechen, in dem Gott und seine Gnade gepriesen werden. Aber nach Auschwitz hatte ich aufgehört, an Gott und seine Barmherzigkeit zu glauben.

Ich entschied mich dennoch dafür, aus Respekt vor meinem ermordeten Vater, das Gebet zu sprechen. Später legte ich nach jüdischem Brauch einige kleine Steine auf den Grabstein. Ich würde nie sicher wissen, ob dies tatsächlich das Grab meines Vaters ist. Andererseits sagte ich mir: »Was macht es schon aus?« – irgendwo, irgendwie hatte es doch eine große Bedeutung.

Auf dem Rückweg zur Untergrundbahn gingen wir an einer Steinmetz-Werkstatt vorbei. Spontan, ohne nachzudenken, trat ich ein und fragte, ob sie auch Reparaturarbeiten durchführen würden. Man bejahte. Ich beauftragte sie, den Stein zu reinigen und die Buchstaben zu schwärzen. Gleichzeitig bat ich darum, mir nach Beendigung der Arbeiten ein Foto des gereinigten Grabsteins zu schicken, bezahlte und ging. Ich weiß nicht, wie es zu diesem plötzlichen Entschluß kam. Aber ich war der Überzeugung, daß, solange dort ein Grabstein stand, zumindest die Buchstaben deutlich lesbar sein sollten.

Wieder waren es Ursula und Wilfried, die den Besuch ertragbar machten. Sie verstanden uns. Sie erwarteten nicht, daß wir die Vergangenheit vergessen sollten. Sie stellten uns viele Fragen. Fragen, die sie auch ihren Eltern gestellt, von denen sie aber keine befriedigenden Antworten erhalten hatten. Wie konnte es zum Holocaust kommen? Warum hatten so wenige Deutsche Juden geholfen? Warum hatte es von jüdischer Seite so wenig Widerstand gegeben? Dies waren Fragen, die in ihren Familien zu ernsten Streitigkeiten geführt hatten. Sie hatten sorgfältig recherchiert und sich mit der deutschen Vergangenheit auseinandergesetzt. Für sie waren Hitlers Plan der Judenvernichtung sowie die spätere Anpassung oder Gleichgültigkeit der meisten Deutschen gegenüber dem perfekt geplanten Völkermord und seinem Verlauf sehr schwierig, wenn nicht gar unmöglich zu verstehen und keinesfalls zu relativieren und zu entschuldigen. Sie begegneten uns, den Überlebenden des Holocaust, mit Trauer und Mitgefühl.

Es war Zeit abzureisen. Obwohl ich meinen Besuch nicht bedauerte, hatte ich das Bedürfnis zu entfliehen. Aber konnte Polen ein Fluchtpunkt sein? Würde Polen im Vergleich zu Deutschland eine Verbesserung darstellen?

Das Flugzeug der Swissair landete auf dem Rollfeld des Warschauer Flughafens. Ansagen wurden auf deutsch, französisch und polnisch durchgegeben. Als ich aus dem Fenster sah, wurde mir augenblicklich bewußt, daß ich in Polen war, dem Land von Auschwitz, Treblinka und den Gettos. Dies war das Land meiner Eltern, Großeltern und Urgroßeltern. Sie alle hatten Polen ihre Heimat genannt. Aber das war lange vor Beginn des Zweiten Weltkrieges gewesen.

Unsere Freunde, Leon und Felicja Weingarten aus St. Paul, Minnesota, hatten uns in Zürich getroffen und sich entschieden, mit uns nach Polen zu reisen. Vor dem Krieg war Polen auch ihre Heimat gewesen. Aber in den zwanziger und dreißiger Jahren dieses Jahrhunderts waren die Polen gerade nicht für ihre Vorliebe für Juden bekannt gewesen. Es war in der Tat Antisemitismus, der meine Eltern bewogen hatte, Polen zu verlassen und sich in

Deutschland eine neue Heimat zu suchen. »Ein zivilisierteres, ein fortschrittlicheres Land« hatte mein Vater stets zu sagen gepflegt. Wie bitter falsch war seine Einschätzung gewesen!

Ich konnte immer noch die Erinnerungen an meine Sommerferien im Haus meiner Großmutter in Sambor pflegen. Aber Erinnerungen an die Zeit danach waren schmerzlich und unaussprechbar. Als man mich wie Ware in das Lodzer Getto nach Polen verfrachtete, war ich erst sechzehn Jahre alt. Während der Kriegsjahre hatte ich in Lagern gelebt, Orten voller Verrat, Angst, Hunger und Leiden. Das Leben unter diesen Bedingungen hatte mich an den Rand des Verstandes getrieben. Meine Gefühle waren abgestumpft, ich war meiner Emotionen beraubt. Ich hatte überlebt und mit der Last von Schuld und Verzweiflung gekämpft.

Als die Türen des Flugzeugs geöffnet wurden, fühlte ich mich betäubt. Meine Hände waren feucht, und ich konnte mein Herz rasen hören. Ich war voller Aufregung und dankbar, daß Dan bei mir war. Der Weg in die Vergangenheit hatte in Deutschland begonnen und würde – irgendwie – in Polen enden.

Die Luft war feucht, und ein sanfter Nieselregen, wie Tränen der Vergangenheit, begleitete unsere kleine Gruppe, als wir per Taxi vom Flughafen über wenig befahrene Autobahnen und Straßen zu unserem Hotel fuhren. Nur kurze Zeit nach unserer Ankunft riefen wir erneut ein Taxi und baten den Fahrer, uns in die Gegend des ehemaligen Warschauer Gettos zu bringen. Wir fuhren durch die Straßen, aber keines der Gebäude des Warschauer Gettos war erhalten geblieben. Alle waren von den Deutschen zerstört worden. Wir sahen nur wenige Menschen auf den Straßen und vermuteten, daß nur sehr wenige unter ihnen, wenn überhaupt, Juden waren.

In einer ruhigen Seitenstraße, neben einem kleinen, kaum gepflegten Park stand ein beeindruckendes Bronzedenkmal, das an den Aufstand im jüdischen Getto von Warschau 1943 erinnerte.

Ein riesiges Monument, entworfen von Nathan Rapoport, zeigt auf einer Seite Abbildungen der Widerstandskämpfer des Gettos. Auf der anderen Seite die zusammengedrängten, gebeugten und gedemütigten Gestalten der Opfer. Im Hintergrund, kaum sichtbar, drei Helme mit Nazi-Emblemen und zwei Bajonette. Die unten angebrachten Inschriften in polnisch, jiddisch und hebräisch sind den vernichteten Juden gewidmet. So ausdrucksvoll dieses Monument sich darbot, so vernachlässigt und unsauber war seine Umgebung.

War die Errichtung des Denkmals nur eine Geste gewesen?

Nach zehnminütiger Fahrt, nicht weit vom früheren Getto entfernt, erreichten wir ein weiteres Denkmal, eine schwarzweiße Steinwand mit einem Tor, ein Ort, der als »Umschlagplatz« gekennzeichnet war, wo man die Juden zusammengetrieben hatte, um sie auf Lastwagen und Züge zu laden und sie in den Tod zu schicken. Es gab eine Tafel, aber keine Erklärung für das, was an diesem Ort geschehen war.

Von dort baten wir den Fahrer, uns zur Warschauer Synagoge zu fahren. Der Eingang lag in einer Nebenstraße und wäre für uns ohne die Hilfe eines Ortskundigen schwer zu finden gewesen. Ich überlegte, ob diese Synagoge, ähnlich wie die in Hamburg, zu ihrem eigenen Schutz ebenfalls nicht besonders gekennzeichnet war. Die Synagoge war klein, wunderschön und traditionell in ihrer Innenausstattung. Ich bewunderte den Altarraum, den Satinvorhang vor dem Schrein, der die Tora-Rollen barg, die hohe Decke und die hölzernen Bänke auf jeder Seite. Obwohl sie während der deutschen Besatzungszeit als Stall benutzt worden war, war sie später erneut zu einem Heiligtum für die in Warschau verbliebenen Juden geworden. Vor 1939 hatten 3.500.000 Juden in Polen gelebt. Es wird gesagt, daß es heute nicht mehr als 5.000 Juden gibt. Eine Kultur und ein Volk, das hier mehrere hundert Jahre existiert hatte – fast völlig ausgelöscht. Hitler und seine Anhänger hatten dies vollbracht. Ich konnte nur wütend und angeekelt sein.

Ein alter, behinderter Mann, der die Besucher im Altarraum begrüßte, erzählte uns:

»Wir haben keine Trauungen, keine Geburten, keine Beschneidungen mehr. Es gibt hier nur noch alte Menschen. Die Jüngeren sind schon vor längerem nach Israel oder Amerika ausgewandert. In wenigen Jahren, wenn meine Generation ausgestorben ist, werden dieses Gebäude und die Denkmäler alles sein, was von einer einstmals blühenden Gemeinschaft und Kultur übriggeblieben sein wird. Das wird das Ende des Weges sein.«

230

Seine Worte wurden mir langsam bewußt. Die Vorstellung war herzzerreißend. Und es war immer noch schwierig zu verstehen, daß aufgrund der inhumanen, fanatischen Vision eines einzelnen Menschen eine ganze Nation von Deutschen sich daran beteiligt hatte und aktiv oder stillschweigend den Plan unterstützte, unser gesamtes Volk und seine Kultur auszulöschen. Von den elf Millionen europäischen Juden waren innerhalb von zwölf Jahren fünfundfünfzig Prozent vernichtet worden.

Das Jüdische Museum in einer kleinen Straße in der Nähe war dunkel, lediglich einige Gemälde, silberne Artefakte und andere Erinnerungsstücke eines einstmals reichen kulturellen Erbes waren übriggeblieben. Ich versuchte, die Gegenwart zu akzeptieren, aber ich konnte nicht verhindern, das »Heute« mit dem »Gestern« zu vergleichen. Wieder fühlte ich den Verlust jenseits allen menschlichen Verstehens und überwältigender Seelenschmerzen. Der Taxifahrer beobachtete uns. Was mochte er wohl denken? Juden aus Amerika? Er sah nicht sehr mitfühlend oder verständnisvoll aus. Ich fragte mich, ob er überhaupt alt genug war, um zu wissen, was mit den Juden in Polen geschehen war. Aber ich hatte das deutliche Gefühl, daß er, wenn er es gewußt hätte, kaum Mitleid oder Anteilnahme mit unseren Gefühlen von Verlust empfunden hätte. An den nachfolgenden Tagen war es genauso, wenn wir mit Menschen in den Geschäften, den Hotels, den Restaurants und den Taxis sprachen. Man redete nicht über die Vergangenheit, über die Juden, die dieses Land Heimat genannt hatten und nun verschwunden waren. Für immer.

Am Sonntag mieteten wir ein Taxi für eine Reise nach Lodz. Ich hatte während der deutschen Besatzung mehr als drei Jahre in diesem Bezirk, dem Elendsviertel von Lodz, verbracht. Bilder der Vergangenheit durchfluteten meine Gedanken, setzten sich während der Fahrt fest. Ich fühlte mich bereit und doch gleichzeitig ängstlich zurückzukehren.

Die Autobahnen waren leer, beinahe verwaist. Die Bauernhöfe, an denen wir vorbeifuhren, sahen netter, sauberer und wesentlich wohlhabender als die Häuser in Warschau aus. Wir sahen Pflüge, die von Pferden gezogen wurden, zweisitzige Kutschen und Wagen, immer noch benutzte man alte, knochige Pferde für die Arbeit.

Wir erreichten Lodz und betraten die Stadt im Zentrum des
früheren Gettos: Balucki Rynek. Heute war der Platz eine Rasen-
fläche, schien freundlich und harmlos zu sein. 1941 standen hier
Baracken, in denen die Hauptquartiere der Gettoverwaltung, die
deutsche wie auch die jüdische, untergebracht waren. Rumkowski, der »Judenälteste« des Gettos, leitete sein »Königreich« von
eben diesem Platz aus. Rumkowski war es, der von hier aus den
Anweisungen der deutschen Getto-Verwaltung zustimmte und
sie umzusetzen half. Hier nahm Rumkowski die deutschen De-
portationsbefehle an und ließ sie durchführen. Doch am Ende
wurde er selbst deportiert. Sofort nach seiner Ankunft in Auschwitz
haben die Deutschen ihn ermordet. Hier gab es keine besonderen
Privilegien mehr, auch nicht für den König des Gettos. Für die
Deutschen war Rumkowski schließlich nur ein weiterer entbehr-
licher Jude.

Wir gingen weiter zum Plac Koscielny 4, gegenüber einer alten
Kirche. Hier hatte ich für den Chef des Archivs der Statistischen
Abteilung, Dr. Oskar Singer, gearbeitet. Das Gebäude wirkte
klein und heruntergekommen. Es sah ganz anders aus, als ich es
erinnerte, viel kleiner und enger. Als wir jedoch den Hausflur
betraten, sah alles unverändert aus. Die Mauern waren schmutzig-
gelb, die Türen braun, die Treppen schmuddelig, genau wie vor
fünfzig Jahren. Hier hatten wir gearbeitet und eine Chronik der
täglichen Ereignisse des Lebens der Gettobewohner geführt: über
Unterbringung, Deportationen, Tote, die zugeteilten Lebensmit-
telrationen und den Hunger – immer wieder Hunger. Dr. Singer
hatte gehofft, daß es vielleicht nach dem Krieg Aufzeichnungen
geben würde, die der Welt die Wahrheit über die Schrecken und
unsere elende Existenz überliefern könnten. Diese Hoffnung
wurde verwirklicht. Die Chroniken wurden nach dem Krieg
gefunden. Das Leben Dr. Singers endete in Auschwitz.

Schräg gegenüber war ein kleines, rotgemauertes Haus mit
weißer Wetterfahne und schwarzem, um das Haus führenden
Eisenzaun. Wir nannten es Kripo, die Abkürzung für Kriminalpolizei. Hier prügelten die Deutschen Geständnisse aus Juden
heraus für das, was sie Verbrechen nannten, was jedoch tatsächlich
verzweifelte Versuche menschlichen Überlebens waren. Viele, die

vorgeladen worden waren, kamen nicht mehr lebend zurück. Das kleine, rotgemauerte Haus war vollkommen unverändert, nur daß es jetzt so unschuldig und friedlich erschien. Ich aber konnte immer noch die Faust des Deutschen in meinem Gesicht spüren und Blut auf meiner Zunge schmecken. Außerdem litt ich bis heute unter den Folgen: Taubheit auf dem linken Ohr.

Wir fuhren weiter zur Lutomierska-Straße, wo die »Abteilung für Arbeit« untergebracht gewesen war. Es war ein häßliches, heruntergekommenes Gebäude. Der Leiter der »Abteilung für Arbeit«, Leonard Luft, hatte überlebt, war wohlhabend geworden und lebte unter falschem Namen an der Ostküste der Vereinigten Staaten von Amerika. Ein vor kurzem ausgestrahlter Fernsehfilm unter dem Titel »The Lodz Getto« zeigte ihn am Schluß als alten Mann. Er wurde als das einzig überlebende Mitglied der Gettoverwaltung vorgestellt. Während des Krieges hatte er sich seinen »Ruf« durch Bereitstellung von Deportationslisten und die Befolgung weiterer deutscher Befehle verschafft, die für die anderen Juden nur Leid bedeuteten. Aber in dem Fernsehinterview betonte er wiederholt, daß er nichts zu verbergen und sich für nichts zu schämen habe. Ich war erstaunt. Meine eigenen wiederholten kurzen Besuche in seinem Büro, wenn ich verzweifelt nach Arbeit suchte, waren enttäuschend und entmutigend gewesen. Schließlich war es Leonard Luft gewesen, der mir mit Deportation gedroht hatte, wenn ich es wagen sollte, noch einmal nach Arbeit zu fragen.

Wir erreichten bald Ribna 8, das Bürogebäude, in dem ich Szaja Spiegel getroffen, mit ihm zusammengearbeitet und mich in ihn verliebt hatte. Hier hatten wir tagsüber gearbeitet und Millionen Formulare für Kohlerationen der deutschen Bevölkerung im Reich fertiggestellt. Mittags bekamen wir eine dünne Suppe. Und hier war es auch, wo er mir nach der Arbeit bis in den späten Abend seine Gedichte und Prosa vorlas und mich um meine Meinung bat.

Heute waren die Büros in Wohnungen aufgeteilt. Ich erinnerte, daß das dreistöckige Gebäude nahezu neu, gestrichen und sehr viel geräumiger gewesen war als die Ruine, vor der ich nun stand. Das Postamt gegenüber war ebenfalls noch erhalten. Die beiden Postkarten, die man als Bewohner aus dem Getto schicken durften, hatte ich von hier abgesandt.

Lucille und Dan, Berkely 1991.

Um die Ecke war Pawia 24, wo ich mit meiner Mutter und meiner Schwester fast ein Jahr gelebt hatte. Auch dieses Haus war erhalten und unverändert. Das alte dreistöckige Gebäude war schäbig, seine Mauern waren gerissen, die Farbe blätterte ab. Es schien, als wäre die Zeit stillgestanden. Nur der Stacheldraht und das Haus des Wachpostens waren verschwunden. Die Toiletten hinter dem Gebäude wurden immer noch benutzt! Ich traute meinen Augen nicht.

Auch die Bäckerei gegenüber verkaufte immer noch ihre Waren. 1942, als die Polen ihr warmes Brot nach Hause trugen, konnten wir nur hungrig durch den Stacheldraht sehen und träumen. Ich guckte hoch zur zweiten Etage, zu dem kleinen Fenster, durch das nur wenig Licht und frische Luft in den Raum hineingelangt war, in dem ich den Hungertod meiner Mutter miterleben mußte. Auch der Hof war noch da, auf dem die Deutschen meine kleine Schwester Karin herausgesucht hatten, um sie umzubringen. Nun war es hier ruhig und verlassen. Aber für mich war es 1942. Immer noch konnte ich Karins Flehen hören und sehen, wie sie ihre Hände nach mir ausstreckte, während ich hilflos, wie gelähmt, dastand und zusah, wie die Kinder und die alten Menschen auf den Lastwagen ihre Reise in den Tod antreten mußten.

Nichts hatte sich in fünfzig Jahren verändert. Doch, die Pumpe vor der Eingangstür war verschwunden. Hatte man Wasserleitungen ins Haus gelegt? Im Flur konnte ich sehen, daß die einzelnen Räume in Drei- und Vierzimmerwohnungen aufgeteilt worden waren. Ich ging wieder hinaus in den kleinen, seitlich gelegenen Hof, wo ich, von hohem Gras überdeckt, den hölzernen Deckel des stillgelegten Brunnens fand, wo ich mich mit Szaja, meiner ersten Liebe, unterhalten, umarmt und geküsst hatte. Wir waren auch nach dem Krieg Freunde geblieben, waren bis zu seinem Tod im Jahre 1990 durch Briefe, Telefon und gelegentliche Besuche miteinander in Verbindung.

Wir passierten nun Bazarowa. Der Platz war mit Steinen gepflastert, unterbrochen von grasbewachsenen Flächen, es sah fast schön aus. Aber vor meinem inneren Auge konnte ich immer noch die ordentlich um den Platz herum aufgestellten Galgen und die im Wind schwingenden Körper der Erhängten sehen: die Warnung der Deutschen für diejenigen, die es wagen würden, sich Befehlen zu widersetzen.

Zufällig hielten wir gegenüber Mlinarska 25. Ich zeigte es Dan. Dies war das Haus, in dem die Deutschen die Deportierten aus Hamburg für die ersten sechs Wochen im Getto untergebracht hatten, unter ihnen Dans Eltern, Julie und Julius, meine Mutter, Karin und mich. Es war früher eine Schule gewesen. Nun war sie verlassen. Ich stand im Hof und starrte zu dem ganz rechten Fenster oben im ersten Stock hinauf. Hier hatten wir gelebt, zusammengedrängt, Körper an Körper, auf dem Boden schlafend. Julie und Julius dicht neben uns.

Wenig später fanden wir in der Zgierska-Straße das Gebäude, wo beide für einige Monate gelebt hatten, bevor sie deportiert wurden und für immer verschwanden.

Die Erinnerungen verschlangen und überwältigten mich schließlich. Mein Weinen wurde stärker, als Dan es ertragen konnte, und er wollte gehen. Auch ich brannte darauf, wegzukommen, aber die Vergangenheit hielt mich fest. Diese Alpträume waren nicht meiner Phantasie entsprungen. Doch obwohl ich es erlebt hatte, tatsächlich hier gewesen war, jeden Winkel, jede Spalte dieses Platzes kannte, war es immer noch unmöglich für mich zu glauben, selbst als ich in denselben Gettostraßen stand, daß diese Alpträume mein Leben waren.

Man hatte uns die Adresse der Jüdischen Gemeinde gegeben. Ich wollte einige Informationen erhalten, die mir helfen sollten, das Grab meiner Mutter zu finden. Aber wir hatten schon Schwierigkeiten, das Gebäude zu finden. Die Straße und Hausnummer waren richtig, aber nirgendwo war ein Hinweis auf ein jüdisches Büro zu finden. Erst als wir in einen Hof hineinfuhren, sahen wir über einem schmalen Eingangstor das weiße Metallschild, das uns in den zweiten Stock wies.

Wir gingen die Treppen hinauf und waren von dem Schmutz und Dreck um uns herum schockiert. Durch eine schmale Tür traten wir ein und standen in einem dunklen Flur, der zu einem kleinen Büro führte. Zwei ältere Männer saßen an ihren Schreibtischen. Der Raum war ärmlich möbliert und in einem bedauernswert verkommenen Zustand. Ich fragte mich, ob der Zustand der Gebäude die Vernachlässigung und die Mißachtung der jüdischen Kultur die Politik der Kommunistischen Partei oder Geringschätzung gegenüber der jüdischen Kultur widerspiegelte, oder gar beides?

Ich begann auf jiddisch. »Shalom. Könnten Sie uns bitte mit Informationen über eine Grabstätte helfen?«

Die beiden Männer lächelten. Der Jüngere, ungefähr siebzig Jahre alt, war groß und hager. Sein Hemd war zu groß für seinen schmalen Hals.

»Sie kommen also aus Amerika, dem Land der Millionäre! Nun, geben Sie mir den Namen des Toten und das Todesdatum.«

»Sala Landau, 13.7.1942.«

Sie holten hinter dem Schreibtisch lange, schmale Kästen hervor, gefüllt mit tausenden Karteikarten, die mehr als siebzig oder achtzig Jahre zurückreichten.

»Landau, Sara, Sala, Landau, Landau... «

Sie prüften mehrmals. Eine Karte wurde nicht gefunden.

»1942 wurden nur wenige Listen geführt«, sagte er. »Es gab zu viele Tote im Getto, am Leben bleiben war wichtiger als Listen über die Toten anzulegen. Es tut uns leid.«

»Ich war da, ich erinnere mich«, sagte ich.

Sie sahen mich an.

»Wirklich?« Zweifel lag in ihren Stimmen.

Der Ältere der beiden, ärmlich, aber sauber gekleidet, vielleicht Mitte Siebzig, war ruhig, sein Kopf wandte sich der Richtung unserer Stimmen zu. Er stand nicht auf. Er war blind. Ich fragte mich, warum die beiden immer noch in Polen lebten. Warum hatten sie die letzten fünfzig Jahre unter diesen düsteren, traurigen Lebensumständen verbracht? Warum waren sie nicht nach Israel oder in die USA ausgewandert? Wir dankten ihm, drückten ihm einen Geldschein in die Hand und gingen zum Friedhof, um trotz fehlender Hinweise und Listen das Grab zu finden.

Wir fuhren eine schmale, gepflasterte Straße entlang. Zur Rechten sahen wir eine lange, rote Ziegelsteinmauer. Sie kam mir bekannt vor. Ich erinnerte, daß sie den riesigen Friedhof umgab. Während unserer Zeit im Getto hatten wir den Friedhof von der anderen Seite betreten müssen. Wir fanden eine kleine Eisentür in der Mauer.Sie war unverschlossen, wir gingen hinein. Vor uns befand sich das gemauerte Gebäude mit dem großen Davidstern, genau so wie ich es 1942 verlassen hatte. Wir betraten das Gebäude. Während des Krieges hatte man die Toten des Gettos an den Innenwänden aufgestapelt. Der Geruch verwesender Körper, zwischen zwei Holzbretter gelegt und von Tauen gehalten, war ekelerregend. Dies war auch der Raum, in dem meine kleine Schwester und ich die Leiche unserer Mutter gesucht hatten. Wir hatten sie an dem Anhänger, der um ihren grünlich verwesenden Fußknöchel gebunden war, identifiziert: Sala Landau. Jetzt hallte der leere Raum von dem leisen Schmerz jener Jahre wider.

Wir verließen das Gebäude sehr bald und setzten unsere Suche fort. Unmittelbar vor dem Toreingang zu den derzeitigen Gräbern stand eine große, hohe und breite Granitplatte, die wie ein übergroßer Grabstein wirkte. Die Inschrift auf jiddisch lautete: »Zur Erinnerung an die Toten des Gettos: 60.000«.

Durch zwei große Eisentore betraten wir den Bereich des heutigen Friedhofs. Wir sahen, daß es noch Grabsteine gab, die mehrere hundert Jahre alt waren, einige teilweise beschädigt, andere zerbrochen. Man sah, daß Vernachlässigung und Zeit manche Zerstörung angerichtet hatten. Was würde in weiteren fünfzig Jahren übrig sein? Sehr wenig, vielleicht gar nichts...

Er hatte uns still beobachtet und war von großer, dürrer Gestalt. Er trug ein langes, mantelartiges Baumwollkleidungsstück, eine abgenutzte Kappe und schäbige Stiefel, dazu eine große, gelbe Aktentasche. Er lächelte durch gelbe Zähne, von denen nur wenige übriggeblieben waren. Sein schwarzes, strähniges Haar guckte unter der Mütze hervor. Kaum älter als fünfundvierzig Jahre sah er grotesk aus, ein Mann wie aus einem Brecht-Stück. Er sprach uns in jiddisch, polnisch und englisch an, sagte uns, er heiße Jakub, und erklärte, daß der Friedhof einen nichtjüdischen Friedhofswärter hatte und daß er nur gelegentlich aushalf. Er weigerte sich, mehr über sich zu erzählen. War er in Lodz geboren? Hatten ihn seine Eltern hierher gebracht? Er lächelte, antwortete aber nicht. Er zeigte auf eine hohe, unebene, hügelige Fläche, von Unkraut und wilden Gräsern bewachsen.

»Die Toten des Gettos«, sagte er, »wir haben fast keine Grabsteine, wir haben keine Namen, keine Grabnummern und können sie nicht identifizieren. Dort liegen mehr als 60.000 Tote aus dem Getto.«

Nur hier und da sahen wir Steintafeln mit Namen. Aber es waren vielleicht nur einige Dutzend. Alle anderen Gräber waren nicht auseinanderzuhalten. Ein großer, grüner Teppich bedeckte die Namenlosen, die im Getto Ermordeten. Ich stand still und sah mich um, erinnerte mich, wie Karin und ich in der heißen Julisonne das schmale Grab für unsere Mutter gegraben hatten, nicht weit von einem Fußweg des Friedhofs entfernt. Wir waren dann zu der großen Halle zurückgekehrt, befreiten Mutters Körper von den auf und neben ihr Liegenden und trugen sie zum Grab. Langsam setzten wir die Beerdigung fort, ließen ihren Körper vorsichtig hinunter und bedeckten sie mit trockener Erde. Weder Karin noch ich sprachen ein Wort, vergossen keine Tränen.

Nun, fünfzig Jahre später, stand ich an demselben Ort. Der Wind streifte sanft das hohe Gras. Ich suchte nach einem ruhigen Platz. Erneut überlegte ich, wo das Grab gewesen sein könnte? Und dann, wie ich es für Vater getan hatte, sprach ich das Kaddisch. Die Tränen, die 1942 nicht kamen, rannen nun ungehindert in Strömen die Wangen herunter. Einige Minuten vergingen, ehe ich langsam begann, in Richtung der Tore zu gehen. Ich wußte, daß ich nie wieder zurückkehren würde.

Wie aus großer Entfernung hörte ich jemand »Shalom« sagen. Ein älteres Ehepaar begoß liebevoll die grünen Sträucher auf einem Grab. Der große, beeindruckende Stein war offensichtlich schon vor langer Zeit gesetzt worden, ich nahm an, daß er Eltern oder vielleicht sogar Großeltern gehörte. Ich erwiderte den Gruß, aber setzte meinen Weg fort, gefangen in meinem Schmerz. Die kleine, eiserne Tür in der Mauer führte wieder auf die Straße. Ich öffnete die Tür und ging in den windigen Nachmittag hinaus.

Wieder hörte ich: »Shalom«. Sie waren mir gefolgt. Ich wandte mich um, grüßte ebenfalls, und zum ersten Mal sah ich sie wirklich an. Er war klein und dünn, sein Gesicht sah abgehärmt, müde und sehr alt aus. Ich war beeindruckt von seiner großen, gebogenen Nase. Er trug einen langen, khakifarbenen Armeemantel und eine passende Kappe, ein sauberes, abgetragenes Hemd mit einem blaugestreiften Schlips. Seine Frau war klein und ein bißchen rundlich. Ihr weißes, welliges Haar rahmte ein liebes, faltiges Gesicht. Auf ihren Lippen war ein wenig Lippenstift. Ihr grauer Mantel war abgegriffen, aber sehr sauber, ihre braunen Schuhe ansprechend und solide. Beide mußten in den Achtzigern sein.

»Warum sind Sie hierher gekommen? Was machen Sie hier?« Die Worte schossen aus dem Mund des Mannes.

»Das Grab meiner Mutter... Ich habe sie hier 1942 beerdigt.«

Sie sahen mich an.»Sie können nicht im Getto gewesen sein – es ist schon so lange her!«

Ich nickte.

»Ich kam mit knapp sechzehn Jahren hierher. Und Sie?«

»Ich kämpfte in der polnischen Armee und später bei den Partisanen. Ich kehrte nach dem Krieg zurück und blieb... Bis vor kurzem arbeitete ich als Rechtsanwalt.«

Die Frau hatte meine Hand ergriffen und hielt sie fest.

»Und ich war mit 'arischen´ Papieren versteckt«, sagte sie..

»Wie heißen Sie?« fragte ich.

»Unser Name lautete Gold«, sagte er, »aber um Probleme zu vermeiden, haben wir ihn in Dembiak geändert.«

»Probleme, nach dem Krieg?« fragte ich. Sie nickten.

»Antisemitismus?« Erneut nickten sie. »Und Sie leben immer noch in Polen?«

Sie lächelten traurig und zuckten mit den Schultern... Ich empfand großes Mitgefühl mit diesen beiden alten Menschen; es war, als hätte ich sie schon mein ganzes Leben gekannt.

Die von uns angebotenen Zigaretten lehnten sie ab, erst nach einigem Bitten akzeptierte sie den Lippenstift und die Strumpfhosen. Wir tauschten unsere Adressen aus. Wir versprachen zu schreiben und ihnen, wenn möglich, zu helfen. Wir umarmten uns, weinten und verließen unsere gerade gefundenen Freunde. Meine Augen folgten ihren langsamen Schritten. Dies war, was von unserem Volk übriggeblieben war und in einigen Jahren ganz verschwunden sein wird.

Am nächsten Tag bestanden meine Freundin Felicja und ihr Ehemann darauf, daß wir nach Auschwitz fahren sollten. Beide, sie und ich, waren 1944 dort gewesen.

»Es ist in der Nähe von Krakau, und ich muß einmal zurückkehren«, sagte sie.

»Ich habe nicht den Wunsch, dorthin zu gehen«, sagte ich.
»Auschwitz ist der letzte Ort, den ich je wiedersehen möchte.«

Die Schrecken, die Schornsteine und der Geruch des Rauchs
hatten mich in den letzten fünfzig Jahren nicht verlassen. Ich hatte
kein Bedürfnis, meine Erinnerungen aufzufrischen. Doch einige
Tage später ließ ich mich von Felicjas beharrlichen Nachfragen
erweichen.

Die Fahrt war lang und ermüdend. Wir machten unterwegs in
Krakau Halt. Hier wechselte meine Stimmung. Gemeinsam mit
meinen Eltern war ich 1930 hier gewesen, und ich erinnerte mich
an alle Einzelheiten: unser Lachen, unsere Spaziergänge durch die
Stadt, die beeindruckende Kathedrale, die alte Synagoge, die
Jeshiva und auch die Markthallen. Weder die Zeit noch der Krieg
hatte den Ort verändert. Aber beides hatte zu Veränderungen in
der Bevölkerung geführt. Heute gab es nur noch eine Handvoll
Juden, alles alte, gebrochene Seelen. Auch hier waren Spuren
jüdischen Lebens verschwunden, nur noch Geschichte – überlie-
ferte Wörter.

Unser nächster Halt, gar nicht weit entfernt, war Auschwitz.
Als wir das ehemalige Lager erreichten, war ich erstaunt, daß es
kein sichtbares Denkmal oder eine detaillierte Beschreibung dieses Platzes gab. Es gab keinen Hinweis auf die Anzahl der hier
ermordeten Juden und kaum eine Erwähnung zu Juden überhaupt. Es war lediglich festgehalten, daß Polen und Menschen
anderer Nationalität hier umgekommen sind, aber man erwähnte
nicht, daß die Mehrheit von ihnen Juden war.

Die festen Gebäude, die in Auschwitz zur Unterbringung von
Langzeitgefangenen genutzt wurden, waren nun alt und wurden
als Museum genutzt. Die Erinnerungen der Vergangenheit schrieen
auf. Tausende von Menschen waren hier bestialisch ermordet
worden, durch Vergasen in den Tod geschickt – die meisten von
ihnen Juden.

Ich hatte den Eindruck, daß Hunderte von polnischen Schul-
kindern, die an diesem Tag für einen »Besuch« hierher gekommen
waren, nur wenig von der jüngsten Geschichte dieses Ortes

wußten. Sie lachten, schwatzten und schienen von dem, was sie sahen, nicht beeindruckt zu sein. Vielleicht war es auch nicht überraschend. Die mörderischen, unaussprechlichen, unmenschlichen Grausamkeiten, das Schreien, die sanften und leisen Stimmen der Verzweiflung, die Verwirrung, Angst und Furcht, waren lediglich in wenigen Fotos und spärlichen Erklärungen enthalten und zusammengepreßt.

Wir gingen zum Wagen zurück und fuhren nach Auschwitz-Birkenau, einem ausgedehnten Gebiet, auf dem immer noch die damaligen Baracken standen, in denen wir untergebracht waren. Reihe um Reihe standen sie auf dem Boden, immer noch von Stacheldraht umgeben. Sogar die Eisenbahnschienen, die durch die Landschaft, und das Eisentor, das zur nahen Rampe führte – waren immer noch vorhanden. Ich sah mich um. Meine Kehle war wie zugeschnürt, und ich hatte Schwierigkeiten zu schlucken. Wie gelähmt starrte ich vor mich hin. Ich konnte und wollte nicht auf das ehemalige Lagergelände gehen. Ich fühlte absolute Verachtung gegenüber allen Deutschen, die diesen teuflischen Plan der Ausrottung der europäischen Juden entworfen und durchgeführt hatten. Felicja stieg aus dem Auto. Sie betrat das Lager B und ging herum. Der Schrecken, die frühere Angst hatten mich wieder gepackt. Sobald Felicja zurückkam, fuhren wir ab. Ich habe nicht zurückgeblickt.

Wir hatten unsere Reise nach Deutschland und Polen gemacht, um Informationen über die Vergangenheit, aber auch über die Gegenwart zu suchen. Ich war mit meinen Hoffnungen, Erwartungen und unbeantworteten Fragen zum Holocaust und über die gegenwärtige Situation jüdischer Kultur und Tradition in Deutschland und Polen gekommen. Ich hatte gehofft, bei denjenigen Reue vorzufinden, die den Juden die Schrecken des Holocaust zugefügt hatten. Nicht zuletzt hatte ich auf würdiges Gedenken gehofft; ebenso darauf, daß das Nachdenken über die Vergangenheit zu einer offeneren, toleranteren, vielleicht sogar herzlicheren Haltung gegenüber jüdischem Leben und jüdischer Kultur geführt habe. Ich hatte erwartet, Freiheit, Respekt und menschliche Würde gegenüber allen Bürgern zu finden. Ich hatte auch gehofft, den Mut zu finden, die Gräber meiner Eltern zu besuchen und ihnen gegenüber meine Achtung zu bezeugen. Nur die letzte Hoffung hatte sich erfüllt. Alle anderen Hoffungen und Erwartungen waren sehr bald enttäuscht worden.

Obwohl nicht von gleichem Ausmaß und Intensität, fanden wir Antisemitismus, ausgedrückt in trügerischen Formen. Zudem akzeptierten die Juden in Deutschland schon wieder den Status als Bürger zweiter Klasse. Anstelle von Reue trafen wir auf Schweigen. Anstelle von Erinnerung und aufrichtiger Achtung oberflächliche Gesten. Anstelle von Toleranz fanden wir verhüllte Mißachtung. Meine Fragen, bezogen auf die Lebendigkeit jüdisch- kulturellen Lebens waren sowohl in Deutschland als auch in Polen beantwortet worden. Trotz meines Wissens über die Vergangenheit waren die Antworten verheerend!

Zu begreifen, wie groß das Ausmaß des Verlustes jüdischer Menschen und ihres kulturellen Erbes ist, wirkte wie ein Schock, von dem ich mich nur schwer erholen werde.

Ich kann nicht verstehen, wie es möglich ist, daß es Menschen gibt, die das tatsächliche Geschehen des Holocaust in Frage stellen, das Ausmaß der Qualen, des Leidens und die Zahl der Verstümmelten und Ermordeten anzuzweifeln.

Für diese Menschen gibt es natürlich definitive, unbestreitbare Antworten. Während ich dieses Buch schrieb, entdeckte ich, daß die deutsche Regierung eine sorgfältige, detaillierte Auflistung mit den Namen, Orten, Deportationsdaten, Transporten und Nummern fortführt, ebenso wie die Zahlen, Todesdaten und Beerdigungen der gleichen Menschen, die die Deutschen in jüngster Vergangenheit – mit gleicher Gründlichkeit – von der Erde zu eliminieren bemüht waren.

Die Frage ist bis heute unbeantwortet; sie muß jedoch im Namen der Menschheit immer wieder gestellt werden: Wie ist die große Achtung der Nazis für Dokumente und Statistiken bei gleichzeitiger Mißachtung gegenüber dem Leben derjeniger Menschen zu verstehen, die sie für die »Endlösung« bestimmten?

Anhang

No. 1 BRITISH WAR CRIMES INVESTIGATION TEAM

Subject: War Criminals   CONFIDENTIAL

TO WHOM IT MAY CONCERN:

Cecelia LANDAU

1.   The above named is the chief witness against
some seventy war criminals wanted in connection with war crimes
at SASEL Concentration Camp, near HAMBURG.

2.   Several families of these persons wanted for
crimes are at present living in HAMBURG, and information has
reached this office that these families have expressed their
intention of avenging themselves on, among others, Cecelia LANDAU.

3.   As a result of these threats and the fact that
fourteen accused persons were acquitted at the BELSEN trials and
two Hungarians were also acquitted at a trial at CELLE, I understand
that Cecelia LANDAU has become ill with worry over her position here.

4.   I understand that she has received affidavits
enabling her to go to AMERICA. In the circumstances, may I
request whoever it may concern to expedite Cecelia LANDAU's
departure from BELSEN, and advise that if it is possible she
should be allowed to proceed immediately to PARIS to await transport
to the USA.

5.   This request is made not only for her own sake
but because the presence of such a person in BELSEN will have
the effect of making other potential witnesses unwilling to come
forward to give evidence which is required urgently in order that
other suspected criminals may be brought to trial.

                                        Lt-Colonel RA
                        Comd No 1 War Crimes Investigation Team

c/o HQ 4 Wilts
HOHNE (BELSEN) Camp
----
12 Dec 45

244

REPUBLIQUE FRANCAISE

MISSION MILITAIRE
pour les
AFFAIRES ALLEMANDES

Le _15 Dec 1945_

Section
Des. Personnes Déplacées

Mission Militaire de Liaison
Mil. Gov. Det. 618 B.A.O.R.
BELSEN

V I S A   D E   R A P A T R I E M E N T

NOM: Cecilia LANDAU
DATE DE NAISSANCE: 1 Fev 1925 à Hambourg (Allemagne)
NATIONALITE: Apatride

Cette personne, ancienne detenue du Camp de Concentration
de BELSEN, desire se rendre chez son Oncle Mr. SPINNER
domicilie 1339 Pest-Street a SAN-FRANCISCO (CALIFORNIE).
Elle est en possession d'un "Affidavit" et ses papiers
pour l'AMERIQUE l'attendent à PARIS.
Le Comite Americain "American Joint Distribution Comittee"
s'est engage a subvenir a tous ses besoins pendant son sejour
a PARIS.

En consequence Cecilia LANDAU est _autorisee a se rendre_
en FRANCE en transit.

Les Autorites Civiles et Militaires Francaises et
Allies sont priees de lui accorder toutes facilites et de
lui preter assistance en cas de besoin.

S/Lieutenant H.FRANCOIS-PONCET
Officier de Liaison
Mil.Gov.Det.618 B.A.O.R.

245

L. dz. 10744/2662/ZN.   Łódź, dn. 11 - VII 1947 r
                                    Płk. dr. Więckowskiego 32

Dotyczy wydziału Poszukiwania Rodzin

TO
          D. Zichengreen

                    New - York
                    - - - - - - - - - - - - - - -

          In reply to your letter of May 25,1947
regarding the Death-certificate we inform that
Karin Landau, born.13.VI.1930 in Hamburg was
deported in september 1942 to Oswientshim.
          The fate of children in this age in
Oswientshim is nowts to everyone.

                              Odpowiedzialny Sekretarz

Wydz. Ewidencji i Stat.
Kier. /-/ Szpigiel Cz.

Fotonachweise:

S. 18, 19, 26, 27, 38, 39, 46, 60, 72, 73, 148, 166, 178, 179, 200, 201, 212, 213: Privatbesitz Lucille Eichengreen./ S. 47, 61,: Staatsarchiv Hamburg/ S. 78: Zydowski Instytut Historyczny w Polen, Warschau. Vermittelt durch: Jüdisches Museum, Frankfurt am M., Archivfoto (Fotograf unbekannt)/ S. 96: Bundesarchiv Koblenz. (Fotograf unbekannt)/ S. 122: Gerhard Schoenberner, »Der gelbe Stern«, Die Judenverfolgung in Europa 1933 – 1945, München 1978. (Fotograf unbekannt)/ S. 148: Imperial War Museum, London/ S. 234: Privatbesitz: Wilfried Weinke.

Dokumente im Anhang:
Privatbesitz Lucille Eichengreen
Erläuterungen:
D. P. Camp = Displaced Persons´ Camp
HIAS = Hebrew Immigrant Aid Society

246

Auswahlbibliographie

Hans Günther Adler, Der verwaltete Mensch. Studien zur Deportation der Juden aus Deutschland.Tübingen 1974.

Helmut Eschwege, Kennzeichen J. Bilder, Dokumente, Berichte zur Geschichte der Verbrechen des Hitlerfaschismus an den deutschen Juden 1933 bis 1945. Berlin 1981.

Raul Hilberg, Die Vernichtung der europäischen Juden – Die Gesamtgeschichte des Holocaust. Berlin 1982.

ders., Täter, Opfer, Zuschauer. Die Vernichtung der Juden 1933 – 1945. Frankfurt/M. 1992.

Wolfgang Scheffler, Judenverfolgung im Dritten Reich 1933 bis 1945. Frankfurt/M. 1961.

Gerhard Schoenberner, Der gelbe Stern. Die Judenverfolgung in Europa 1933 – 1945. München 1978.

Simon Wiesenthal, Doch die Mörder leben. München und Zürich 1967.

Zu Lodz:

Alan Adelson, Robert Lapides (Hg.), Lodź Ghetto. Inside a Community under Siege. New York 1989.

Jurek Becker, Jakob der Lügner. Berlin und Weimar 1969.

Lucjan Dobroszycki (Hg.), The Chronicle of the Lodź Ghetto 1941 – 1944. New Haven and London 1984.

»Nicht einmal zum Sterben habe ich Protektion …«. Tagebuch von Irene Hauser. In: Materialien Nr. 2 des Frankfurter Lern- und Dokumentationszentrum des Holocaust. Frankfurt/M. (o.J.) 1992.

»Unser einziger Weg ist Arbeit« – Das Getto in Lodz 1940 – 1944. Katalogbuch zur Ausstellung des Jüdischen Museums Frankfurt am Main. Frankfurt/M. 1990.

Gerda Zorn, Nach Ostland geht unser Ritt. Deutsche Eroberungspolitik und die Folgen. Das Beispiel Lodz. Köln 1988.

Zu Auschwitz:

Hans Günther Adler, Hermann Langbein, E. Lingens-Reiner, Auschwitz. Zeugnisse und Berichte. Frankfurt/M. 1962.

Lore Shelley (Hg.), Schreiberinnen des Todes. Lebenserinnerungen internierter jüdischer Frauen, die in der Verwaltung des Vernichtungslagers Auschwitz arbeiten mußten. Bielefeld 1992.

Ruth Elias, Die Hoffnung erhielt mich am Leben. Mein Weg von Theresienstadt und Auschwitz nach Israel. München 1988.

Primo Levi, Ist das ein Mensch? Frankfurt/M. 1961.

ders., Die Untergegangenen und die Geretteten. München und Wien 1990.

Zu Hamburg:

Ulrich Bauche, Heinz Brüdigam, Ludwig Eiber, Wolfgang Wiedey (Hg.), Arbeit und Vernichtung. Das Konzentrationslager Neuengamme 1938 – 1945. Hamburg 1986.

Ulrich Bauche (Hg.), Vierhundert Jahre Juden in Hamburg. Eine Ausstellung des Museums für Hamburgische Geschichte vom 8. November 1991 bis 29. März 1992. Hamburg 1991.

Maria Beimel, Weibliche KZ-Häftlinge im Hamburger Hafen. In: ... nicht nur Gallionsfigur. Frauen berichten von ihrer Arbeit im Hamburger Hafen. Hamburg 1989.

Ehemals in Hamburg zu Hause: Jüdisches Leben am Grindel. Bornplatz-Synagoge und Talmud-Tora-Schule. Herausgegeben vom Museum für Hamburgische Geschichte (= Hamburg-Porträt, Heft 22). Hamburg 1987.

Ludwig Eiber, KZ-System und Zwangsarbeit. Außenlager des KZ Neuengamme im Hamburger Hafen 1944/45 (erscheint demnächst in der Zeitschrift »1999«).

Geschichte eines Außenlagers: KZ Sasel. Herausgegeben von der Schulleitung des Gymnasiums Oberalster. Hamburg 1981.

Arno Herzig (Hg.), Die Juden in Hamburg 1590 bis 1990. Wissenschaftliche Beiträge der Universität Hamburg zur Ausstellung »Vierhundert Jahre Juden in Hamburg«. Hamburg 1991.

Hermann Kaienburg, »Vernichtung durch Arbeit«. Der Fall Neuengamme. Die Wirtschaftlichkeitsbestrebungen der SS und ihre Auswirkungen auf die Existenzbedingungen der KZ-Gefangenen. Bonn 1990.

»Kola-Fu«. Konzentrationslager und Gestapogefängnis Hamburg-Fuhlsbüttel 1933–1945. Herausgegeben vom Museum für Hamburgische Geschichte (= Hamburg-Porträt, Heft 18). Hamburg 1983.

Konzentrationslager in Hamburg – Ansichten 1990. Herausgegeben vom Museum für Hamburgische Geschichte (= Hamburg-Porträt, Heft 26). Hamburg 1990.

Gedenkstätte Plattenhaus Poppenbüttel. Geschichte des KZ-Außenlagers Hamburg-Sasel. Herausgegeben vom Museum für Hamburgische Geschichte (= Hamburg-Porträt, Heft 25). Hamburg 1990.

Ursula Wamser, Wilfried Weinke (Hg.), Ehemals in Hamburg zu Hause: Jüdisches Leben am Grindel. Hamburg 1991.

Zu Bergen-Belsen:

Eberhard Kolb, Bergen-Belsen. Vom »Aufenthaltslager« zum Konzentrationslager 1943 – 1945. Göttingen 1986.

Renate Laqueur, Bergen-Belsen-Tagebuch 1944/45. Hannover 1983.

Hanna Levy-Haas, Vielleicht war das alles erst der Anfang. Tagebuch aus dem KZ Bergen-Belsen 1944 – 1945. Berlin 1979.